AF204453

Rowohlt Verlag GmbH, Kirchenallee 19, 20099 Hamburg

Kontaktadresse nach EU-Produktsicherheitsverordnung:
produktsicherheit@rowohlt.de

«Beobachtung – wir können auch Aufmerksamkeit oder Achtsamkeit dazu sagen – ist ein wesentlicher Bestandteil der taoistischen Lebenskunst. Im Grunde ist die Wechselwirkung zwischen unserem Bewusstsein und der uns umgebenden Materie so beschaffen, dass wir nichts beobachten können, ohne dass es sich verändert. Die Herbstfärbung des Laubes der Bäume dauert Wochen, und wir bemerken die Veränderung erst, wenn die Wälder sich in ein gelbes, braunes und weinrotes Farbenmeer verwandelt haben. Dennoch: In Lebenslagen, wo Sie unter dem Druck von Sorgen und Nöten mit aller Intensität auf Ihr Problem schauen, wird nach meiner Erfahrung innerhalb einer kurzen Zeitspanne der Beginn einer Veränderung sichtbar werden. Das Gleiche gilt für die Realisierung Ihrer Träume und Pläne – soweit die Bilanz Ihres Glückshaushaltes JA dazu sagt. Die erträumten Dinge werden unweigerlich auf Sie zukommen.»

Theo Fischer war über zwanzig Jahre lang Managementberater, bis er seinen Beruf aufgab und zu schreiben begann. Er lebt in Italien. Mehr über den Autor erfahren Sie unter www.tonundtao.de.

Theo Fischer

Tao heißt leben, was andere träumen

Rowohlt Taschenbuch Verlag

2. Auflage Dezember 2021
Originalausgabe
Veröffentlicht im Rowohlt Taschenbuch Verlag,
Reinbek bei Hamburg, September 2010
Copyright © 2010 by Rowohlt Verlag GmbH, Reinbek
bei Hamburg
Umschlaggestaltung ZERO Werbeagentur, München
(Fotonachweis: DAJ/Getty Images)
Satz Minion PostScript (InDesign)
bei Pinkuin Satz und Datentechnik, Berlin
Druck und Bindung BoD - Books on Demand GmbH,
Norderstedt, Germany
ISBN 978 3 499 62616 6

Inhalt

Vorwort

Liebe Leserin, lieber Leser,

als ich vor 22 Jahren mein erstes Buch über das Tao vorbereitete, nahm ich ein Paket mit 500 Blatt Fotokopierpapier und schrieb es im Laufe etlicher Monate auf beiden Seiten mit Notizen voll. Ich grübelte anschließend lange über den beinahe tausend Seiten voller Gekritzel, bis es mir zu viel wurde. Ich nahm das ganze Paket – und warf es in den Papierkorb! Dann setzte ich mich an meine alte Reiseschreibmaschine und schrieb binnen sechs Wochen, quasi im Strom des Unbewussten, den Text nieder, den Sie heute noch in meinem Titel *Wu wei, die Lebenskunst des Tao* nachlesen können. Wie sich herausstellte, wurde ein besonderes Buch daraus, das über die vielen Jahre hinweg nichts von seiner Magie verloren hat. Ähnlich ergeht es mir heute mit dem vorhandenen Textmaterial zu meinem neuen Titel *Tao heißt leben, was andere träumen*. Die Notizen sind elektronisch auf der Festplatte registriert, sie füllen in der Datei rund 200 Seiten mit ungefähr 2300 Zeichen pro Seite. Was umgerechnet auf von Hand niedergeschriebene Einfälle vermutlich ein ähnliches Volumen wie meine damaligen Notizen für *Wu wei* ausmacht. Ich werde zwar die Texte nicht in den Papierkorb befördern, aber trotz der Möglichkeiten, vorhandenes Material weiterzuverarbeiten, werde ich wohl auch diesmal spontan in die Tastatur tippen, was mir frisch und unverbraucht in den Sinn kommt. Die Versuchung ist groß, in diesem Vorwort bereits die ganze Fülle der Chancen und Möglichkeiten des WEGES (wie die Orientierung an der taoistischen Lebensweisheit genannt wird) komprimiert zusammenzufassen, doch dies würde den Rahmen einer Einleitung sprengen. Und schließlich ist im ersten Kapitel Platz genug dafür da. Meine Rolle in diesem Spiel, das sei betont, ist ganz gewiss nicht die eines Gurus. Ich betrachte mich noch nicht einmal als Lehrer. Ich will, kurz und knapp gesagt, die Aufgabe eines Wegweisers übernehmen, der am Rand Ihres Lebensweges auftaucht und zu Ihnen sagt: «Du bist schon öfter fehlgegangen. Versuche es doch einmal in dieser Richtung.»

Zu verwirklichen, wovon andere träumen, wird Ihnen gelingen, wenn Ihnen etwas anderes gelingt: nämlich die taoistischen Prinzipien im eigenen Alltag in die Praxis umzusetzen. Und zwar mit Ihrem ganzen Sein. Sie werden in den folgenden Kapiteln autobiographischen Berichten darüber begegnen, wie machtvoll die Magie des Tao sich in meinem eigenen Leben entfaltet hat. Und was mir und meiner Frau gelungen ist, müsste bei Ihnen eigentlich auch funktionieren. Die taoistische Philosophie ist keine Glaubenslehre. Sie ist Lebenskunst pur. Investieren Sie für den Anfang ein wenig rationalen Glauben, einen Vertrauensvorschuss gewissermaßen. Sie werden ihn nur für so lange brauchen, bis Ihre eigenen Erfahrungen ihn ablösen.

Die Macht
der Beobachtung

Ich stand auf dem kleinen steilen Sträßchen, das nach oben in den Wald führte, und sah dem in Richtung Wald rasenden großen Citroën nach. Er hatte mindestens hundert Sachen drauf und war voll gepackt mit jungen Leuten. Die Fenster waren trotz der Kühle offen, sodass die dröhnende Musik bis hinunter ins Dörfchen zu hören war. Wieder einmal eine Gruppe von Parisern, die in den Vogesen ein paar Tage Ferien in dem allein stehenden Haus droben im Wald machten. Unser Bauernhaus, 150 Meter oberhalb des Dorfes gelegen, war das letzte vor dem Waldrand. Das Sträßchen verlief durch unser Land, man musste es überqueren, um Wasser aus dem Brunnen gegenüber zu holen. Und in diesem Jahr war während der Feriensaison jeder Schritt aus dem Haus und auf das gegenüberliegende Grundstück zum Risiko für Mensch und Tier geworden. Unser Hund und unsere Katzen lebten gefährlich, seitdem ein im Elsass lebendes Rentnerehepaar das verlassene Haus dort droben gekauft und über die Saison an Urlauber aus der Großstadt vermietet hatte. Es kamen so gut wie ausschließlich Gruppen von Jugendlichen, denen die abgelegene Lage des Waldbauernhofes so richtig in den Kram passte, um für ein paar Tage sozusagen die Sau herauszulassen. Wir planten damals bereits den Umzug nach Italien, und die Verkaufschancen während des Sommers wurden bei der Unruhe, welche diese Typen aus Paris veranstalteten, quasi zum Risiko. Ich stand also da und blickte frustriert und hilflos der entschwindenden Staubwolke nach. Ich ließ zu, dass sekundenlang die ganze Misere der Situation in mir aufloderte, ohne dass ich Widerstand dagegen leistete oder nach Lösungen verlangte.

Was ich hier erzähle, geschah an einem Sonntagmorgen. Am

nächsten Tag waren die Wochenendurlauber wieder zurück in die Stadt gereist. Ich machte mich mit dem Hund auf den Weg zum täglichen Spaziergang hinauf in den Wald. Als ich das fragliche Haus erreichte, stand dort auf dem Vorplatz ein Auto mit aufgeklappter Kofferraumhaube. Zwei ältere Leutchen trugen Sachen aus dem Haus und luden sie in ihren Wagen. Ich trat näher und begrüßte sie – man kannte sich vom gelegentlichen Sehen.

«Was machen Sie denn da?», fragte ich und bekam von beiden einen empörten Wortschwall zur Antwort.

«Wir packen ein, weil wir das Haus verkaufen werden», sagte die Frau.

«Mit diesen Typen aus Paris ist es nicht mehr auszuhalten», redete der Mann dazwischen. «Die Letzten, die hier waren, haben uns, ohne zu zahlen, eine Telefonrechnung von 500 Franc hinterlassen, der Telefonapparat hat einen Riss, etliche Teller und Tassen liegen als Scherben auf dem Boden herum, das bessere Porzellan und alles Besteck sind verschwunden, die haben es wohl mitgenommen.»

«Ein Federbett ist aufgerissen», fuhr die Frau fort, «ich werde Tage brauchen, bis alles wieder sauber ist.»

«Haben Sie das Anwesen schon irgendwo angeboten?», erkundigte ich mich.

«Ja, wir haben, ehe wir herkamen, einen Makler beauftragt», sagte der Mann, «Aber der räumt dem alten Gemäuer wenig Chancen ein.»

Ich überlegte kurz. Dann fragte ich: «Was hielten Sie davon, wenn ich mich in Deutschland nach einem Käufer für Ihr Haus umsehen würde? Dann hätte ich einen gewissen Einfluss auf künftige Nachbarn.»

Die guten Leutchen stimmten auf der Stelle begeistert zu. Sie verrieten mir noch einen weiteren Grund für die Aufgabe des Objektes. Ursprünglich war die Anschaffung und Vermietung als Ergänzung ihres Renteneinkommens gedacht. Dann aber mussten sie bei der ersten Offenlegung ihrer Zusatzeinkünfte feststellen, dass man ihnen diese Beträge an der Rente kürzte. Sie sagten, selbstverständlich stehe mir eine Provision zu, falls mir der Verkauf gelinge. Ich nannte spontan zehn Prozent, erklärte aber, diese würde ich auf den Verkaufspreis ihrer Wahl aufschlagen. Man war einverstanden, und ich setzte meinen Spaziergang fort.

Ich gab in der nächsten erreichbaren Ausgabe der Gartenzeitschrift *Kraut & Rüben* eine Kleinanzeige auf und bot das Haus an. Es kam eine einzige Anfrage herein, von einer Frau aus Köln. Sie kam, sah – und kaufte. Ich bekam meine Provision bar auf die Hand. Die Frau erklärte, ihr Mann sei Invalide, sie müsse Vorrichtungen für Behinderte einbauen lassen, einen Treppenlift zum Beispiel. Sie blieb eine Woche vor Ort und schmiedete Pläne. Als sie schließlich abreiste, informierten wir vorsorglich bereits alle benötigten Handwerker, damit sie beim nächsten Aufenthalt der Käuferin bereitstanden. Doch dieser Aufenthalt fand nie statt. Die Frau kehrte nicht mehr an unseren Ort zurück. Das Haus stand still und verwaist dort oben und war noch unbewohnt, als wir anderthalb Jahre später nach Italien umzogen.

Als ich an diesem entscheidenden Sonntag den wilden Urlaubern nachblickte, rührte sich kein Wunsch in mir, eine höhere Macht möge sie bitte vom Erdboden vertilgen, und dies, wenn's geht, sofort. Ich empfand überhaupt kein Anliegen ans Schicksal, keine Visionen von einem für alle Zeiten von Pariser Jungbürgern gesäuberten Anwesen strömten durch mein genervtes Gehirn. Ich hatte einfach hingeschaut, dies aber mit jeder Faser meines Seins. Die Konzentration aller Sinne auf ein Problem, ohne den Versuch des Verstandes, es zu lösen, zählt zu den kraftvollsten Mitteln des Nichthandelns im Sinne der taoistischen Lebenskunst. Die Macht des Grundes der Dinge wirkt über das Medium der Beobachtung auf unser Leben ein. Sie ist nach meiner Erfahrung dort am wirksamsten und uns am nächsten, wo wir selbst ohne Chance wären, aus eigenen Kräften eine Situation zu verändern. Was ich hier schildere, habe ich in vielen anderen Szenarien in den verflossenen Jahrzehnten erlebt, und ich werde Ihnen noch davon berichten. Betont sei an dieser Stelle ausdrücklich: Es handelt sich bei Erfahrungen mit der in unser Leben hineinwirkenden Magie des Tao nicht um das Privileg von Auserwählten oder Menschen, die durch unvorstellbare Mühen einen Geisteszustand errungen haben, der ein derartiges Phänomen möglich macht. Mit Hilfe der Macht der Beobachtung werden Träume wahr, werden Lebensziele erreicht und Hindernisse aus dem Weg geräumt, die unser Wohlergehen bedrohen. Ich möchte behaupten, es hat in Ihrem Leben mehr als einmal Situationen gegeben, denen gegenüber Sie sich ähnlich verhalten haben, wie ich es oben beschrieben habe, und die sich anschließend auf wundersame Weise klärten. Nur war Ihnen nicht bewusst, dass Sie da, ohne es zu ahnen, die Wirkkräfte des Nichthandelns eingesetzt hatten. Für dieses Hinschauen gibt es freilich seitens des Tao keinen Garantieschein, dass es auf Kommando jedes Mal funktioniert, wenn Sie gerade in der Stimmung sind, davon Gebrauch zu machen. Insbesondere bleibt die Wirkung dort aus, wo eine Sache bereits mit einem Funken gesundem Menschenverstand zu lösen ist. Oder wo das Kontrastprogramm auf unserem Lebenspfad in bestimmten Situationen entschieden NEIN zu unseren Entscheidungen sagt. Ich würde mich betrogen fühlen, wenn mir ein Mensch oder eine höhere Macht die Gewissheit geben würde, dass meine Wünsche grundsätzlich erfüllt werden. Eine derartige Sicherheit wäre der Garant für ein auf einschläfernde Sicherheit reduziertes Lebensgefühl, dem alle prickelnde Würze des Ungewissen, Abenteuerlichen fehlt.

Beobachtung – wir können auch Aufmerksamkeit oder Achtsamkeit dazu sagen – ist ein wesentlicher Bestandteil der taoistischen Lebenskunst. Im Grunde ist die Wechselwirkung zwischen unserem Bewusstsein und der uns umgebenden Materie so beschaffen, dass wir nichts beobachten können, ohne dass es sich verändert. Ich möchte sogar behaupten, wir können noch nicht einmal verhindern, dass die Dinge sich durch unser Hinschauen verändern. Freilich mit einem feinen Unterschied: Der allergrößte Teil der vor unseren Sinnen ablaufenden Erscheinungen verändert sich unendlich langsam, sodass wir uns der Veränderungen, wenn überhaupt, nur durch Vergleiche bewusst werden, bei denen zwischen vorher und nachher kürzere oder längere Zeitspannen liegen. Die Bewegung der Zeiger einer Turmuhr mögen wir bereits nach fünf Minuten bemerken, das Aufbrechen einer Tulpenblüte fällt uns dagegen erst im Verlauf von drei bis vier Stunden auf. Die

Herbstfärbung des Laubes der Bäume dauert Wochen, und wir bemerken die Veränderung erst, wenn die Wälder sich in ein gelbes, braunes und weinrotes Farbenmeer verwandelt haben. Dennoch: in Lebenslagen, wo Sie unter dem Druck von Sorgen und Nöten mit aller Intensität auf Ihr Problem schauen, wird nach meiner Erfahrung innerhalb einer kurzen Zeitspanne der Beginn einer Veränderung sichtbar werden. Das Gleiche gilt für die Realisierung Ihrer Träume und Pläne – soweit die Bilanz Ihres Glückshaushaltes JA dazu sagt. Die erträumten Dinge werden unweigerlich auf Sie zukommen.

Es ist rund zweieinhalbtausend Jahre her, seitdem Laotse die vermutlich über fünftausend Jahre alten taoistischen Überlieferungen in seinem *Tao te king* zu einer in sich geschlossenen Philosophie zusammengefasst hat. Ihm standen einst keine wissenschaftlichen Resultate zur Verfügung, welche die Richtigkeit seiner Thesen bestätigten. Er selbst stellt in seinem Werk zweimal die Frage nach der Quelle seines Wissens: «Woher weiß ich aller Dinge Art?» – «Aus diesen selbst», antwortet er. Uns sind heute die Theorien bekannt, aber die Allgemeinheit realisiert kaum, dass wir in einer Welt leben, die in ihrer Grundstruktur anders beschaffen ist, als wir gelernt haben. Das Bild, mit dem wir tagtäglich unsere eigene Welt erleben, täuscht. Die Erde samt allen Sternen im Raum sind Gebilde, die zum größten Teil aus nichts, aus Leerräumen zwischen unsichtbar winzigen Energieteilchen bestehen. Sie und ich sind an diesem blitzartigen Entstehen und Wiederverschwinden von Materie offenbar unmittelbar als Akteure beteiligt. Wenn wir Naturphänomene betrachten, stellt sich laut anerkannten Theorien sogar die Frage, ob zum Beispiel der Mond nur da ist, wenn ich ihn sehen kann. Bischof Berkeley setzt einen Punkt darauf, indem er sagt, dass ein Baum, der im Wald ungehört fällt, kein Geräusch erzeugt. In beiden Fällen braucht es die Teilnahme des Beobachters, dass überhaupt etwas stattfindet. Trivial ausgedrückt, würde es bedeuten, dass es unsere Katze nur gibt, solange sie nicht um die Hausecke biegt, und dass sie erst wieder reale Existenz gewinnt, wenn sie auf dem Rückweg durchs Küchenfenster springt und sich ergo wieder materialisiert. Nehmen wir an, *Sie* wären diese Katze, dann wäre es der beobachtete zweibeinige Dosenöffner, der zu nichts wird, bis die Katze ihm in der Küche wieder begegnet.

Die Vorstellung, dass meine Welt sich auflöst, wenn ich sie nicht wahrnehme, klingt schon ein bisschen verrückt. Ob das so ist oder nicht, hat freilich auf die Wirkungskraft der Magie des Tao keinerlei Einfluss und spielt darum bestenfalls als faszinierende Spekulation eine Rolle. Die Differenz zwischen unserem Sinnenerleben und der tatsächlichen Beschaffenheit dieser Welt scheint Ähnlichkeit mit jener zwischen unserem Erleben der Realität und einem intensiven, bildhaften Wachtraum zu besitzen. Womöglich ist unsere Existenz, wie wir sie als wirklich empfinden, dem Wachtraum gar nicht so unähnlich. Die Unterschiede zwischen Träumen und Erleben bestehen eigentlich nur darin, dass wir Sinneseindrücke jenseits der Einbildung massiver spüren, die Berührung einer Oberfläche, Laute, die an unser Gehör dringen, oder Düfte, die unseren Geruchssinn erreichen. Unsere Traumwelt liefert uns das Erleben nicht so nachdrücklich und unausweichlich wie die Realität. Dennoch besteht zwischen den beiden Phänomenen eine Beziehung. Die andere Grundstruktur der Materie (mit der um die Ecke verschwindenden Katze oder dem sich in nichts auflösenden unbemerkten Frauchen oder Herrchen) liefert uns das Indiz dafür, dass wir als die Wahrnehmenden weitaus stärker an der Gestaltung unserer Welt beteiligt sind, als wir in unseren periodischen Anfällen emotionaler Ohnmacht argwöhnen. Unsere Beobachtung scheint sehr viel mehr direkten Einfluss auf die Dinge zu haben, als wir ahnen. Offenbar *braucht* die sichtbare Welt uns als den Beobachter, um überhaupt als erlebbare Dimension stattzufinden. Sind wir dann mit unseren ständigen Sorgen und Nöten nicht ausgewachsene Narren, wenn wir nicht die logische Konsequenz aus unserer subjektiven Teilhabe am Schöpfungsgeschehen ziehen und im Sinne unseres Wohlergehens aktiv intervenieren? Und uns in Zukunft einer anderen, weniger passiven Geisteshaltung bedienen? Wenn Sie begreifen, dass die Welt Ihre Beobachtung *nötig* hat, um in Ihrem Leben stattzufinden – dann haben Sie damit auch die Option, dass sie sich in ihren Bewegungen ein wenig mehr nach Ihren Bedürfnissen richtet!

Die vorliegende Arbeit möchte Ihnen die Erkenntnis schenken, mit der Sie aus Platons Schattenwelt heraustreten, die Macht Ihrer Materie erzeugenden Beobachtung entdecken und sie zielgerichtet einsetzen werden. Ich möchte Sie zu einer Geisteshaltung bringen, in der Traum und Realität, Vision und Handeln zu einer Einheit verschmelzen. Ich gebe mir Mühe, Ihnen in dem Buch nichts zu versprechen, das Sie nicht halten können. Ja, Sie haben richtig gelesen: *das Sie nicht halten können*. Das Tao wirkt in Ihr Leben durch eine einzige Kraftquelle hinein, und die befindet sich einzig in Ihnen selbst, nirgendwo sonst. In christlichen Predigten ist von der Kraft und der Herrlichkeit die Rede, und es ist damit die Vatergestalt im Himmel gemeint. In unserem Erkenntnisbereich wohnt diese Kraft aber nicht draußen im All, jenseits der Materie – sie schlummert in uns, dem Menschen selbst.

Ein entscheidender Faktor

Ich war vier Jahre alt, als ich es das erste Mal erlebte. Wir wohnten damals in Karlsruhe, und ich durfte meine Mutter in die Stadt begleiten. Für den Rückweg zu unserer Wohnung im ein paar Kilometer vom Zentrum entfernten Vorort Mühlburg hatten wir das Geld für die Straßenbahn gespart und uns für jeden eine Schneckennudel gekauft. Nun waren wir zu Fuß unterwegs. Nach einem Frühlingsregenschauer war die Sonne aus den Wolken hervorgetreten. Ganz plötzlich, ohne jeden äußeren Anlass, stellte sich bei mir ein unbeschreibliches Glücksgefühl ein. Es hielt nach meiner heutigen Erinnerung weniger als eine Minute an, aber ich habe es mein Leben lang nicht vergessen. Die gleiche Erfahrung erlebte ich etwa zehn Jahre später noch einmal. Ich war vierzehn und in Begleitung meines Vaters zu Fuß auf dem Weg von meinem Geburtsort Langensteinbach nach dem Nachbardorf Auerbach, dem mein Vater entstammte. Auf der Landstraße dorthin mussten wir einen Höhenrücken überwinden, und wir befanden uns gerade auf dem Scheitelpunkt, von dem aus man einen herrlichen Ausblick über die Landschaft hatte. Es war März und der Himmel von Wolken verhangen. Und urplötzlich, auch diesmal ohne Grund, war dieses unbeschreibliche Gefühl wieder da. Es berührte mich sicher nicht länger als damals auf dem Weg nach Mühlburg, aber es war ebenso unvergesslich. Später versuchte ich ab und zu, es heraufzubeschwören, doch es verweigerte sich mir. Es schien, als ob dieses Erlebnis unabhängig von meinem Willen selbst bestimmte, ob und wann es bei mir einkehrte. Es brauchte ein halbes Menschenalter, bis das Phänomen nach vielen, vielen Jahren sich wieder zeigte. Ich nenne es heute mein Samstagsgefühl. Denn die spontane Wiederbegegnung fand am Beginn eines Wochenendes statt. An jenem

Tag – und diesmal besitze ich deutliche Erinnerungen an meinen Geisteszustand – ging ich gerade mit unseren beiden Hunden spazieren. Es gab Sorgen und Probleme, mein Herz war nicht so unbeschwert wie einst mit vier oder vierzehn. Ich genoss den wunderschönen Tag, und irgendwie war es mir gelungen, für eine Weile alle Last von meinem Gemüt abzuschütteln. Ich fühlte mich eins mit der Luft, der Sonne und der Landschaft. Und ganz ohne jede Ankündigung war das so lange versunkene Glückserlebnis wieder da. Es hielt länger an, als ich es aus der Kindheit kannte. Später wurde mir klar, dieses Erlebnis braucht als Nährboden eine ganz bestimmte geistige Verfassung. Die ich bei diesem Spaziergang offenbar unwillkürlich hergestellt hatte. Von da an lernte ich, meinen Geist schwereloser zu machen, für Minuten allen Ballast abzuwerfen, denn mir war klar geworden, dass diese Berührung mit dem Unbekanntem einem Gemüt versagt bleibt, das ohne Pause auf die eine oder andere Weise mit den Umständen ringt. In den letzten fünfundzwanzig Jahren entzieht sich mir dieses Erlebnis nicht mehr wie einst. Es wird niemals ein Dauerzustand sein, eine solche emotionale Überfülle könnte kein Mensch ertragen. Doch für wenige Momente einen Geisteszustand herzustellen, der diesen ungewöhnlichen Kontakt möglich macht, das ist realisierbar. Mir hat diese Erfahrung den Weg zur Erfüllung vieler meiner Träume und Visionen geöffnet. Ich werde davon noch berichten, doch zuerst will ich versuchen, Ihnen diesen für den WEG des Tao so wichtigen Faktor näher zu bringen.

Entscheidend für unser Wohlergehen inmitten einer sich ständig verändernden Welt ist ein Faktor, der ungefähr so leicht zu beschreiben ist wie der Duft von Maiglöckchen – also praktisch gar nicht. Ich will trotzdem versuchen, Ihnen mit einem kleinen Kunstgriff zum Verständnis zu verhelfen. Dann können Sie vielleicht dank der Beschreibung den entscheidenden Faktor in sich entdecken, und *der* lässt Sie dann das schwer Formulierbare spüren. Wir müssen tief in die Wurzeln unseres Seins eindringen, dorthin, wo auf der Landkarte unseres Wissens die weißen Felder sind. Sie sollen diesen Faktor, der unterhalb der Schwelle Ihres Denkens und Fühlens schlummert, Schritt für Schritt kennenlernen. Es ist ein Wesenszug Ihres Selbst, und er ist der Schlüssel für alle positiven Veränderungen in Ihrem Leben. Mit unzulänglichen Worten ließe er sich am ehesten als das spontane, blitzschnelle Auftreten einer Erfahrung von Leichtigkeit, Unbeschwertheit, stiller Freude und der nicht formulierbaren Zuversicht einer in sich stimmigen Existenz beschreiben. Verbunden damit entsteht eine Ahnung von Unendlichkeit, von Zeitlosigkeit. Sie spüren in Ihrem Inneren einen Wesenszug, der unabhängig von Geburt und Tod vorhanden ist. Schon Platon ist diesem Faktor eines nonverbalen Wissens um den Grund allen Seins begegnet. Er verleiht ihm den Rang schöpferischer Ideen, aus denen erst die greifbare Wirklichkeit hervorgeht. Platon nennt diese Ideen, aus denen heraus unsere Welt sich materialisiert, «zeitunabhängig bestehende Urbilder». Diese Urbilder sind Inhalte eines primären Wissens, das im Menschen schon vor der Geburt vorhanden und zeitlos ist. In moderne Begriffe umgesetzt: Der menschliche Geist verfügt über eine DNA, ein Gen-Protokoll des Universums. Das Urwissen ist nicht intellektuell, es ist ein Phänomen jenseits der sinnlichen Wahrnehmung, das, so Platon, nur auf geistigem Weg erkannt werden kann.

Sie warten darauf, dass ich anfange, Klartext zu schreiben? Tut mir leid, das *ist* bereits Klartext. Etwas, das nur Sie allein durch Forschen in sich finden können, lässt sich nicht so präzise beschreiben wie die Fassade eines Hauses. Das Schwierige klingt einfach, wenn es erklärt wird – es ist die anschließende Umsetzung, die Probleme macht. Zum Trost sei gesagt: Wenn es Ihnen ein einziges Mal gelungen ist, in den Zustand hineinzufinden, den ich zu beschreiben versuche, können Sie ihn in Zukunft jederzeit wieder aufsuchen. Wir reden von der Berührung mit der eigenen Tiefe, in der auch das platonische Urwissen, die schöpferischen Ideen eingelagert sind. Also: Sie wissen aus Erfahrung, dass Sie fähig sind, in Ihrem Geist für eine oder sogar mehrere Sekunden einen Zustand zu erzeugen, in dem Sie einfach nur vorhanden sind. In dem Sie für Momente nichts fühlen und nichts denken. Sie stellen willkürlich einen Leerraum her, in dem keine der gewohnten Routineabläufe

Ihres Gehirns stattfinden. In diesen Augenblicken stellt sich das Bewusstsein eines unbeschreiblich leichten Geisteszustandes ein, verbunden mit einem sanften Glücksgefühl zeitloser Richtigkeit. Sie berühren etwas, richtiger: etwas berührt Sie, es erhebt sich ein Existenzgefühl, in dem es keine Beziehung zu Ihren Sorgen und Problemen, keine zu Zeit, zu Leben und Tod und auch zu keinem Ihrer Besitztümer mehr gibt. In den extrem kurzen Momenten dieses Glückserlebens, in dem Sie nur *da* sind, verliert alles seine Gültigkeit, was sonst von Bedeutung für Sie ist. Tatsächlich – das ist meine private Meinung – braucht der Akt der geschilderten Berührung mit Ihrer Uridentität gar keine Zeit, die Begegnung ereignet sich in einem zeitlosen Raum, den Sie nur darum nicht als zeitlos empfinden, weil die Abwesenheit von Zeit außerhalb Ihrer Erfahrung liegt.

Die Mönche in den Klöstern des Ostens suchen diesen Kontakt mit dem Unendlichen und haben Namen dafür: Samadhi, Satori, Erleuchtung. Der Geist Buddhas kommt über sie, wenn sie es erleben. Leider bescheinigen westliche Forscher, die sich mit dem Phänomen beschäftigt haben, dass es zwar tatsächlich stattfindet, aber sehr zum Leidwesen der Beteiligten in der Psyche keine Wurzeln schlägt. Satori kommt und geht. Die Taoisten sagen Chi dazu, das heißt LEBEN oder einfach Energie. Doch es wird ein Leben darunter verstanden, das von einem Bewusstsein erfahren wird, das sich selbst unabhängig von Werden und Vergehen wahrnimmt. Das alles schlummert hinter der kleinen Übung der Leichtigkeit, diesen Sekunden, in denen Sie sich total von allem Ballast Ihres irdischen Daseins frei fühlen. Es sind Augenblicke des intuitiven Wissens um die Geheimnisse des Seins – und dieses Wissen beherbergt eine Sicherheit, die Ihr normales Denken und Fühlen nicht herstellen kann. Die Sache klingt zu schön, um wahr zu sein. Aber sie ist es, auch wenn sie einen kleinen Haken hat: Sie müssen bei diesem Erleben realisieren, dass Ihr Geist etwas *Wirkliches* berührt, realisieren, dass Sie nicht durch Autosuggestion ein esoterisches Hirngespinst fabrizieren, eine Ausgeburt Ihrer Phantasie. Wenn Sie in den Momenten, in denen ES geschieht, das Fühlen und Denken sein lassen, sind Sie bereits angekommen. Sie können diesen zeitlosen Raum in sich jederzeit aufsuchen, im Alltag nach Lust und Laune oder wenn Sie vor Wegkreuzungen stehen und nicht wissen, wohin Sie sich wenden sollen. Ein Problem, das Sie aus diesem Nichtsein heraus in den Brennpunkt Ihrer Beobachtung rücken, kann gar nicht anders, als sich zu verändern. Das ähnelt keinem Naturgesetz – das ist eines! Die Taoisten haben es vor Jahrtausenden erkannt: Nichthandeln beginnt mit dem beschriebenen Geisteszustand. Und Nichthandeln schließt ein, dass Sie sich ohne Reibungsverlust mit den Dingen bewegen. In den Momenten der Berührung mit dem Tao gibt es den Widerstand des Subjektes gegen die Objekte nicht, der sonst immer vorhanden ist. Achten Sie einmal darauf, wie Sie zum Beispiel während eines Gesprächs auf Ihr Gegenüber reagieren. Ist da in Ihnen nicht immer so etwas wie ein Gegendruck zu spüren, den Sie instinktiv beim Zuhören oder Betrachten Ihres Gesprächspartners aufbauen? Achten Sie in Zukunft auf diese instinktiven Reflexe Ihrer Gefühle. Nehmen Sie den Gegendruck aus Ihrer Wahrnehmung heraus. Damit verbunden ist noch ein anderer positiver Effekt. Sie nähern sich auf diese Weise, und diesmal auf Dauer, jenem blitzartig aufleuchtenden Geisteszustand, den ich beschrieben habe. Sie werden öfter als früher fröhlich sein, unbeschwerter, gelassener. Seien Sie ein Mensch, der nicht mehr in Opposition zu den Bewegungen seines Lebens steht.

■ ■

Sie können, wie gesagt, diesen Zustand jederzeit und in jeder Lebenslage für Momente herstellen, Momente, in denen Sie mit aller Intensität auf ein Problem, eine Herausforderung oder auch auf ein Szenarium aus Ihrem Gedächtnis blicken. Ein weiteres Instrument aus der Werkzeugkiste des Nichthandelns möchte ich «Durchlässigkeit» nennen. Wieder taucht im Vokabular ein neuer Begriff auf, der Sie in diesem Moment vielleicht irritiert. Ich bitte Sie, dennoch weiterzulesen. Die immer erbarmungsloser werdenden Zustände in unserer Volkswirtschaft sorgen zunehmend für innere Spannungen und Energieverlust, den unsere Reaktionen auf die Bewegungen des Alltags auslösen. Ein Mittel gegen den zunehmenden Druck wäre, dem Lauf des Lebens gegenüber insgesamt durchlässiger zu werden, die Dinge stehen zu lassen, wie sie sind, und nicht ständig Widerstände dagegen zu erzeugen. Zugegeben, der Zustand, frei von Spannungszuständen zu sein, ist nicht leicht zu realisieren. Es verlangt schon großes Selbstvertrauen, nicht die Nerven zu verlieren, wenn ich mitten auf einem zugefrorenen See stehe und merke, wie das Eis ringsumher Risse bekommt. Ein religiöser, tiefgläubiger Mensch wird in einer solchen Lage auf Gottes Hilfe setzen und sein Schicksal in die Hände einer höheren Macht legen. Der Ungläubige dürfte nach dem Motto «Rette sich, wer kann» handeln und alle Kraft, die Panik zu erzeugen vermag, einsetzen, um sich in Sicherheit zu bringen. Und der Mensch des WEGES? Sendet er Hilferufe an die Adresse des Tao aus? Ganz bestimmt nicht. Denn er weiß, dass das Tao sich hinter seiner Nebelwand des Unbekannten nicht rühren wird. Aber er weiß auch etwas anderes: dass er selbst das zu Fleisch und Blut und Knochen und Gehirnmasse gewordene Tao ist, dass er ein Individuum, aber darüber hinaus der schöpferische Grund ist. Eine Krise wie die beschriebene Situation auf der Eisfläche wird im Menschen des WEGES keine Panik auslösen. Ein Vertrauen wird aufblühen, aber nicht in eine ferne himmlische Macht – auf die Krise wirkt die Kraft des Vertrauens in die verborgene Identität mit dem Tao ein.

Spüren Sie diese Kraft in Krisensituationen? Wenn selbst angesichts ungefährlicher Zustände Sie die Sorge beschleicht, es könnte ohne Vorwarnung anders werden? Wo bleibt diese einer besonderen Qualität von Selbstvertrauen entspringende Kraft, wenn ihr kontinuierlich Gefühle der Ohnmacht entgegenwirken? Für den Menschen des WEGES sollte es eigentlich dieses Pendeln zwischen «Ich schaffe es» oder «Es schafft mich» nicht geben. Selbst wenn Ihr Verstand samt Ihrem Gefühl die Beziehung zum Tao realisiert hat, passiert es immer wieder, dass Sie emotional einbrechen und alles Vertrauen, das Sie zu Recht in sich setzen dürfen, sich zeitweilig in Luft auflöst. Woher kommt das? Kann gegen diese Instabilität etwas unternommen werden? Es kann, und die Lösung findet sich in der Antwort auf «Woher kommt das?». Leider muss ich für die Antwort weit ausholen. Wie bei einem großen Teil der Probleme unseres Wesens beginnt die Geschichte wieder einmal in der Kindheit, in der eine meist wohlmeinende Erziehung uns in konditionierte Menschen verwandelt und uns den größten Teil unserer Spontaneität und Kreativität geraubt hat. Wir können das nicht mehr ungeschehen machen, so wenig, wie Frau Holles Bettfedern sich wieder einsammeln ließen. Wir können etwas anderes tun: Einige der angerichteten Schäden – ebenjene, die uns heute dieses Urvertrauen so schwer machen – sind reparabel. Wie bei der Psychoanalyse freilich unter der Bedingung, dass wir sie als tatsächlich vorhanden erkennen, dass wir in der täglichen Praxis ihr Vorhandensein und ihre Bremswirkung auf unser Glück bewusst erleben.

Lassen Sie mich ein Beispiel anführen, wie Kindern Konditionen, also Bedingungen eingeimpft werden, die ihr ganzes Leben hindurch unerkannt fortwirken. Es mag Ihnen vielleicht zu simpel erscheinen, als dass man daraus Rückschlüsse auf erwachsene Fehlleistungen ziehen könnte, aber der Eindruck täuscht. Das Beispiel ist sogar signifikant für den späteren Mangel an Ideenreichtum und Kreativität. Ich rede von der Kinderzeichnung. Ja, Sie lesen richtig: Kinderzeichnung. In meinem neuen Buch *Wu wei, Fragen und Antworten* finden Sie im Kapitel «Übungen» einen Absatz mit der Überschrift *Malen für Unbegabte*. Die Leser werden aufgefordert, einen Malgrund mit Farbflächen ihrer Wahl zu bedecken und dann kindliche Motive hineinzuzeichnen und sie später ebenfalls zu kolorieren. Wer diese Übung probiert, wird eine interessante Entdeckung machen. Egal, ob jemand gut zeichnen kann oder gerade mal die Umrisse eines Tieres, Menschen oder Hauses zustande bringt – er wird plötzlich merken, dass es mit dem Versuch, eine Zeichnung kindlich naiv wie einst zustande zu bringen, gründlich hapert. Beim Begabten fällt die Zeichnung zu perfekt, zu gelungen aus, beim Unbegabten entsteht nicht etwa ein Gebilde von kindlichem Charme – was da auf die Malfläche gelangt, ist der verzweifelte Versuch, ein Ding so realistisch wie möglich darzustellen. Die kindliche Unbefangenheit gegenüber allen Regeln von Form und Perspektive ist dem Erwachsenen abhandengekommen. Und zwar nicht erst mit vierzehn oder zwanzig – die Entfremdung von der kindlichen Spontaneität hat bereits im ersten Schuljahr begonnen.

Und mit jedem weiteren Jahr wurde der Zeichenstil verkrampfter und verlor seinen Zauber. Das erworbene Wissen, wie man zu malen und zu zeichnen hat, und nicht zuletzt natürlich die Benotung reichten aus, um aus strahlend naiven Kinderbildern gekünstelte Werke zu machen, deren einzige Rechtfertigung darin bestand, dass sie Regeln gerecht wurden, von denen das kleine Kind zum Glück noch nichts wusste.

Am Modell der Kinderzeichnung können wir erkennen, wie in unserer frühen Entwicklung an uns herumgedoktert worden ist. Wir müssen natürlich den Gesetzen gehorchen, aber das bedeutet nicht, dass wir alles und jedes, das andere Leute einschließlich unserer lieben Eltern in unsere einst so aufnahmewillige Psyche implantiert haben, für alle Zeiten befolgen müssen. Ich möchte Sie hier zur Rebellion, zum Widerstand gegen alle Konditionierungen aufrufen, die Sie an sich feststellen. Beginnen Sie mit der Kinderzeichnung. Sie enthält alle Zutaten des Elixiers, das Sie lebenslang in der Abhängigkeit von Autoritäten hält, die Ihnen längst nichts mehr zu sagen haben. Aus Gesprächen kenne ich den Einwand: «Ja, das weiß ich alles, aber ich bringe es einfach nicht fertig, diese Denkmuster beiseitezulassen.» Die Antwort auf dieses Argument klingt hart, aber sie ist wahr: «Wenn Ihr Leben davon abhinge, könnten Sie das sehr wohl.» Ob wir uns von den als Konditionierungen erkannten Verhaltensweisen verabschieden oder nicht, hängt davon ab, wie wichtig uns die Sache ist. Denken Sie doch einmal darüber nach, wie frühe, fremde Einflüsse heute noch sogar Ihre Träume beeinflussen. Ist es nicht so, dass die Gebilde Ihrer Phantasie den Figuren gleichen, die in Ihrem Elternhaus kultiviert worden sind? Der «böse Mann», vor dem die Kinder gewarnt wurden, wurde vielleicht als ein modisch gekleideter, glatter Typ mit verschlossenen Gesichtszügen charakterisiert. Oder als schlecht rasierter, zerlumpter Strolch. Wie immer das Bild aussah – wenn heute ein «böser Mann» in Ihren Träumen auftritt, wird er höchstwahrscheinlich dem Prototyp gleichen, den einst Ihre Eltern entwarfen. So wirken Regeln aus der Kindheit kontinuierlich in unser Leben hinein. Unerkannt, unreflektiert, ja gewiss auch gegen unseren Willen. Beobachten Sie, was mit Ihnen geschieht, wenn eine Krise sich nähert. Wie Sie dem von einer Lebenssituation ausgehenden Druck mit abwehrenden Gefühlen und Gedanken begegnen. Ihr Geist rotiert, er bewegt sich in endlosen Schleifen, um immer wieder zu den Mustern Ihrer Kindheit zurückzukehren, die Ihnen versichern, was richtig und was falsch ist. Statt Ihre Lage in einem stillen Geist selbst zu Wort kommen zu lassen, versuchen Sie, jede Situation mit einer Methode zu bewältigen, die Ihnen schon früh beigebracht wurde und bei der die angeborene Intuition keinen Platz hat.

Beobachten Sie, was Sie da mit sich anstellen, und unterlassen Sie es in Zukunft. Dieses Tun, richtiger: Nichttun, verlangt nur Ihre Entscheidung, den kommenden Schwierigkeiten auf Ihrem Lebenspfad mit einem Geist zu begegnen, der keinem Szenarium mehr Widerstand leistet. Der keine vorgegebenen Verhaltensregeln mehr akzeptiert und wie die weiße Wolke am Himmel alles hindurchströmen lässt, was sich auf ihn zubewegt. In diesem Zustand verliert Ihr Geist nicht den Einfluss auf die Ereignisse Ihres Lebens. Im Gegenteil. Solange Sie Widerstand geleistet haben, beherrschte Sie das Gefühl des Unvermögens. Jetzt aber, da Sie sich voller Harmonie ohne jeden Reibungsverlust mit den Dingen bewegen, ist Ihr Geist eins mit dem Geist des Grundes geworden.

■ ■

In unserer Begegnung mit den Geschehnissen eines jeden Tages erzeugen wir kontinuierlich eine geistig-nervliche Spannung, was natürlich auch mit einem Verlust an Energie verbunden ist. Und zwar durch eine bestimmte Art, wie wir uns den äußeren Vorgängen gegenüber emotional verhalten. Alle Dinge, die unsere Aufmerksamkeit erregen, lösen gleichzeitig einen bestimmten Typ von Reaktion bei uns aus. Wir haben plötzlich – und dies oft Hunderte von Malen am Tag – das Gefühl, dass etwas getan oder überlegt werden müsse. Immerzu erzeugen unsere Sinneseindrücke eine Art Reibung in unserem Inneren, als würde feines Sandpapier über unser Gemüt schmirgeln. Ständig geschehen Dinge, kleine, größere oder, zum Glück selten, ganz große, die spontan einen inneren Widerstand in uns hervorrufen. Es entsteht ein Gefühl, als ob wir das Leben draußen irgendwie abbremsen, es kurz zum Innehalten zwingen müssten, damit wir uns auf unsere Antwort darauf besinnen können. Manche Zustände lösen sogar ein andauerndes Empfinden dieser Art aus, wir gewöhnen uns an die Notwendigkeit, ständig irgendwie emotional gegen bestimmte Zustände der Realität in Opposition zu stehen.

Sie können erkennen, was ich Ihnen hier mitteilen will, wenn Sie einmal einen Tag lang oder auch nur für eine Stunde beobachten, wie Sie innerlich auf das gewöhnliche Leben rings um Sie her reagieren. Viele Bewegungen lösen reflexartig Unwillen in Ihnen aus, andere, leider seltenere, bewirken, dass unversehens wie ein vereinzelter Sonnenstrahl Freude in Ihnen aufleuchtet. Sie werden aber in beiden Fällen merken, dass Ihre Reaktion auf das von außen in Sie eindringende Leben immer mit einem gewissen Widerstand verbunden ist, den Sie allen Eindrücken gefühlsmäßig entgegenbringen. Und dies sollten Sie ändern. Indem Sie als Erstes die Tatsache dieses Verhaltens einsehen. Und dann einen zweiten Schritt tun, nämlich nicht mehr mit Abwehr auf die Bewegungen Ihres Lebens reagieren. Im Erkennen, dass sie ebenso unnötig wie nutzlos und höchstens selbstquälerisch ist. Gewöhnen Sie sich an, alle Ihre Wahrnehmungen federleicht in sich aufzunehmen, lassen Sie sie gewissermaßen durch sich hindurchströmen, als ob es Sie, den Wahrnehmenden, gar nicht gäbe. Machen Sie sich leicht und so durchlässig wie ein feines Sieb. Ihr ganzes Erleben geht durch Sie hindurch, und in Gehirn und Geist gibt es nirgends Widerstand. Simulieren Sie es wie im Spiel, es kostet Sie nichts. Im Erkennen des Gegendrucks, den Sie immerzu ausüben, halten Sie den Schlüssel für ein schwereloseres Erleben Ihres Alltags in den Händen. Geben Sie jedweden Widerstand gegen den Lauf des Lebens auf, und so schaffen Sie ein Vakuum an subjektiver Identität, hinter dem eine gewaltige Energie schlummert.

Die entscheidende Hilfe in Sachen Durchlässigkeit gegenüber dem Kaleidoskop der Tagesereignisse finden Sie in einem weiteren Phänomen: Es heißt Zustimmung! Denken Sie doch einmal über Ihre Stimmung in den verflossenen Wochen nach. Wie sind Sie den Bewegungen Ihres Lebens begegnet? Gleichgültig, resigniert, hoffnungslos, zornig? Oder vielleicht trotz aller Schwierigkeiten fröhlich, optimistisch, hoffnungsvoll? Die oben skizzierte Leichtigkeit Ihres Gemütes stellt sich ein, wenn Sie Ihrem Leben als Ganzes zustimmen und diese Zustimmung – ja, lassen Sie es mich sagen –, diese Sympathie, diese Zuneigung in jeglichen Vorgang hineinströmen lassen. Dem Leben, ganz gleich, ob Schönes oder Schwieriges an der Reihe ist, diese Zuneigung entgegenzubringen erzeugt ganz automatisch die von allem Druck und Gegendruck befreite Leichtigkeit des Erlebens.

Die Geisteshaltung, die ich Ihnen hier vorstelle, hat keinen Namen. Sie braucht auch keinen, weil es sie ihrem Wesen nach gar nicht gibt. Sie steht für etwas Nichtvorhandenes, für Reaktionen Ihres Denkens, Fühlens und Wollens, die nicht stattfinden. Durchdringung ist ein taoistischer Begriff. In der Alltagspraxis unseres Handelns sagt sie nicht mehr und nicht weniger aus, als dass wir alle Dinge über unsere Sinne in uns hineinkommen lassen, sie aber dort drinnen nicht festzuhalten versuchen. Unser Wille packt nicht zu. Wir schauen, hören, riechen und fühlen nur. Und lassen zu, dass alle Sinneseindrücke, nachdem wir sie wahrgenommen haben, wie ein Windhauch dahinziehen ins Nichts, ohne Spuren in unserem Gehirn zu hinterlassen. So frei von allen inneren Widerständen dem Leben und seiner Realität gegenüber zu sein ist Lebenskunst, ist Nichthandeln in Reinkultur.

Sie haben das schon versucht? Und sind in einem Vakuum gelandet, orientierungslos und mit dem Gefühl, allen möglichen Gefahren schutzlos ausgeliefert zu sein? Weil Sie dachten, Ihr emotionaler Widerstand gegen Realitäten würde Sie schützen? Tatsächlich gilt Ihr Widerstand gar nicht der Wirklichkeit – er richtet sich gegen Ihre Ideen *über* die Wirklichkeit. Das macht einen fundamentalen Unterschied. Wenn wir denkenden Menschen im Alltag gegen die Bewegungen des Lebens geistig-emotional in Opposition gehen, dann richten wir unseren Widerstand gegen die Illusion, gegen unsere spontanen, vorurteilsbefrachteten Meinungen, aber nicht gegen die Realität selbst. Wenn die Wirklichkeit manchmal schockartig in unser Bewusstsein dringt, wenn wir Tatsachen als Tatsachen erkennen müssen, dann ist dieses Erleben so gut wie nie mit

Reaktionen emotionalen Widerstandes verbunden – wir erfahren die Realität in der Regel in einem sprachlosen Zustand. Denken Sie nach: Wann immer Sie in Ihrem vergangenen Leben in Echtzeit mit Tatsachen konfrontiert worden sind, geschah dieses Erleben binnen eines Augenblicks, der frei von jedem Gefühl war. Wenn Sie nun diesen emotionslosen Zustand ohne Gier und Zukunftsangst in sich herstellen – und das gelingt, wenn Sie sich einfach fallen lassen –, dann werden Sie merken, wie plötzlich Ihre ganze geistige Struktur durchlässig für alles Geschehen wird. Es lässt sich leider mit Worten nicht deutlicher beschreiben, was ich sagen möchte. Aber Sie können es versuchen. Machen Sie es wie mit einem Radiosender, der auf der Skala nur an einer einen Hundertstel Millimeter breiten Stelle eingefangen werden kann. Spielen Sie herum, bis Sie zu diesem offenen, transparenten Lebensgefühl gefunden haben. Es wird danach immer wieder Phasen des Widerstandes gegen Ärger und Ungerechtigkeiten geben, das ist logisch und natürlich. Aber Sie können dann jederzeit in den neu entdeckten Zustand zurückkehren, weil er Ihnen nicht mehr fremd ist. Und dies wünsche ich Ihnen für die kommende Zeit.

■ Der Freie Wille

Ich möchte Ihnen eine kleine Geschichte erzählen. Wir waren 1985 nach Frankreich in die Vogesen gezogen. Neben dem hinteren Torbogen unseres Bauernhauses wuchs eine Kletterrose, die ich später als Coral Dawn identifiziert habe. In diesem Winter fanden wir in einer Gartenzeitschrift ein kleines Inserat, das einen Katalog historischer Rosensorten offerierte. Wir ließen uns den Katalog schicken. Drinnen fanden wir Fotos wunderschöner alter Rosen. Wir waren fasziniert und hätten uns am liebsten sofort ein Dutzend bestellt – wenn wir das Geld dafür übrig gehabt hätten. Aber das wurde für die Renovierung des 250 Jahre alten Hauses gebraucht. Also blieben uns nur die Begeisterung und der Entschluss, ein Jahr später darauf zurückzukommen. Und im Frühling 1986 ereignete sich das Besondere: Die relativ moderne Rose neben den Scheunentor, die sonst normale Blüten mit dreißig bis vierzig Petalen besaß, brachte eine Fülle von Blüten hervor – die allesamt die Rosettenform und Anzahl Blütenblätter einer alten Zentifolie aufwiesen. Als ob die Rose unsere unerfüllten Wünsche, unsere Sehnsucht nach den momentan unerreichbaren Sorten erahnt hätte, dachten wir. Irgendwie hatte die Pflanze auf unsere Neigungen reagierend spontan mutiert. Interessant dabei ist, dass sie im folgenden Jahr und alle weiteren Sommer wieder normal blühte. Inzwischen hatten wir uns nämlich den Wunsch nach einer Anzahl historischer Rosen mit romantisch klingenden Namen erfüllt.

Vermutlich überlegen Sie jetzt, was die hübsche Geschichte denn mit dem freien Willen zu tun hat. Nun, ich habe selbst 23 Jahre gebraucht, bis ich die Pointe des Vorganges in ihrer ganzen Tiefe begriffen habe. Das mag Sie irritieren, aber ich habe mir noch nie eingebildet oder behauptet, es gäbe für mich nichts mehr zu lernen.

Im Gegenteil: Das ganze Leben ist ein kontinuierlicher Lernprozess. Die Story beginnt schließlich mit einer Reihe von Willensakten. Wir beschlossen, den bewussten Katalog zu bestellen. Wir bekamen unseren Willen, denn die Post brachte uns das Gewünschte. Dann trafen wir unsere Auswahl, berieten uns, welche Rose wir wohin pflanzen wollten. Der nächste Schritt, die Bestellung auf einen Termin zu verschieben, an dem wir die Mittel für den Kauf übrig hatten, war ein Akt der Vernunft und der vorläufige Verzicht – ebenfalls vom Willen bestimmt. Richtig bis hierher? Mit der Sehnsucht nach diesen schönen Gewächsen verbunden war freilich auch ein Gefühl des Verlustes und der Entsagung wegen der uns von den Verhältnissen aufgezwungenen Verzögerung. Ich bin kein esoterischer Spinner, und wer unter Ihnen mich kennt, weiß, dass ich im Allgemeinen recht nüchtern bin. Erst vor einigen Wochen, als ich mich mit dem Thema für dieses Buch zu beschäftigen begann, fiel mir das damalige Geschehen wieder ein, und diesmal erschloss sich mir spontan das Geheimnis jenes Blütenwunders. Wie ich 1986 schon annahm, hatte ein Prozess von Synchronizität stattgefunden, genau so, wie der Psychologe C. G. Jung die Beziehung der Dinge zueinander erklärt. Aber die Mutation ihrer Blüten war mehr als ein Indiz für die untrennbare Verbundenheit zwischen der Rose und mir. Physisch war die Rose sie selbst, und ihr gegenüber befand ich mich, das isolierte Individuum. Doch auf der metaphysischen Ebene gab es diese Trennung nicht. Da war ich auch die Rose – und die Rose, das zu vermerken erscheint mir wichtig, war ich. Es gab in dieser faszinierenden Phase nur eine einzige Bewusstseinsebene. Ich hatte mit keinem Gedanken auf die Pflanze eingewirkt, sie möge sich nach meinen Wünschen verhalten. Ich glaube, dass Sie in Ihrer Vergangenheit durchaus auf ähnliche Erfahrungen zurückblicken können. Ob Ihnen diese so markant vorkommen, wir mir die Sache mit der Coral Dawn, oder ob Sie vereinzelte Vorgänge zu jenem Zeitpunkt einfach als etwas Selbstverständliches hinnahmen und wieder vergaßen, spielt eine untergeordnete Rolle. Wichtig erscheint mir die Einsicht, dass solche Dinge jedem begegnen und dass wir sie ohne zu phantasieren der Magie des Tao zuschreiben dürfen. Richtiger: der Verbindung zwischen einem Menschen, der aufgehört hat, permanent geistige Grenzen zwischen sich und den Erscheinungen seines Lebens zu ziehen. Wie ich in den finalen Sätzen dieses Kapitels nochmals betonen werde, sind wir auf der beschriebenen Bewusstseinsebene auf unseren subjektiven Willen und seine Resultate überhaupt nicht angewiesen.

■ ■

Der Taoismus hat wenig Ähnlichkeit mit einer Religion, ihm fehlen alle Regeln, die bei Nichtbeachtung Strafe androhen, und auch die üblichen Verheißungen gibt es nicht. Die Philosophie des Taoismus propagiert eine Lebenskunst, man könnte sogar einen Schritt weiter gehen und ihm psychotherapeutische Merkmale zuschreiben. Die Kur, die das taoistische Denken dem Menschen verschreibt, gleicht der Heilung von einer besonderen Art Schizophrenie. Sicher fühlen Sie sich nicht geistig krank. Sie sind so normal wie Millionen Ihrer Zeitgenossen. Und in der letzteren Feststellung verbirgt sich der Haken. Denn unsere Gesellschaft ist längst nicht so gesund, wie ihre Mitglieder es sich einbilden. Wie ich im ersten Kapitel bereits betont habe, ist es seit den zwanziger Jahren erwiesen, dass das Universum auf seiner kleinsten stofflichen Ebene zusammenhängt – und dass Materie zum allergrößten Teil aus nichts, nämlich der Leere zwischen tanzenden Elementarteilchen besteht. Bestürzend ist die Tatsache, dass im zivilen Leben kaum jemand die Konsequenzen eines zusammenhängenden Universums und seine Auswirkungen auf das menschliche Handeln diskutiert, geschweige denn sie in Taten umsetzt. Einer der Gründe für diese Nichtbeachtung dürfte vermutlich das Gefühl zunehmender Ohnmacht sein. Denn wenn Sie sich mit dem Prinzip der Verbundenheit aller Dinge auseinandersetzen, wird sich zunächst der Eindruck verstärken, ein quasi hilfloses Rädchen in einem gewaltigen Getriebe zu sein, auf das Sie noch weniger Einfluss haben, als Sie ohnedies manchmal argwöhnten. Als Reaktion darauf erzeugt Ihr Denken das Bild einer Person, die sich zur eigenen Sicherheit Tag für Tag, Stunde für Stunde von der Welt, die sie selbst ist, abtrennt. Der Taoismus hält die Kur zur Genesung für Sie bereit: Er lehrt, dass Sie tatsächlich das Rädchen im Getriebe sind, weil es zu diesem großen kosmischen Spiel, das wir Leben nennen, so gehört – aber *Sie sind auch das Räderwerk selbst!*

Laotses Weisheit führt diese beiden Identitäten zu einer einzigen zusammen. Das kleine Ich, dessen Denken in der engen Spur operiert, die von Ihrer subjektiven Erfahrung gebildet wird, verbündet sich mit dem universalen Ich, dessen Durchmesser unendlich ist. Und jetzt sagen Sie mir bitte: Ist damit die alte Frage, ob der Mensch überhaupt einen freien Willen besitzt, geklärt? Es sind schöne Worte gefallen, aber wie viel davon lässt sich überhaupt in die Lebenspraxis umsetzen? Wie wirken sich die hier skizzierten Einsichten auf Ihre Wünsche und Visionen aus? Werfen wir erst einmal einige Blicke auf dieses alltägliche Geschehen und schauen uns anschließend an, was die Neurologen dazu meinen.

Was bewegt uns? Was sind das für Wesen oder Dinge, die uns in Marsch setzen? Bei mir ist eines dieser Dinge frühmorgens zum Beispiel unsere kleine Hündin Elsa, die nach einer Nacht mit beherrschter Blase dringend ins Freie muss. Also marschiere ich mit ihr die Treppe hinunter und begleite sie auf das Sträßchen hinaus, wo sie ihre Losungsplätze hat. Was bewegt Sie am häufigsten? Und wo in uns ist der Schalter, der veranlasst, dass unser Organismus, die Knochen und Muskeln etwas unternehmen? Ich bin sicher, das fängt droben im Innern unseres Schädels an, wenn im Gehirn ein Handlungsimpuls zündet. Was zu der leichtfertigen Schlussfolgerung verleitet, unser Gehirn würde uns von sich aus in Bewegung setzen, wie der Stardirigent eines Sinfonieorchesters jeden Musiker im Wissen, wann dieser einzusetzen und in welchem Takt er zu spielen hat, in Bewegung setzt. So betrachtet scheint unser Gehirn und scheinen damit selbstverständlich wir selbst autonom in unseren Entscheidungen zu sein. Leider täuscht dieser Eindruck. Bereits die Metapher vom Dirigenten verschweigt, dass dieser ja eine Partitur reproduziert, dass er im Grunde nur Vorgaben weiterreicht, die ein anderer oft vor langer Zeit geschaffen hat. Ähnlich, aber leider nicht so erhaben wie bei einer Beethoven-Sinfonie, verhält es sich bei unseren alltäglichen Bewegungen. Sie gehen eigentlich so gut wie nie unmittelbar von uns aus, nur selten findet in unseren Köpfen eine Initialzündung statt, die keinen fremden, außerhalb unseres Gehirns stationierten Auslöser hat. Die Auslöser sind Legion. Und sie liegen außerhalb unseres Körpers. Der blutrotorange Sonnenuntergang veranlasst uns, den Kopf zu wenden, die Augen aufzureißen und unseren Schritt für einige Momente zu verhalten. Die Bemerkung unserer Liebsten, unser Hemd habe einen schmutzigen Kragen, bringt uns dazu, das Hemd zu wechseln. Der Duft des Fliederbusches in der Parkanlage erweckt die Erinnerung an den alten elterlichen Garten, wo wir zum ersten Mal bewusst dieses Geruchserlebnis hatten. Unser Brustkorb weitet sich, wir atmen tief den Fliederduft ein. Es regnet in der Stadt. Auf der Fahrbahn sammelt sich Wasser, während wir auf dem Bürgersteig unseres Weges ziehen. Ein Auto fährt durch eine Pfütze, und wir retten unseren Sommermantel vor Nässe und Verschmutzung durch einen kühnen Sprung in die nächste Ladenpassage. Wir hören unten im Hausflur den Briefkasten klappern und eilen die Treppe hinab, neugierig, wer von den Leuten ohne Internet uns geschrieben hat.

Merken Sie etwas? Sie denken: «Ich bewege mich.» Tatsächlich aber *werden* Sie bewegt. Von Ihrer Außenwelt. Wir Menschen besitzen ein Gehirn, das von klein an, vielleicht sogar von dem Moment an, als unser Urvorfahr aus dem Wasser stieg, weil ihm Beine gewachsen waren, darauf programmiert ist, auf äußere Reize zu reagieren und den Organismus, dem es dient, in Aktion zu setzen. Sind Überlegungen dieser Art Gift für unser Selbstbewusstsein und unsere Gewissheit, einen freien Willen zu haben? Ist damit belegt, dass die Außenwelt uns beherrscht, uns zu Marionetten des Tagesgeschehens macht, von dem wir uns einbilden, wir würden es gestalten, dabei werden wir von ihm gestaltet? Verbringen wir im Wahn, freie Menschen zu sein, ein Sklavendasein, dessen wir uns nicht bewusst sind, weil wir es verdrängen? Wie ein Huhn in einer Legebatterie, das noch nicht einmal bestimmen kann, ob es heute ein Ei legen will oder nicht. Die Natur und verabreichte Hormone sorgen dafür, dass es gar nicht anders kann, als zu legen. Überlegen Sie: Hielten wir uns die beschriebenen Tatsachen ständig vor Augen, gerieten wir langsam, aber sicher in einen paranoiden Zustand. Wir würden uns von aller Welt und allem Geschehen manipuliert fühlen, weil die Bewegungen der Außenwelt die einzigen sind, die uns selbst in Aktion versetzen, auch dort, wo wir geschworen hätten, die Zündimpulse für den Start kämen garantiert von uns. Ist damit der Traum vom freien Willen reif zum Aufgeben? Weil die Welt uns manipuliert? Eben nicht. Wir manipulieren *sie*, und zwar über das Medium unserer Wahrnehmung. Sobald dieses Gehirn das subjektive Selbst nicht mehr von der Welt seiner Erfahrung abtrennt, realisiert es auch, dass es sich in einem kontinuierlichen Prozess sich gegenseitig beeinflussender Ereignisse *selbst* in Bewegung hält. Doch lassen wir zum Thema erst noch die Fachleute zu Wort kommen, die Neurologen.

▓ ▓

Im Gegensatz zu den im Makrobereich kaum im Sinne der Lebenskunst ausgewerteten Quantenphänomenen werden andere Entdeckungen bis zum Exzess ausgeschlachtet. Die Hirnforschung sieht sich nämlich, sozusagen von der anderen Seite her, ebenfalls mit den Diskrepanzen zwischen Individualität und Universalität konfrontiert. Die Neurologen verfügen heute über technische Apparaturen, mit deren Hilfe sie Gehirnbereiche identifizieren, die für alle möglichen Arten von intellektuellen oder emotionalen Prozessen zuständig sind. Man kann nachmessen, wie Gefühle und Entscheidungen im Gehirn entstehen und verarbeitet werden – und speziell das Phänomen des Entscheidens hat zu heftigen Debatten darüber geführt, ob der Mensch überhaupt so etwas wie einen «Freien Willen» habe. Seit der Physiologe Benjamin Libet in den dreißiger Jahren durch Experimente am geöffneten Hirn bewiesen hat, dass die Gehirne der Versuchspersonen ihre Entscheidungen zum Handeln etwa eine halbe Sekunde früher trafen, als ihre Besitzer es als denkendes Ich empfanden, wird dieser Freie Wille in Frage gestellt. In der Neuzeit vielfach wiederholte Versuche mit modernsten technischen Mitteln bestätigen diese Verzögerung um eine halbe Sekunde zwischen Entscheidungen des Gehirns und dem Bewusstwerden dieser Beschlüsse bei den Versuchspersonen.

Inzwischen neigen etliche Wissenschaftler zu der Behauptung, die Freiheit von Willensentscheidungen sei pure Illusion. Unsere Gehirne würden durch äußere Einwirkungen angetrieben entscheiden, und das Denken würde uns nur vorgaukeln, unsere Person hätte eine Entscheidung getroffen. Eine extreme Überbewertung dieser Verzögerung zwischen Entscheiden und Bewusstwerden eines Entschlusses geht inzwischen so weit, dass gewisse Leute sich Gedanken darüber machen und sich ausführlich darüber verbreiten, ob der Mensch dann überhaupt schuldfähig, also strafmündig sei.

Auch unabhängig vom Standort taoistischen Denkens empfinde ich die Schlussfolgerungen der Neurologen als unlogisch. Man trennt in den Auswertungen das Gehirn praktisch vom eigentlichen Menschen ab. So entsteht der Wahn, wenn diese gallertartige Masse Entschlüsse fast und erst hinterher den Besitzer des Hirns informiert, dann wäre das ein Beweis dafür, dass ebendieser Besitzer, also ein Mensch wie Sie und ich, sich nur einbildet, er würde Willensentscheidungen treffen. Diese Verzögerung bestätigt eigentlich nur eine von den Weisen des Ostens längst gewonnene Erkenntnis, nämlich dass unser Ichgefühl vom Gehirn via Denken erzeugt und in Betrieb gehalten wird. Wir erfahren unsere Identität über Gedanken und Gefühle. Unser Gehirn trifft, bevor es uns dies bewusst macht, seine Entscheidungen im Einvernehmen mit den jeweiligen Situationen, die eine Handlung (oder Unterlassung) notwendig machen. Dass hier die Außenwelt in unaufhörlichen Kausalketten von Ursache und Wirkung das tägliche Leben in Betrieb hält, ist normal – aber das ist kein Beweis dafür, dass unser Gehirn nicht die Wahl unter diversen Möglichkeiten hätte, wie es auf bestimmte Herausforderungen reagieren will. Dass die Wechselwirkungen weltweit sich gegenseitig beeinflussender Ereignisse bis hinein in unser privatestes Leben spürbar sind, mag als Indiz für die Einheit der Dinge gelten, aber es entmündigt doch nicht unser Gehirn als autonomes Werkzeug unseres Verstandes. Unser Ichgefühl schließt auch unser Körpergefühl ein, ja es beginnt sogar dort. Wir reagieren auf Umweltreize mit Hilfe des Instrumentes, das uns die Evolution innerhalb der Schädeldecke hat wachsen lassen – mit unserem Gehirn. Dieses Gehirn erzeugt in uns das Bild vom Denker, doch da ich als Körper der Besitzer dieses Gehirns bin, geht hier doch alles mit rechten Dingen zu. Wenn also das Gehirn da oben in unserem Kopf Entscheidungen trifft, dann trifft es diese im Namen des ganzen Organismus samt dem von ihm aktiv gehaltenen Ichempfinden. Finden Sie nach diesen Überlegungen nicht auch, dass den Mitgliedern unserer Gesellschaft, die sich von den Behauptungen der Neurologen wegen ihres angeblich nicht vorhandenen Willens und ihrer nicht existenten Verantwortlichkeit in die Irre führen lassen, eine Psychotherapie à la Laotse guttun würde?

An die Adresse der Neurologen hätte ich noch einen kleinen Seitenhieb auszuteilen: Die durch ihre Publikationen inzwischen überaus populären Wissenschaftler erklären unisono Geist zu einer Organfunktion. Man finde zwar nirgends im Kopf einen für Geist zuständigen Zellverband, aber das Zusammenwirken diverser Hirnregionen müsse wohl den materiellen Nährboden für den Geist bilden. Keiner merkt, wie unsinnig derartige Spekulationen sind. Geist ist seinem Wesen nach unsichtbar, er besitzt keine materielle Substanz, er darf nirgendwo in der Materie auffindbar sein, sonst wäre er ja nicht Geist. Das ist der Grund, warum ihn die Experten niemals nachweisen werden. Das unbekannte, unbeschreibliche Tao ist Geist, und dieser Geist befruchtet das Fühlen, Denken und Handeln des wesenhaften Menschen. Wer weiß, vielleicht wohnt er in der Leere zwischen den wirbelnden Teilchen, die unseren Hirnzellen erst ihre materielle Substanz geben.

Zum Kapitelschluss hätte ich noch eine hübsche Aufgabe für Sie. Dass Sie nämlich selbst herausfinden, wie frei Ihr Freier Wille ist. Fällt es Ihnen auf? Ich habe das *Frei* vor Freier Wille nicht in Gänsefüßchen gesetzt. Die direkt formulierte Frage danach, selbst wenn angesehene Neurologen sie stellen, ist dennoch die falsche Frage. Weshalb das so ist, wollen wir mit der Übung herausfinden. Manchmal haben wir doch den Eindruck, ja das starke Gefühl, mit unserem Wollen punktgenau ins Ziel zu treffen. Bei anderen

Gelegenheiten dagegen erleben wir uns mehr als nur manipuliert, uns quält das dumpfe Gefühl, überhaupt keinen Einfluss auf unser Schicksal zu haben. Vor einiger Zeit schrieb mir ein Leser, wie ich zur Frage nach dem Freien Willen stehe. Er zitierte die oben erwähnten Experten, die sein Vorhandensein verneinten, und er brachte auch die Experimente Libets und dessen Nachfolger zur Sprache. Ich fragte ihn, warum er das wissen wolle und woher er die Zuversicht nehme, dass jemand ihm die Frage richtig beantworten könne. Wenn zum Beispiel mein Oberstübchen etwas entscheidet, egal, ob ich mir nun gleich oder erst später einbilde, mittels Willenskraft etwas beschlossen zu haben, dann hat da doch auf alle Fälle ein Willensakt stattgefunden, der zu einem messbaren Ergebnis führte. Welche Instanz unseres Innenlebens «Ich will» sagt und das Handeln bestimmt, ist vielleicht für einen Zen-Mönch von Bedeutung, der meint, sich von seiner Ich-Illusion befreien zu müssen, aber doch nicht im Zusammenhang mit der Frage, die schon bedeutende Philosophen wie Immanuel Kant aus der Kurve getragen hat. Wie ich dem Leser damals schon schrieb, kann uns weder Schopenhauer noch Kant, noch eine Heerschar prominenter Wissenschaftler eine Frage beantworten, die ihrer Formulierung nach bereits falsche Interpretationen herausfordert.

Ich möchte Ihnen Fragen stellen, die Sie für sich allein beantworten sollen. Es sind Fragen, die Sie sich im gewöhnlichen Alltag nie stellen würden, auch wenn Sie manchmal Zweifel quälen, ob das Schicksal Ihnen überhaupt genügend Handlungsvollmacht erteilt hat, Ihr Leben zu meistern. Wir wollen miteinander herausfinden, ob Sie tatsächlich einen Freien Willen haben, und, wenn ja, wie sich diese Tatsache gegebenenfalls auswirkt oder ob die menschliche Willensfreiheit nur die Illusion eines ständig irgendwie gepeinigten Wesens ist. Die Übung besteht einfach darin, dass Sie während der nächsten Zeit sporadisch im Licht der folgenden Fragen die Triebkräfte Ihrer Entscheidungen unter die Lupe nehmen.

Frage Nummer eins: Wollen können Sie alles. Aber sind Sie fähig, die Notwendigkeit einer Sache, die zu erledigen ist, zu erkennen, und sind Sie weiter fähig, Ihr in Gedanken gefasstes Wollen in

Handlung umzusetzen? Prüfen Sie das bei nächster Gelegenheit nach.

Frage Nummer zwei: Entsprechend der Antwort auf Frage eins sind Sie imstande, täglich beliebig viele Entscheidungen zu treffen. Sie vermögen sich im Grunde ohne Grenzen zu Taten zu entscheiden, ohne dass Ihrem Geist irgendwelche Beschränkungen auferlegt wären oder Ihr Gehirn bereits nach der zweiten oder dritten Entscheidung ermüdet den Dienst verweigert. ABER: Haben Sie bei dieser Entscheidungsfreiheit auch zugleich die Garantie, dass alle, ALLE diese Entschlüsse sich auch in der Lebenspraxis realisieren lassen? Oder gibt es da eine Richtschnur, die realisierbare Willensentscheidungen von den weniger oder überhaupt nicht realisierbaren scheidet? Ist es nicht so, dass ein gar nicht einmal so kleiner Teil Ihres Wollens dadurch eingeschränkt wird, dass es auf Situationen und Zustände trifft, die seine Realisierung vereiteln? Wie viel Prozent der Anzahl Ihrer jährlichen Entschlüsse lassen sich tatsächlich in Resultate umsetzen? Die Hälfte, mehr? Weniger? Sie wissen es nicht? Denken Sie doch im Rahmen der Übung einmal darüber nach und schätzen Sie Ihre Erfolgsquote wenigstens grob ein – und vergessen Sie dabei auch die Unsumme kleiner Dinge nicht, mit denen Sie meistens mehr oder weniger reflexartig befasst sind. Wie der Nagel, der in die Wand soll, sich aber verbiegt oder immer wieder herunterfällt. Oder das Fenster, das lange nicht geöffnet war. Sie wollen es aufmachen, aber der verquollene Rahmen klemmt. Sie rufen den Schreiner, aber der hat einen Großauftrag und keine Zeit für Sie. Merken Sie, worauf ich hinauswill?

Frage Nummer drei: Tätigkeiten, die sich regelmäßig wiederholen, wie einkaufen, eine Radtour machen oder essen gehen, bestätigen eigentlich Ihre Willensfreiheit. Hier wird Wille nur eingeschränkt, wenn Sie zum Beispiel beim Chinesen essen möchten, Ihre Liebste aber darauf besteht, dass sich jeder eine Pizza bringen lässt. Hier steht Willen gegen Willen, und nur einer kann gewinnen. Oder dass Sie gerne in dem kleinen Lebensmittelgeschäft einkaufen würden, um den Tante-Emma-Laden am Leben zu erhalten und den Supermärkten ein Schnippchen zu schlagen. Aber der Einzelhändler ist zu teuer, das Haushaltgeld würde nur zwanzig Tage reichen, wenn Sie hier ausschließlich Ihren Bedarf decken würden. Merken Sie, dass die Entfaltung Ihres Willens von Ihren pekuniären Möglichkeiten eingeschränkt wird? Gut, Sie können mit dem Kopf durch die Wand rennen und Ihren Vorsatz ohne Rücksicht auf Verluste durchsetzen. Aber, so frage ich Sie, ist freie Willensausübung mit der Brechstange und selbst um den Preis von Verlusten überhaupt immer möglich? Setzt nicht bereits Ihr bürgerlicher Hintergrund Ihnen natürliche Grenzen, sodass Sie zum Beispiel nicht für das Präsidentenamt der Vereinigten Staaten kandidieren können, weil Sie nicht im Land geboren sind, oder es wird auch nicht zu einem Ministerposten in der Heimat reichen, wenn Sie nicht mit zwanzig schon in der Jungen Union oder einer anderen politischen Organisation aktiv waren. Spüren Sie, wie in unserer Untersuchung die Kluft immer deutlicher wird, die sich zwischen Ihren Entschlüssen und deren Realisierung auftut?

Frage Nummer vier: Aus den vorausgegangenen Feststellungen ergibt sich die Schlussfolgerung, dass Ihrem Willen an sich keine Grenzen gesetzt sind. Sie vermögen allezeit jeden beliebigen Entschluss zu fassen, freilich mit dem Schönheitsfehler, dass sich in der Regel nur ein Teil dieser Entscheidungen auch durchführen lässt. Erkennen Sie, dass zum Realisieren Ihres Wollens eine fundamentale Bedingung existiert? Die Außenwelt nämlich, die von Ihren Plänen tangiert wird, muss mit diesen harmonieren, egal, ob diese Welt als Autorität durch den Lebenspartner, das Finanzamt, Ihre Bank oder die Straßenverkehrsordnung repräsentiert wird. Sie können Willensakte nur dann erfolgreich beschließen, wenn Sie das Regelwerk Ihrer Außenwelt mit einbeziehen.

Frage Nummer fünf: Sie ist vielleicht die subtilste und am schwersten zu beantworten. Versuchen Sie es aber trotzdem. Denken Sie einmal darüber nach, ob nicht manches, das Sie wollen, davon bestimmt wird, was Ihnen in der Kindheit und in Ihrer weiteren Entwicklungsphase als wünschens- und erstrebenswert beigebracht worden ist. Dass also ein Teilbereich Ihres Wunschspektrums von vornherein fremdbestimmte Wurzeln hat. Dass Sie Dinge für begehrenswert halten, die Ihnen die Eltern als begehrenswert geschildert haben. Vielfach handelt es sich dabei um Werte, die einst für die Eltern unerreichbar gewesen sind. Auch viele Ideale und Vorlieben werden im Elternhaus auf Sie übertragen. Ein erhebliches Gewicht kommt in diesem Zusammenhang auch der Religion zu. Frühe Prägungen, die Entwicklung Ihres kindlichen Gewissens, das zum Gewissen des Erwachsenen herangereift ist, die meisten handlungsbestimmenden ethischen Werte kommen aus diesem Bereich. Fragen Sie sich also, welche Ihrer Handlungsmuster, Ihrer Wünsche und Ideale von anderen stammen und ergo gar nicht ihrem eigenen Wesen entsprechen.

Wenn man alle Fakten bei der Beurteilung, ob wir einen Freien Willen haben oder nicht, berücksichtigt, dann lässt sich vielleicht sagen, dass Willensakte selbstverständlich möglich sind, aber ihre Realisierung von zahlreichen Bedingungen abhängt, bei denen die Außenwelt des Individuums ein gewichtiges Wort mitzureden hat. Ich vermute, falls Sie bei dieser Übung mitmachen, werden Sie den Status Ihres frei verfügbaren Handlungsspielraums kritischer einschätzen, als Sie dies in der Vergangenheit getan haben. Sie gewinnen damit einen ehrlichen Überblick darüber, wie groß der Anteil an Übereinstimmung mit äußeren Bedingungen sein muss, damit die Dinge gelingen. Und denken Sie daran: Im Allgemeinen verdrängen wir die Einsicht in diese Begrenztheit, als dass wir die Grenzen unserer Handlungsfreiheit kritisch hinterfragen. Die Idee einer limitierten Freiheit ist dem Menschen mehr als unbequem. Sie ist irgendwie kränkend und auch deprimierend. Wären Sie heute bereit, diesen semifreien Zustand Ihres Wollens und Handelns zuzugeben?

Frage Nummer sechs, die Königsfrage: Was sagt das taoistische Denken zum Thema Willensfreiheit? Horchen Sie in sich hinein, in jenen Bereich, den das Denken nicht erreicht, werden Sie still und achten Sie darauf, ob Sie nicht der Hauch der Wahrheit anweht. Prüfen Sie intuitiv, allein auf der Gefühlsebene nach, ob wahr ist, was es zum Komplex Willen abschließend noch zu sagen gibt: Aus taoistischer Sicht sind Sie neben Ihrer Rolle als Wollender auch die Fakten Ihrer Lebenssituation. Zu Ihrer Identität zählt alles, was Sie erleben, erfahren, haben oder nicht haben möchten. Von dem Standpunkt aus betrachtet, dass Sie die Welt sind, macht die Frage nach dem Freien Willen keinen Sinn mehr. Sie erkennen, dass das Zusammenwirken Ihrer Umwelt als Ganzes IHR Wirken ist. Ihre Entscheidungen entspringen einem Sinn, für den es keine Trennung zwischen Subjekt und Objekt mehr gibt. Ihr Handeln ist außerordentlich intelligent, weil es mit dem Regelwerk der Außenwelt harmoniert. Das Schwergewicht des Nichthandelns ist Beobachtung, nicht Analyse. Zur Analyse wird Wille gebraucht, und die erwünschte Freiheit scheitert vielfach an Zuständen, mit denen ein Vorhaben kollidiert. Wenn ich aber mit allem meinem Sein beobachte, frei von jedem Beweggrund, dann ist da überhaupt kein Wille vorhanden. Wer aus diesem Geist wahrnimmt, verändert die Dinge, weil sein Sinn das Tao ist und weil hier ohne Bedarf an Willensakten Schöpfung stattfindet.

Reflexionen
über das Denken

Im vorigen Jahr stand ich an einem kühlen Sommermorgen vor unserem Gartenteich, der um die fünfzig Goldfische verschiedener Größen und Altersstufen, wunderschöne Seerosen, Wasserlilien und andere Sumpfgewächse beherbergt. Ich befahl in Gedanken dem Wasser, dass es sich auf der Stelle von den Schwebealgen befreien solle, die es grün färbten und nahezu vollständig eintrübten. Ich hatte nicht die blasseste Ahnung, ob das funktionieren würde. Im Grunde glaubte ich nicht daran, dass Gedanken etwas Derartiges leisten könnten. Aber ich wollte Aussagen überprüfen, die in verschiedenen zeitgenössischen Publikationen über die Macht des Denkens zu finden sind. Das Resultat lieferte keine Überraschung – *es hat nicht geklappt!* Und dennoch hat der Versuch etwas ausgelöst. Irgendwie sah ich, während dieser Gedankenbefehl lief, den anstößigen Teich mit anderen Augen an. Er ist an eine nach innen gewölbte Wand aus Feldsteinen gebaut und wird selbst aus einer lose aufgeschichteten Mauer aus Steinen mit einer Folie gebildet. Nach einer Regenperiode, in der das veraltete Wasser verdünnt wurde, sah es ein paar Tage lang besser aus. Aber dann schien die Sonne wieder mit voller Kraft, und die Brühe wurde so undurchsichtig wie vorher. Mir kam der alberne Spruch in den Sinn, dass Warzen verschwinden, wenn man Gurken isst. Aber nur, wenn die Warzen auf der Gurke sind. Plötzlich war die Idee da: Warum verlegen wir den Teich nicht an einen anderen Platz? Weiter unten im Garten gibt es einen Schattenbereich. Dort könnte man mit einem großen Bottich von tausend Litern Fassungsvermögen einen kleineren Teich installieren. Und nur die wenigen großen Fische behalten, die von Anfang an da waren. Für den Nachwuchs würden sich genug Abnehmer finden. Und für einen kleineren Teich gibt es sehr gute Filteranlagen mit UV-Lampen, die nicht allzu viel Strom fressen, und das Wasser bliebe von allen vorhandenen Übeln künftig verschont. Und dort, wo jetzt der große Teich steht, ließe sich ein wunderschöner gepflasterter Sitzplatz vor der dekorativen Steinwand schaffen.

Meine Frau wusste von meinem Experiment und seinem Ausgang. Wir planten eine Weile an dem Projekt herum, besuchten einen riesigen Gartenmarkt in Monticello und besahen uns auch die vorgeformten Zierteiche und das Zubehör, das dort ausgestellt war. Und fanden im Angebot auch Filteranlagen für große Teiche bis zu zehntausend Litern Inhalt. Wir kehrten zu unserem Teich zurück, und plötzlich spürten wir beide, dass wir den alten Teich nicht hergeben wollten. Wir würden den zauberhaften Seerosen die Heimat nehmen, und die 25 Grubenfrösche, die jedes Frühjahr zum Laichen kamen, hätten ebenfalls keinen Platz für ihren Nachwuchs mehr. Wir rechneten noch einmal den zeitlichen und finanziellen Aufwand für die Verlegung und Verkleinerung durch und kamen zu dem Schluss, dass eine Filteranlage für große Teiche höchstens ein Fünftel des Aufwandes kosten würde, den wir für eine Verlagerung aufbringen müssten. Von der wochenlang das Auge beleidigenden Baustelle nicht zu reden. Und die eingesparten Kosten würden auch den Mehrverbrauch an Strom für das Filtersystem lange Zeit kompensieren. Also beschlossen wir: Der Teich bleibt. Er bekommt eine Filteranlage. Und die jungen Fische bleiben auch da (die im Garten lebenden Schlangen holen sich ohnedies immer wieder welche heraus). Wir wechseln das Wasser einmal vollständig aus, und der Boden wird von allem Schlamm gesäubert. Fertig.

Warum habe ich Ihnen das erzählt? Um Ihnen zu zeigen, wohin das Gedankenexperiment geführt hat. Da war der kategorische Befehl ans Wasser: «Werde sauber!» Und da war das Wasser, das sich keinen Deut um meine Wünsche kümmerte. Doch dann begann das Gehirn unversehens die Geschichte noch einmal von Anfang bis Ende durchzudenken. Den Teich wegzunehmen wäre bereits eine Lösung gewesen, weil dadurch auch alle Wassertrübung verschwunden wäre. Falls Sie das Experiment an einem Objekt Ihres

Umfeldes ebenfalls testen wollen, werden Sie sicher zum gleichen negativen Resultat kommen – auf der Ebene des Wünschens werden Sie das Übel nicht los. Doch bei Ihrer Aktion gibt es eine Nebenwirkung, die Sinn macht: Das in den Brennpunkt Ihrer Konzentration gerückte Problem beginnt zu Ihnen zu sprechen. Ihr Blick auf alternative Lösungen, die Sie vorher ignoriert haben, wird frei. Entscheidend ist am Ende nicht, ob mit einiger Intensität verschickte Gedanken direkt am Objekt etwas ausrichten oder ob aus dem Zentrum Ihres Interesses die Antworten auftauchen, was Sie tun können, um dem Problem beizukommen.

Ich habe mich in letzter Zeit mehr als einmal gefragt, ob ich bei meinen Überlegungen über das Denken vielleicht zu früh aufgehört habe in der Überzeugung, alle Antworten zu kennen (wie der Kriminalkommissar, der im Wahn, den Täter erwischt zu haben, nach keinen anderen Verdachtspersonen mehr Ausschau hält). Da sie mit meinen bisher gewonnenen Einsichten harmonierten, habe ich die Thesen der Zen-Meister und auch jene von Alan Watts oder Krishnamurti über die Störanfälligkeit des Denkens in Sachen Erkenntnis und Lebensglück akzeptiert und sie – vielleicht aus Freude über die Übereinstimmungen – auch nie ernsthaft hinterfragt. Daran hat sich inzwischen etwas geändert. Ich stimme den meisten dieser Aussagen nach wie vor zu, aber ich beginne zu ahnen, dass Denken unentdeckte Dimensionen zu besitzen scheint, welche die genannten Herrschaften samt meiner Person keiner weiteren Überlegung für wert hielten. Das soll anders werden. Denken spielt bei unseren Träumen und Zukunftsvisionen eine Hauptrolle, darum möchte ich Sie hier an seiner Erforschung unter neuen, aber nach wie vor wertneutralen Gesichtspunkten teilnehmen lassen.

Halten wir erst einmal einen Grundsatz über das Denken fest, an dem es trotz der aufgetretenen Bedenken nichts zu rütteln gibt und den jeder Mensch, der ernsthaft in sich forscht, auch bestätigt findet: Als Denker habe ich keine Gewalt über meine Gedanken. Das ist eine jederzeit feststellbare Tatsache. Dass mein Gehirn überhaupt Gedanken denkt, wird von äußeren Ereignissen bestimmt, die sie auslösen – wenn es Erinnerungen sind, waren diese früher einmal ebenfalls äußere Ereignisse. Die Auswahl, welche der äußeren Vorgänge gedanklich aufgegriffen und verarbeitet werden, trifft das Gehirn nach Kriterien der Interessenlage, wobei diese freilich ebenfalls vom Denken bestimmt wird. Eine weitere Tatsache besteht darin, dass ich nur darum weiß, dass ich Gedanken denke, weil ich über mein Denken nachdenken kann. Aber «Ich denke über meine Gedanken nach» ist auch nur ein erdachter Satz. Kurzum, anstatt über solchen Grübeleien irre zu werden, halten wir lieber fest, dass Denken und Denker ein und dasselbe sind. Im Grunde besorgt mein Körper als Besitzer eines Gehirns, das die Evolution mit dieser Fähigkeit ausgestattet hat, das Denken. Das Dilemma löst sich auf, und alle Gehirnakrobatik wird unnötig, wenn das Denken von sich aus seine Aufgaben im richtigen Licht zu sehen beginnt und die als Sicherheitsmaßnahme gedachte ideelle Trennung zwischen dem Individuum und seiner Welt nicht weiter fortsetzt. In der Verbindung mit einer intelligenten Denkstruktur verlieren alle Spekulationen über ICH und Nicht-ICH ihren Sinn. Ichlosigkeit als Voraussetzung für Erleuchtung bleibt dann nur noch als ein Mittel übrig, mit dem östliche Meister ihre Schüler schikanieren können. Laotse erwähnt das Ich überhaupt nicht, er sagt nur: «Der Berufene stellt sein Selbst zurück.»

Wenn ich im Geist des Nichthandelns eine drückende Situation beobachte, lasse ich in diese Wahrnehmung mein ganzes Sein einfließen: Herz und Verstand, meine Sinne, alle Gefühle und auch das ganze Denken richten sich gebündelt auf den Zustand unter dem Brennglas meiner Beobachtung. Ich scheue mich nicht, dies Konzentration zu nennen. Hier ist konzentriertes Denken zu einem hohen Prozentsatz beteiligt – und dieser Umstand lässt die Frage zu, ob es dann vielleicht doch geschieht, dass von diesen Gedanken eine Energie ausgeht, die auf die Materie, also auf die betreffende Situation einwirkt. Allerdings alles bezogen auf einen klar geschauten Ist-Zustand und nicht auf eine Projektion meines Wunschdenkens. In diesem Fall ist Denken eine Kraft, die die Beobachtung eines Problems aktiv unterstützt. Vor allem dann, wenn Gedanken auf eine Weise operieren, bei der sie den Beobachter nicht vom Beobachteten trennen.

■ ■

Evolution ist ein permanenter Vorgang. Wenn nicht jemand bald damit anfängt, den Menschen zu einer Lebensform zu machen, die intelligenter als bisher operiert, wird die Evolution sich früher oder später – vermutlich früher – an uns vorbeibewegen, und andere Wesen, die friedlicher und anpassungsfähiger sind als wir, werden das Rennen ums Überleben machen. Wer weiß, ob heute nicht das Angebot des Weltgrundes an Sie ergeht, mit der Rettung Ihrer Spezies zu beginnen, indem Sie zu einem neuen Denken finden, das losgelöst von Ihrer Subjektivität operiert? Vielleicht wäre es kein Fehler, unser Denken einmal ohne alle fremd gewonnenen Ideen über sein Funktionieren und seine Schwächen zu betrachten. Vielleicht hat während der Evolution des menschlichen Geistes bereits eine Veränderung stattgefunden, die aber – wenn auch von der kritischen Vernunft als zu phantastisch abgelehnt – im Zusammenhang mit der Wellenstruktur unserer Welt samt unserem Gehirn inzwischen doch mehr Möglichkeiten bietet, als es – sagen wir – vor zweitausend Jahren der Fall war.

Unser Körper strahlt tatsächlich so etwas wie Energie aus. Wenn Ihnen jemand ein Pendel zwischen die parallel gehaltenen Handflächen hält, beginnt es zu schwingen. Wenn Sie den Abstand zwischen Ihren Handflächen langsam vergrößern, wird der Punkt kommen, wo das Pendel langsamer wird und schließlich zur Ruhe kommt. Wir haben das selbst schon im Scherz probiert. Es ist nicht bei jeder Person gleich, man könnte damit sogar Rückschlüsse auf die physische Verfassung der jeweiligen Testperson ziehen. Oder nehmen wir das sogenannte Bio-Feedback. Auf Deutsch ist damit der Einfluss des Geistes auf den Organismus gemeint. Ich bin mir ziemlich sicher, dass hypochondrische Gedanken einen Menschen, der ständig in sich hineinhorcht, ob ihm nichts fehlt, durchaus krank machen können. Das Vertrauen in Placebos bewirkt nachgewiesenermaßen Heilung, zumindest bei psychosomatisch verursachten Leiden. Gedanken funktionieren also in beiden Richtungen, sie können krank machen oder heilen. Die alten Taoisten nannten die Lebensenergie Chi, und es ist das Tao, das diese Lebensenergie liefert. Es wäre einer Überlegung wert, ob zielgerichtete Gedanken imstande sind, Chi auszusenden. Sie merken, ich drücke mich sehr behutsam aus, mehr im Konjunktiv als in Gestalt selbstsicherer Statements. Es sei auch vermerkt, dass ich niemals auf die Idee käme, jemand könnte durch seine Konzentration auf sechs Lottozahlen via Fernwirkung die Maschine im Fernsehstudio beeinflussen, damit sie seine Zahlen ausspuckt. Wenn das jeder könnte, wäre damit das Ende dieses begehrten Vergnügens besiegelt. Ich meine, bei aller Hoffnung auf mehr Macht über die Bewegungen des eigenen Schicksals sollten wir der Intelligenz der Natur zutrauen, dass sie aus unserem Denken keine neue Geheimwaffe macht. (Die Russen sollen Derartiges ja bereits versucht haben.)

Der Taoismus offeriert Ihnen die Möglichkeit einer neuen Denkstruktur, in der Ihr Denken mit der Realität kooperiert und sich von keinen Parolen oder Paradigmen mehr beeinflussen lässt. Ein Denken, bei dem Sie die Unabhängigkeit der Lebewesen voneinander respektieren, die Einheit unter der Oberfläche aber verstanden haben und in Ihre Handlungen miteinbeziehen. Sie müssen in Ihren Gedanken fähig sein, zum anderen zu werden, das andere zu sein, gleich, ob es sich um einen Menschen, ein anderes Lebewesen, eine Pflanze oder Gegenstände handelt, an die Ihre Gedanken eine Botschaft richten wollen. Ein Gehirn, das andere Gehirne oder die Molekularstrukturen von Situationen erreichen will, kann dies nach meinem Gefühl höchstens dann bewirken, wenn es zwischen dem Absender und dem Empfänger keinerlei gedankliche oder emotionale Trennung gibt.

Sie werden es gemerkt haben: Die Beschäftigung mit dem Denken ist eine mühsame Sache. Aber es lohnt sich, dass Sie sich Ihrem Denken auf eine neue, unvoreingenommene Art nähern. Leider mit dem Manko, dass es keine neutrale Autorität gibt, die von außen Ihre Denkfähigkeit und die sich daraus ergebenden Konsequenzen untersucht. Es sind und bleiben Ihre eigenen Gedanken, die sich mit anderen Ihrer Gedanken beschäftigen. Die Fehlersuche müssen Sie selbst, muss also Ihr eigenes Gehirn übernehmen. Vielleicht wäre jetzt der Moment für einige Vorschläge gekommen, wie sich Ihr Denken sich selbst nähern kann. Chuang tzu, der alte taoistische Weise, würde Ihnen empfehlen, sich bei dieser Herausforderung der Blauäugigkeit eines Säuglings zu bedienen, der noch von keiner Seite beeinflusst worden ist. Was im Klartext heißt, dass Ihr Denken auf alles Wissen verzichten muss, das es bisher über sich selbst gesammelt hat. Die Stellungnahmen der Philosophen müssen außer Betracht bleiben, Sie dürfen nichts von dem glauben, was die Lehrer über die Macht des Denkens dem Leservolk verkünden. Sie müssen sich aber auch von der kategorischen Ablehnung des Denkens als einem Instrument der Erkenntnis, wie es zahlreiche östliche Lehren praktizieren und wozu ich selbst in der Vergangenheit ebenfalls tendierte, verabschieden. Das bedeutet, dass das Denken von nun an und in alle Zukunft selbst seine Verteidigung übernimmt.

In unserem Geistesleben gibt es einen Bereich, in dem Denken starke Auswirkungen auf unser Wohlbefinden hat. Ich rede von den Bildern, die wir in unseren Köpfen herumtragen, die Selbstbilder, die Menschenbilder, die Weltbilder. Sie werden vom Denken erzeugt, und sie bestimmen nachhaltig unser Fühlen, Entscheiden und Handeln. Ich rede von Bildern, die das Gefühl Ihres Selbst gestalten und Ihr Bewusstsein als Individuum prägen. Bilder, die Ihre Urteilsfähigkeit über andere Menschen und über Ihre Chancen in der Welt stärker beeinflussen, als Sie annehmen. Seitdem Sie denken können, beobachten Sie sich, wie Sie auf ein Erlebnis reagieren. Sie speichern die Erinnerung an Ihre Reaktion darauf im Gedächtnis, und aus unzähligen Erfahrungen generiert das Denken Ihr geistiges Selbstporträt. Ihr Selbstwertgefühl gewinnt seine Qualität aus der Sammlung von Momentaufnahmen Ihrer Reaktionen auf das Leben. Und kontinuierlich analysieren Sie Ihr Verhalten nach Gesichtspunkten von richtig und falsch, erfolgreich oder versagend. Sie spielen in Gedanken Ihren Umgang mit den Herausforderungen des Alltags nach und beobachten die Gefühle, die sie auslösen.

Jeder dieser nahezu unwillkürlich ablaufenden Vorgänge verändert, ohne dass Ihnen dies bewusst würde, die Zeichnung des inneren Bildes. Ihr Denken kann auf diese Weise Gefühle in Ihnen auslösen, in denen Sie sich als Helden oder als Hasenfuß erleben. Ob Sie in Erwartung von Siegen Ihre Tage verbringen oder in der ständigen Angst vor Niederlagen, hängt zum wesentlichen Teil von dem Bild ab, das Ihr Denken von Ihnen erzeugt. Sie sehen, es ist alles andere als belanglos, wie die inneren Bilder beschaffen sind, die Sie sich von sich selbst machen, von Ihren Beziehungen zu anderen und zu der Sie umgebenden Welt und nicht zuletzt von Ihrer eigenen Fähigkeit, Ihr Leben nach Ihren Vorstellungen zu gestalten. Es gibt innere Bilder, die Sie dazu bringen, sich immer wieder zu öffnen, es gibt aber auch Bilder, die Ihnen Furcht einflößen und Sie quasi zwingen, sich vor der Welt zu verschließen. Es gibt Selbstbilder, aus denen Sie Mut, Ausdauer und Zuversicht schöpfen, aber da sind auch die anderen, die Sie in Hoffnungslosigkeit, Resignation und Verzweiflung stürzen lassen.

Nun stellt sich die Frage: Kann unser Denken die negativen Selbstbilder verändern, ohne den Teufel mit Beelzebub auszutreiben? Womit ich meine, dass ein Denken, welches das selbst erzeugte Problem versteht, nun damit beginnt, die von den Erfahrungen erzeugten Bilder auseinanderzudividieren, indem es wie bei Aschenputtel nur die Guten ins Töpfchen tut. Das würde auf eine noch stärkere Selektion unserer Wahrnehmungen hinauslaufen, als wir ohnehin schon praktizieren. Sich nur noch gute, positive Erfahrungen zu merken, um mit ihnen das Selbstbildnis herauszuputzen, würde auf Selbstbetrug hinauslaufen. Denn die anderen, die schmerzlichen, negativen, würden dadurch nicht aus der Welt verschwinden – sie würden ins Unbewusste verdrängt und dort, im Untergrund, weiter wirkend und schwer kontrollierbar, das Selbstvertrauen untergraben. Was also kann ich tun, wenn ich erkenne, dass ich mit der einen Methode genauso betrogen bin wie mit der anderen? Entweder manipuliert mein Denken die Erfahrungen, münzt sie um, greift heraus, oder es verarbeitet sie allesamt und sorgt quasi unfreiwillig dafür, dass mein Selbstvertrauen abwechselnd schwächelt und wieder erstarkt. Beides sind nicht unbedingt schöne Aussichten für unser Wohlbefinden. Aber verzagen Sie nicht – es gibt einen Ausweg aus dem Dilemma.

Die Lösung würde eine Änderung unseres Denkverhaltens verlangen. Eines Verhaltens freilich, das zum Glück Gewohnheit und nicht genetisch bedingt ist. Je stärker sich meine Gedanken um die eigene Achse bewegen, desto mächtiger und zugleich störanfälliger wird mein Selbstbildnis. Wenn ich oder vielmehr mein Denken begreift, dass wir beide ohne dieses sich andauernd selbst korrigierende Selbstbild sehr wohl gut, harmonisch und erfolgreich leben können, dass keine Notwendigkeit besteht, bei jeder Gelegenheit daran herumzudröseln, dann sollte dieses Denken fähig sein, die alten Aktivitäten zu beenden. Es würde dem Denken außerdem die Entscheidung abverlangen, dass es sich – und damit mich – nicht mehr so wichtig nimmt. Es muss mich und meine Außenwelt als eine einzige, in sich geschlossene Einheit akzeptieren und seine Prozesse künftig auf diese Tatsache einstellen. Dann spiegelt das Selbstbildnis meine Identität mit der Welt wider, und es ist Schluss mit den instabilen Tagesformen eines vom Ganzen isolierten Bildes. Wenn Sie kein Bild mehr von sich pflegen müssen, weil Ihr Denken begriffen hat, dass Sie dieses Bild so nötig brauchen wie einen Kropf, bekommt Ihr Selbstwertgefühl eine neue, starke, universale Dimension. Und Ihr Denken ist intelligent genug und demzufolge fähig, aus diesen Überlegungen die positiven Konsequenzen zu ziehen und ein Bild von Ihnen zu schaffen, das die Welt umfasst.

Trotz der angedeuteten Schwächen des Unternehmens, Denken über sich nachdenken zu lassen, möchte ich meinen Geist hinausschweifen lassen ins Unbekannte. Es mag sich um Spekulationen handeln – aber sind nicht durch waghalsige Hypothesen in der Forschung oft bedeutende Erkenntnisse gewonnen worden? Betrachten wir einmal Erleuchtung. Sie wäre nach der buddhistischen Philosophie ein Gipfel menschlichen Erlebens, eine überwältigende Seinserfahrung, ein Lichtblick der Erkenntnis – zu dem Denken keinen Zugang hat. Sogenannte Lichterfahrungen mag es ja geben, außergewöhnliche Augenblicke, in denen Gedanken und

Gefühle wie unter Schock schweigen. Aber die Frage lautet doch: Was habe ich davon? Wäre ich nicht besser bedient, wenn mein Sinnen und Streben die Harmonie mit den Ereignissen meines eigenen kleinen Lebens findet und versteht, was tatsächlich darin geschieht? Dass ich meine Position in der Welt richtig, das heißt den Tatsachen entsprechend bestimme und mein Handeln danach ausrichte? Einem Geist, der *diese* Dinge geklärt hat, würde ich am ehesten noch das Prädikat «erleuchtet» zugestehen. Ein solcher Erkenntnisprozess mag sein Fundament einer Intuition verdanken, aber ohne Denken würde sich die vage erahnte Grundwahrheit in unserem Gehirn nicht stabilisieren. Überhaupt, liebe Leserin, lieber Leser, wer sagt denn, dass intuitive Einsichten nicht ebenfalls eine Facette des Denkens sind? Die wir ausklammern, richtiger, die unser Denken ablehnt und ins Metaphysische verweist, weil wir, weil unser Denken es einfach nicht anders gelernt hat? Vielleicht bekäme unser Denken bereits dadurch einen erweiterten Radius, dass wir «übernatürliche Fähigkeiten» nicht grundsätzlich aus seinem Funktionsbereich ausschließen. Würde ein Verzicht auf das «esoterische Paradigma», nämlich Denken im Zusammenhang mit metaphysischen Erkenntnisvorgängen zu verteufeln, in Wahrheit einen Fortschritt in unserer geistigen Entwicklung bedeuten? Einen Schritt in eine Richtung, in der Denken – und das erscheint mir wichtig – zum Spiegel des Tatsächlichen wird?

Unterstellen wir doch einfach einmal als Arbeitshypothese, dass Denken über das Gewusste hinausreichen würde, wenn wir in Zukunft die Bremsklötze herausnähmen und ihm mehr zutrauten. Dass wir einfach unterstellen, Instinkt, Intuition, Ahnung, Vorwissen gehörten zum Denken wie die Butter auf die Semmel. Jeder von uns hat es schon erlebt: Man denkt an Isabella – und kurz darauf ruft sie an. Wahrscheinlich können Sie sich im Rückblick an mehr als eine Situation erinnern, wo Sie plötzlich wussten, dass ein bestimmtes Ereignis stattgefunden hat oder sich sein Stattfinden anbahnte, ohne dass Ihnen das jemand mitteilen musste. Derartige Intuitionen teilen sich unseren Gehirnzellen genauso mit wie unmittelbare Sinneseindrücke. Wahrscheinlich werden dabei dieselben oder verwandte Hirnregionen aktiviert. Das Drama des

Fühlens und Denkens, gleich, ob intuitiv, ahnend oder intellektuell, dürfte nach der hier aufgestellten Hypothese auf der gleichen Bühne im Innern unseres Kopfes aufgeführt werden.

Lassen Sie uns einfach damit anfangen, unser Denken mehr zu mögen – vielleicht nimmt es sich dann in Zukunft stärker unserer Ahnungen an, statt sich ständig um irgendetwas zu sorgen.

Zum Kapitelschluss möchte ich Ihnen einige Überlegungen an die Hand geben, wie sich destruktive Gedanken durch konstruktive ersetzen lassen.

Wir tun es seit Beginn der Schulzeit, vielleicht sogar bereits schon im Kindergarten: Wann immer ein Ereignis bevorsteht, machen wir uns Gedanken darüber, ob es gelingt oder misslingt, ob es uns Freude bringt oder Probleme schafft. Selbst bei harmlosen Anlässen beschäftigen sich unsere Überlegungen damit, was dabei alles schiefgehen kann. Unser Gehirn ist in diesem Zusammenhang eine Reizmaschine, die jedes bevorstehende Ereignis auf mögliche Gefahren untersucht, es wie eine Filmvorschau durchspielt. Vor unserem geistigen Auge laufen die Bilder von Vorgängen ab, die in dem Augenblick, da wir uns mit ihnen beschäftigen, bestenfalls als Tendenzen vorhanden sind. Und oft genug noch nicht einmal dies – wir phantasieren aus geringsten Anlässen Szenarien zusammen, die sich wahrscheinlich niemals in Realität verwandeln werden. Das Ganze wäre nicht allzu tragisch, wenn unser Denken sich überwiegend mit dem Zusammenphantasieren von positiven Entwicklungen beschäftigen würde. Doch das ist leider äußerst selten der Fall. Frei nach Murphys Gesetz, dass alles, was schiefgehen kann, auch schiefgehen wird, malen wir uns keine konstruktiven Szenarien aus, wenn wir auf ein bestimmtes Ereignis warten. Und es müssen keine Premieren sein, die verständliches Lampenfieber in uns erzeugen – wie beim ersten Rendezvous vielleicht, wo Sie sich Tage und Stunden vorher bereits ausmalten, wie Sie mit der welkenden Rose in der Hand vergeblich auf das Eintreffen der Schönen warten würden. Es müssen keine großen Zeitspannen sein, in denen Sie immer wieder grübeln, was alles passieren kann.

Bereits ein Einschreibebrief, den Ihnen der Postbote nach Unterschrift übergibt und auf dem kein Absender steht, bringt Sie ins Schwitzen, zumindest, bis Sie den Umschlag aufgerissen und einen Blick auf den Betreff geworfen haben. Fatal an der Tätigkeit unseres Gehirns ist bei der ganzen Geschichte, dass wir aus Sorge um den Fortbestand unseres inneren Friedens kaum einmal Murphys Gesetz beiseitelassen. Und noch seltsamer ist eine andere Reaktion in unserem Kopf: Sobald sich – was zum Glück extrem viel seltener geschieht, als wir es uns andauernd ausmalen – tatsächlich etwas Unangenehmes ereignet, mit dem wir schon eine Weile halbwegs gerechnet hatten, vollzieht sich in unserem Gemüt ein erstaunlicher Wandel. Wir sehen uns jetzt mit einer Tatsache konfrontiert, über die es nichts mehr zu spekulieren gibt. Unser Geist ist angesichts eines wirklich eingetretenen unangenehmen Ereignisses im Grunde eiskalt. Unser Denken befasst sich jetzt mit den Maßnahmen, die zu treffen sind, aber der ganze Vorgang ist mit keiner Furcht mehr verbunden. Auf eine gewisse Weise erleben wir dann anstelle unserer vorausgegangenen negativen Spielereien einen sehr sanften Katastrophenschock. Zugleich spüren wir aber auch die Kraft in uns, dem Problem beizukommen. Es gibt weit und breit keinen Grund mehr, dass wir uns kummervolle Gedanken darüber machen, was eventuell auf uns zukommt.

Die Aufgabe, die ich Ihnen in diesem Zusammenhang gerne stellen möchte, ist ein wenig komplex. Würde ich Sie lediglich auffordern, in Zukunft von allen noch nicht eingetretenen Ereignissen immer nur das Beste zu erwarten, wäre das die Aufforderung, sich selbst etwas vorzumachen. Denn das bringt kaum ein Mensch fertig. Aber Sie können etwas anderes machen, etwas Zusätzliches. Die Übung beginnt damit, dass Sie erst einmal realisieren, was in Ihrem Gehirn vorgeht, wenn Sie ein bestimmtes Ereignis zu erwarten haben. Schaffen Sie Klarheit darüber, wie destruktiv Sie doch viel zu oft vorausblicken. Und lassen Sie Ihren Verstand walten, er soll bitte mathematisch genau und ehrlich die Chancen ausrechnen, wie die Qualität eines bestimmten, noch nicht geschehenen Vorganges höchstwahrscheinlich beschaffen sein wird. Seien Sie vernünftig statt ängstlich. Sie haben allen Grund, mutig auf Ihre

Tage zu sehen, nachdem Sie der Magie des Nichthandelns begegnet sind. Ich gebe ja nicht den Leuten draußen auf der Straße diese Aufgabe an die Hand. Die dort draußen würden mich vermutlich auslachen und erklären, man könne nicht anders, als eben so zu fühlen und zu denken. Aber Sie können es – oder sagen wir mal, könnten. Denken Sie bitte nicht erzwungen positiv, aber geben Sie den bejahenden, konstruktiven Gedanken bitte dann Raum, wenn die mathematische Wahrscheinlichkeit eines Misslingens geringer als fünfzig Prozent ist. Das dürfte in den allermeisten Fällen Ihrer negativ besetzten Visionen der Fall sein. Und noch etwas (hier gerate ich ins Fahrwasser von Dale Carnegies *Sorge dich nicht, lebe*): Wenn die Tendenzen eines Ereignisses, das im Begriff steht, Realität zu werden, Ihnen tatsächlich den abwärts gerichteten Daumen zeigen, dann akzeptieren Sie das. Stellen Sie Ihren Geist in diesem speziellen Fall auf das Akzeptieren von Verlust ein. Wenn Sie schon ins Grübeln darüber geraten, dann stellen Sie doch besser in Ihrem Gemüt den emotionalen Zustand her, den ein unwiderruflich eingetretenes Ereignis sonst bei Ihnen auslöst. Die Ruhe eines Menschen nämlich, der wieder einmal einen ärgerlichen Tatbestand aus der Welt schaffen muss. Simulieren Sie den sanften, eigentlich in diesem Fall harmlosen Katastrophenschock, unter dem Sie total ruhig werden. Es geschehen eben nun einmal Dinge, die uns kein bisschen in den Kram passen. Die Gesetze der Polarität klammern uns nicht aus dem Gesamtgeschehen aus, bloß weil wir über das Tao Bescheid wissen.

Also noch einmal zusammengefasst: Als Erstes erkennen Sie bitte, wie Sie bisher mit noch nicht stattgefundenen Ereignissen umgegangen sind, finden Sie heraus, wie hoch die Quote Ihrer negativen Visionen ist. Dann rechnen Sie sich eine Zeit lang – vier Wochen dürften genügen, um durch fundamentale Einsicht einen Wandel auszulösen – bitte bei jedem Fall, der Ihnen Kopfzerbrechen bereitet, die Wahrscheinlichkeit eines negativen Verlaufes aus. Setzen Sie dem errechneten Risikoanteil den auf die gleiche Weise ermittelten positiven Anteil, also die Aussichten eines harmlosen Verlaufes, entgegen. Nehmen Sie diesen Wert bitte in Ihre Gedanken und Grübeleien mit hinein. Greifen Sie aus dem Repertoire

Ihrer täglichen Besorgnisse einen bestimmten, markanten Fall heraus. Benutzen Sie diesen, um emotional im Vorstadium bereits aufzugeben. Akzeptieren Sie eine Niederlage oder einen Verlust. Das dürfte sogar relativ leicht gehen, weil Sie damit ja gewisse Sorgen bestätigen und im Hinterkopf Ihr heimliches Wissen immer noch die gar nicht so unwahrscheinliche Möglichkeit signalisiert, dass überhaupt nichts passieren wird. Als Mensch des WEGES schenken Sie Ihren Spekulationen im Rahmen dieser Übung eine erhöhte Aufmerksamkeit. Bereits dieses intensivere Hinschauen auf Ihre seltsamen Gewohnheiten, mit der Zukunft umzugehen, wird eine Veränderung Ihrer Denkmuster bewirken. Und zum Schluss nicht zu vergessen: Auch den Problemfällen insgesamt begegnen Sie im Wissen um die Macht des Nichthandelns.

Niederlagen
kontra Selbstvertrauen

Er hieß Filippo und war Mediatore. Ein Mediatore ist kein richtiger Makler, weil zu seiner Tätigkeit nicht nur die Vermittlung von Verkaufsobjekten wie Bauernhöfe und Ackerland gehört, sondern auch die von Traktoren, Schafen, Pferden, jungen Hunden oder Brennholz. Wir hatten unseren Umzug in den Süden geplant und nach einiger Suche die Provence wegen zu hoher Immobilienpreise und die Riviera wegen zu viel Lärms und Abgasen von unserer Wunschliste gestrichen. Im Hinterland von Ligurien gab es zwar günstige Objekte, aber die Gebäude waren meist winzig und hatten zum Teil nur handtuchgroße Grundstücke. Dann wurde uns über, ich glaube drei Ecken, der südliche Piemont und in Verbindung damit Filippo empfohlen. Wir besaßen nur eine Telefonnummer aus Murazzano, sonst nichts. Ich telefonierte mit ihm, er sprach gut Englisch, und er sagte, ja, natürlich habe er eine Menge Bauernhöfe zu vermitteln. Doch da müssten wir schon herkommen, anders gehe das nicht. Also kamen wir nach Murazzano – und es war Liebe auf den ersten Blick. Wir beschlossen, nirgendwo anders hinzuziehen als hierher. Der gute Mann brauchte Monate, bis er begriff, was wir wollten und was wir auf keinen Fall kaufen würden. Filippo stellte uns jedes Mal ein möbliertes, leer stehendes kleines Dorfhäuschen zur Verfügung, wenn wir wieder für eine Woche nach Murazzano kamen, um ein Haus zu suchen. Und eines schönen Tages im Spätherbst 1996 war es so weit. Wir entfernten uns über einen Feldweg gerade zu Fuß von einem Objekt, als ein alter Bauer uns ansprach. Er habe gehört, wir würden eine Immobilie suchen. Ob wir nicht einmal seinen Hof anschauen wollten, der sei auch zu verkaufen. Es handelte sich um ein kleines Weingut, mit all den Dingen ausgestattet, auf die wir Wert legten: ein bezugsfertiges Wohngebäude, ausbaufähige Nebengebäude, ein großer Innenhof und reichlich eigenes Land rings umher. Was es kosten solle, fragten wir. Ja, da müssten wir am Sonntag nach dem Essen nochmal kommen. Seine Kinder kämen aus Turin zu Besuch, und er wollte sich mit ihnen beraten, was man für das Anwesen verlangen könnte. Also warteten wir den Termin ab und kamen gegen fünfzehn Uhr am Sonntag wieder dort an. Er nannte uns einen Preis, den wir als angemessen empfanden, den wir bezahlen konnten, auch wenn uns dann von dem zu erwartenden Verkaufserlös unseres Anwesens in Frankreich nicht mehr viel für die Renovierung übrig bleiben würde. Wir besiegelten den Kaufentschluss durch Handschlag mit Filippo als Zeugen. Der Mann, er hieß Alberto, hatte noch eine Bedingung. Er besitze im Dorf ein Häuschen, in das er umziehen werde. Aber das müsse noch restauriert werden, und darum wolle er den Winter über noch auf seinem Hof wohnen bleiben. Die notariellen Formalitäten könnten wir dann an Ostern abwickeln. Wir wollten das Haus haben, also stimmten wir seiner Bedingung zu.

Zurück in Frankreich, suchten wir für unser Haus einen Käufer und fanden ihn bald in Gestalt eines jungen Ehepaares aus Frankfurt. Wir machten einen Vorvertrag und verlebten daraufhin Weihnachten und den beginnenden Frühling im Gefühl, dass die Dinge allesamt im Lot seien. Bis wir an Ostern nach Murazzano fuhren, sofort Alberto aufsuchten und plötzlich quasi obdachlos waren. Denn der Mann erklärte uns, leider würde aus dem Verkauf nichts werden, seine Kinder seien inzwischen dagegen, dass er das Anwesen hergebe. Wir unternahmen keine Versuche, ihn oder seinen Nachwuchs umzustimmen. Das wäre womöglich sogar gelungen, denn wir erfuhren später, dass er doch verkauft hatte. Inzwischen hat das Objekt sogar zweimal den Nachbesitzer gewechselt. Wir informierten stattdessen unsere Käufer und baten um eine Terminverschiebung. Doch diese sprangen zu unserer Erleichterung auf der Stelle ebenfalls ab. Der Vorvertrag wurde einvernehmlich für null und nichtig erklärt. Interessant an der Sache war, dass wir uns kaum über die Panne aufregten. Irgendwie hatten wir das Gefühl, dass sie mit zu dem Spiel «Wir ziehen in den Süden» gehörte, das wir spielten. Beim nächsten Aufenthalt in Murazzano eröffnete Filippo uns, dass er diesmal wirklich genau den Bauernhof habe, von dem wir träumten. Wir waren skeptisch, kletterten aber in seinen Geländewagen und ließen uns an Ort und Stelle fahren. Wir betraten den Innenhof, schauten uns um – und schauten uns noch nicht einmal an, als wir auf der Stelle unisono beschlossen, das Anwesen, ebenfalls ein altes, aber aufgegebenes kleines Weingut, zu kaufen. Es dauerte wieder einmal ein paar Tage, bis wir den Preis erfuhren. Der Hof kostete ein Drittel weniger als jener von Alberto, hatte mehr Gebäudenutzfläche, und es gehörte mehr Land dazu. Wir kauften La Costa noch in der gleichen Woche via Vorvertrag.

Nach unserer Rückkehr ins alte Haus telefonierte ich mit dem Makler aus dem Elsass, dem wir nach dem Abspringen des Frankfurter Ehepaares den Verkauf unseres Hauses übertragen hatten. Er war allerdings bisher noch mit keinem Interessenten herübergekommen. In der gleichen Woche noch brachte er ein Künstlerehepaar aus Österreich mit. Wir hatten den Preis für unsere Immobilie tüchtig erhöht – und die Interessenten begannen heftig zu handeln. Offenbar wollten sie kaufen, aber sie wollten alles deutlich billiger haben. Wir lehnten strikt jeden Preisnachlass ab, obwohl wir dringend einen Käufer brauchten. Das Pärchen stand draußen auf der Straße und diskutierte, während die Nacht hereinbrach. Ich schloss das Scheunentor und sperrte sie aus. Ich hatte genug von ihnen. Meine Frau, der Makler und ich saßen in der Küche, tranken etwas und warteten darauf, dass etwas geschah, also dass sie entweder verschwanden oder sich noch einmal rührten. Es war nach neun Uhr, als sie an der Haustür klopften. Sie kamen herein, machten noch einen allerletzten Versuch, den Preis zu drücken, und unterschrieben dann aber, nach meiner letzten, endgültigen Ablehnung, den Vorvertrag, den der Makler sofort ausfertigte. Wir hatten jetzt in Italien ein besseres, preiswerteres Objekt auf der einen Seite und einen höheren Verkaufspreis auf der anderen gewonnen. Sie sehen, die Niederlage zum Osterfest 1997 hatte sich in einen Sieg verwandelt. Bis zum August des gleichen Jahres waren Verkauf und Kauf notariell abgewickelt, und wir zogen um.

Wir wollen untersuchen, wie sich das Versagen von Unternehmungen auf das Selbstvertrauen auswirkt. Ich glaube, es gibt auf Erden keinen Menschen, der von sich sagen könnte, es würde ihm alles gelingen, was er sich vornimmt. Selbst jene, die mit dem sprichwörtlichen goldenen Löffel im Mund geboren worden sind, müssen sich von Zeit zu Zeit Irrtümer eingestehen und Niederlagen hinnehmen. Wir alle sind in der Vergangenheit doch schon mehrfach an Versuchen gescheitert, mit einer bestimmten Methode etwas zu erreichen. Denken Sie an die Wissenschaft: Die über die Jahre erarbeiteten Erkenntnisse sind nach einem System gewonnen worden, das aus einer Folge von Hypothesen, Versuchsreihen, Irrtümern und deren mehrfacher Berichtigung bestand. Auch wir stellen immer wieder Theorien auf, wie wir uns das Leben leichter machen können, wie wir zu mehr Wohlstand gelangen und in dieser unsicheren Welt unserem Dasein ein wenig mehr Geborgenheit abgewinnen können. Wenn Sie auf Ihr Leben zurückblicken, wird sich bei ehrlicher Rückschau herausstellen, dass Sie in unterschiedlichsten Bereichen Experimente angestellt haben, um ein bestimmtes Ziel zu erreichen. Sie wollten die Sympathie eines Menschen gewinnen, den Sie sich als Lebenspartner vorstellen konnten, in den Sie verliebt waren, den Sie begehrten – und haben es mit einem Übermaß an Geschenken versucht. Und bekamen einen Korb. Vielleicht, weil Sie bei einem Menschentyp, der nicht käuflich war, ein ansonsten bewährtes Muster ausprobiert haben. Oder bei Ihren Versuchsreihen, im Beruf eine bestimmte Nische zu finden, die nicht von jedermann besetzt werden konnte. Sie schlugen einen Weg ein, der Ihnen nach gründlichem Nachdenken sehr plausibel und erfolgsträchtig erschien – und dann mussten Sie am Ende zweierlei feststellen: dass Ihre Idee durchaus nicht so originell war, wie Sie sich einbildeten, also die Nachfrage nach Ihrer Offerte sehr zu wünschen übrig ließ, und dass auf dem gewählten Schauplatz sich längst Konkurrenten tummelten, deren Angebote deutlich besser und origineller als das Ihre waren und denen es trotz alledem nicht besonders gut ging. Sie hatten, vielleicht aus Furcht, Ihr schöner Plan würde schon im Planungsstadium verloren gehen, erst gar nicht versucht, den Markt in allen

Details zu erkunden. Uns unterlaufen bei unseren Versuchen und Experimenten auf allen Lebensgebieten Fehler, ob nun bei der Kindererziehung oder selbst in der Freizeitgestaltung.

Bei manchen Fällen des Versagens wäre die Lösung eigentlich leicht zu finden: Man gibt auf, versucht es auch nicht weiter – und schafft damit Raum für neue, diesmal gelingende Unternehmungen. Doch bereits hier werden Schwachstellen in der eigenen psychischen Struktur sichtbar. Der Mensch will den Schmerz vermeiden, den ihm das Eingeständnis eigenen Versagens zufügt. Wie lange dauert es oft, bis jemand zum Aufgeben eines falschen Weges bereit ist. Manche Menschen tun sich schwer mit der Einsicht, dass mehr vom Falschen eine verfahrene Situation niemals bereinigt. Irgendwie erwarten sie vom Leben, dass es um ihrer Beharrlichkeit willen seine Regeln ändert – und am Ende beklagt man voller Selbstmitleid die Ungerechtigkeit des Schicksals. Besonders schwer durchschaubar ist das Scheitern von Experimenten auf geistigem Gebiet. Wo es um Überzeugungen und Glaubensdinge geht. Und vor allem, wenn Menschen sich bei ihren Irrtümern in der Gesellschaft einer großen Zahl Gleichgesinnter wissen. In lebenspraktischen Dingen braucht es eigentlich nur den gesunden Menschenverstand, um zu erkennen, wenn eine Maßnahme nicht klappt. Auf dem geistig-philosophischen Niveau fallen Entscheidungen, mit einer Sache aufzuhören, zum Beispiel ein bestimmtes Dogma nicht mehr zu glauben und sich fortan nicht mehr danach zu richten, deutlich schwerer. Da dauert es oft Jahre, bis ein Mensch begreift, wie er im Namen einer großen Sache bloß ausgenützt wurde. Auch Sympathisanten des Tao klagen über gescheiterte Versuche, die Prinzipien des Nichthandelns in der Praxis umzusetzen. Sie beschweren sich, dass ihre Bemühungen ihnen keine materiellen Erfolge liefern würden oder dass die geforderte Achtsamkeit sie so sehr anstrengt, dass der Effekt vermehrter Lebensfreude auf der Strecke bleibt. Dass ein Unternehmen nicht funktioniert, gehört ebenso zum Leben wie das Gelingen. Würde dem Menschen alles, was er unternimmt, glücken, gäbe es die Freude über den Erfolg nicht mehr, und aus seinem Leben würde jeder Anreiz verschwinden, sich dem Neuen auf unbekannten Pfaden zu nähern.

Die vorausgegangenen Zeilen sind als Spiegel gedacht, in den zu blicken ich Sie bitten möchte. Erkennen Sie sich in den Texten wieder? Wenn dies geschieht, dann verweigern Sie sich bitte dieser Einsicht nicht. Es wird eines der wenigen Male in dieser Arbeit sein, in denen ich Sie mit Ihren Niederlagen und dem damit verbundenen Verlust an Vertrauen zu sich selbst konfrontiere. Denn in dieser Einsicht ruht bereits der Ansatz einer Antwort darauf, wie dem Konflikt beizukommen ist. Sehen Sie: Anfänger in der Kunst des Nichthandelns machen meist die Erfahrung, dass alle Bemühungen, es zu realisieren, trotz der investierten Begeisterung binnen weniger Wochen wieder im alten Trott enden. Aber genau in der Phase, in der Sie frustriert Ihre Niederlage einsehen und jede Anstrengung aufgeben, ist ES plötzlich da. Still und ohne Trommelwirbel, bar jeglicher Lichterscheinungen und ohne dass es Ihnen auf der Stelle aufgefallen wäre, hat die Magie des Tao Einzug in Ihrem Geist gehalten. Es wird der Tag kommen, an dem Ihnen unversehens auffällt, dass Sie beinahe unbewusst über das Medium Ihrer Beobachtung die Impulse Ihres Handelns empfangen und realisieren. Und noch eine Weile später stellen Sie fest, dass Sie die Fähigkeit, im alten Muster zu reagieren, praktisch verloren haben. Es wird Sie überraschen: Selbst wenn Sie beschlössen, zwischendurch zu Ihren früheren Methoden zurückzukehren, würde Ihnen dies kaum noch gelingen. Nichthandeln beginnt dann zu funktionieren, wenn der Versuch, es zu praktizieren, versagt!

Ehe wir uns intensiver mit dem Selbstvertrauen beschäftigen, sollten wir vielleicht noch einen Blick auf den Begriff «aufgeben» werfen. Während meiner Seminartätigkeit fiel mir auf, dass ziemlich häufig, wenn das Wort *aufgeben* ins Spiel kam, die Gegenfrage gestellt wurde: «Sie meinen, ich soll resignieren?» Den Unterschied zwischen Resignation und Aufgabe zu definieren kann zu einer abendfüllenden philosophischen Diskussion werden. Man stellt Begriffe gegeneinander, interpretiert, legt bestimmte subjektive Theorien aus. Nicht zuletzt ist es die eigene, häufig leidgeprüfte Praxis, die Verzicht und Resignation als ein und denselben Vorgang versteht. Obendrein zeichnet die Wortwahl nicht unbedingt ein stimmiges Bild des psychischen Zustandes eines Verzichtenden. Mein Schachcomputer stellt auf Englisch die Frage «*you resign?*», wenn er meint, am Gewinnen zu sein. Aber wenn ich eine Partie aufgebe, weil ich weiß, ich kann sie nicht mehr gewinnen, dann bin ich nicht resigniert. Ich gebe auf, um ein hoffnungsloses Spiel zu beenden, und schaffe zugleich Raum für eine neue Runde, gleich, an welchem Tag ich sie spielen werde. Mit dem Aufgeben einer einzigen Partie gebe ich schließlich nicht das Schachspielen auf. Erkennen Sie, worauf die Betrachtung hinausläuft? Mit jedem Satz, der die oben gestellte Frage klären soll, geraten wir tiefer in ein Delta von Verästelungen hinein. Es scheint bei näherer Untersuchung keinen eindeutigen Tatbestand zu geben, der *aufgeben* fehlerfrei definiert. Bei *resignieren* liegt der Fall einfacher. Resignation kann als Einsicht in die Unvermeidlichkeit einer Situation einem Verzicht vorausgehen, und sie wird in der Gestalt stiller Trauer einen durch Aufgeben entstandenen Verlust verarbeiten. Man könnte sagen, Resignation ist eine traurige Angelegenheit.

Wenn wir Aufgeben im Sinne taoistischer Lebenskunst verstehen wollen, müssen wir uns so weit wie möglich vom Wort entfernen und uns Tatsachen zuwenden. Ehe ich an diesen Punkt komme, müssen wir aber noch ein bisschen theoretisieren, um einige Standpunkte klarzustellen beziehungsweise die Trennlinie zwischen Resignation und Verzicht deutlicher zu zeichnen. Ein Ding, eine Tätigkeit, eine Person, eine Idee, ein Vorhaben oder einen Wunsch aufgeben kann freiwillig geschehen, als eine Konsequenz von Einsicht, Vernunft oder einfach als Folge veränderter Pläne. Die Aufgabe der gleichen Dinge kann aber ebenso gut unter dem Druck von Umständen oder als die Folge unversehens aufgetretener fataler Einsichten erzwungen sein. Freiwilliges Aufgeben wird von Resignation nicht berührt, während ein erzwungener Verzicht sie förmlich heraufbeschwört oder dem Aufgeben, wie gesagt, vorausgeht. Aufgeben kann in gewaltig unterschiedlichen Größenordnungen stattfinden: Es beginnt im Mikrokosmos mit dem Entschluss, nicht weiter nach dem heruntergefallenen Reißnagel zu suchen, auf die Gefahr hin, dass jemand hineintritt, und endet im Universum großer Entschlüsse, wie dem Aufgeben des Berufes oder der Trennung von einem einst geliebten Menschen. Doch jedes dieser unter Millionen von Ereignismöglichkeiten herausgegriffenen Beispiele kann von freier Wahl oder von Zwang bestimmt sein. Ich suche nicht weiter nach dem Reißnagel, weil ich einen wichtigen Termin nicht verpassen darf. Sie wechseln den Beruf, weil Sie bessere Ideen haben, Ihre Brötchen zu verdienen – oder aber, weil Ihnen die Anforderungen, die er an Sie stellt, unerträglich geworden sind. Der einst geliebte Mensch ist Ihnen entfremdet, weil Sie sich anderweitig gebunden haben, eine Trennung wäre von Ihrer Seite also ein Akt des freien Willens, andersherum gerechnet, bliebe Ihnen keine andere Wahl als eine Beziehung zu beenden, wenn Sie der Betrogene wären und kein Druckmittel mehr besäßen, das Desaster in Ihrem Sinne zu bereinigen.

Aufgeben im Sinne des taoistischen Denkens kann nur freiwillig geschehen. Mit einer gewissen Einschränkung: Unser alltägliches Verhalten wird unter anderem von einer Vielzahl durch unsere Erfahrung geprägter Reflexe bestimmt, auf die wir nur dann Einfluss hätten, wenn wir sie wie ein Wachhund ständig unter Kontrolle halten würden. Und eine solche Maßnahme würde genau das Gegenteil von dem bewirken, was uns das Prinzip des Nichthandelns an Freiheiten schenken soll. Ähnliches trifft auf Denk- und Verhaltensmuster zu, die uns anerzogen wurden und die wir unser Leben lang noch nie in Frage gestellt haben. Wir sind ja nicht ständig damit beschäftigt, über jede einigermaßen bedeutsame Lebensäußerung nachzugrübeln, ob sie nun richtig, fragwürdig oder total falsch ist. Und jetzt dürfen Sie die Gretchenfrage stellen: Wie soll ein Mensch angesichts der skizzierten psychischen Situation ohne die Tristesse des Resignierens bestimmte Dinge verändern, indem er sie aufgibt? Jetzt muss ich den Zweiflern aus anderthalb Jahrzehnten Seminaren recht geben – dieser Mensch kann es nicht! Wer freiwillig auf eine Sache, eine Gewohnheit, ein Verhaltensmuster verzichten will, muss sich ständig kontrollieren, ob er dies auch wirklich tut. Ich weiß von vielen Berichten aus der Leserschaft, dass es früher oder später als ziemlich anstrengend empfunden wird, beim Nichthandeln zu bleiben. Weil all die eingewachsenen Reflexe sich gegen ein neues Denkmodell zur Wehr setzen und in unbewachten Momenten wieder zu wirken beginnen.

Offenbar bin ich nach Ihrem Gefühl im Augenblick im Begriff, alles, was ich über die Lebenskunst des Tao zu sagen habe, ad absurdum zu führen. Der Hinweis, dass Sie weder durch einen Willensakt noch durch tiefste Resignation frei von Ihren alten Mustern werden, von diesen Schablonen im Gehirn, die sich dort über Jahrzehnte Ihres Lebens hinweg dicht vernetzt und sich gegenseitig beeinflussende Neuronenbündel gebildet haben, scheint aller Hoffnung auf ein spontanes, intelligentes Handeln den Todesstoß zu versetzen. Doch das ist zum Glück nicht der Fall.

Ich hoffe, Sie haben engagiert genug gelesen, dass Sie die Hoffnungslosigkeit, etwas an Ihnen zu verändern, kräftig genug berührt, dass Sie voller Frust, Unmut und Ärger über sich selbst am liebsten hinausschreien würden: «Dann sollen doch alle Versuche, mich zu ändern, zum Teufel gehen – ich gebe es auf, mich zu ändern!» Falls dies eingetreten ist, habe ich erreicht, was ich erreichen wollte. *Die Veränderung Ihres Geistes basiert einzig und allein auf der klaren Einsicht, dass es nichts auf der Welt gibt, was Sie tun können, um an einer Psyche, die sich aus den Bausteinen aller Ihrer Erfahrungen, Ihrer Lernprozesse und Ihren Sehnsüchten und Erwartungen zusammensetzt, durch willentliche Manipulationen etwas zu verändern.* Denken Sie nur daran, wie viele Monate oder sogar Jahre es oft dauert, um nur eine einzige durch ein Kindheitstrauma erzeugte Neurose ans Licht zu zerren und sie aufzulösen. In diesem Sinne bekäme die Rückfrage «Soll ich resignieren?» wieder einen Sinn. Wer den Umstand, dass er sich in der Tiefe nicht zu ändern vermag, in seiner vollen Tragweite erfasst und alle Versuche, Nichthandeln willentlich zu imitieren, aufgibt, mag anstelle von Ärger und Wut tatsächlich etwas von der Melancholie einer Resignation empfinden. Aber hoffentlich nur kurz. Denn diese Frustration, die aus der Einsicht des Unmöglichen entsteht, begleitet zugleich ein Gefühl von Freiheit: «Du kannst nichts tun – aber, wie belebend, du brauchst damit auch nichts mehr zu unternehmen, um dich zu ändern. Alle Prägungen von einst, die dich ständig zu Maßnahmen aufriefen, etwas an dir zu ändern, verlieren ihre Macht.»

Was nach diesem scheinbar irrationalen Prozess übrig bleibt – ist Leere. Sie stellt sich zwangsläufig ein, und sie ist der Raum, den Sie in Zukunft aufsuchen dürfen, wenn eine Lebenssituation Ihr Handeln verlangt. Sie ziehen sich in diese Leere zurück, die schon immer in Ihnen wohnte. Die Erkenntnis «*Ich kann nichts tun*» genügt, dass sich die kleine Tür zur Leere öffnet und Sie einlässt. Ich habe schon Menschen erlebt, die mir versicherten, sie würden bei aller Mühe und allen Versuchen diese Leere in sich nicht finden. Selbst auf die Frage «Auch nicht, wenn Ihr Leben davon abhinge?» sagten sie nein. Doch diesem Nein folgte die Erkenntnis, dass mit dieser Unmöglichkeit ja das eigene Schicksal endgültig besiegelt wäre. Und angesichts dieser (zum Glück nur erfundenen) Vorstellung öffnet sich mitten im Gespräch die Tür zum Nichts, das Gefühl der Leere stellt sich ungerufen ein. Und wenn Sie ihm ein einziges Mal begegnet sind, wenn es sich ungerufen zeigt, dann dürfen Sie nicht vor ihm fliehen, denn Sie sind der Pforte begegnet, durch die Ihnen das Tao seine Magie zufließen lässt.

■ ■

Wenden wir uns abschließend unmittelbar dem Phänomen *Selbstvertrauen* zu. Wieder begegnen wir dem Paradox, dass wir im Grund erst einmal definieren müssten, was die Wortkombination «sich selbst vertrauen» eigentlich bedeutet. Zu der Stunde, an der Sie diese Zeilen lesen, hat ein neuer Tag vermutlich längst seinen Lauf genommen und bereits erste Spuren hinterlassen. Überlegen Sie bitte einen Moment, mit welchen Gefühlen Sie ihn begonnen haben: gleichgültig, routiniert, fröhlich erwartungsvoll, bange ein Ereignis erwartend – oder nichts von alledem, sondern mit einem Geist voller Vertrauen in das eigene Potenzial, mit dem Leben umzugehen? Gehen Sie an die Begegnung mit den Erscheinungen des neuen Tages mit einem Gefühl von Richtigkeit, von Stimmigkeit heran? Folgen Sie frei von Selbstzweifeln den Impulsen, die in Ihrem Bewusstsein auftauchen? Besitzen Sie Vertrauen? Ja, Sie fragen richtig zurück – Vertrauen zu wem, in was und wie hoch gegebenenfalls dosiert? Meinen wir das Gleiche, wenn wir das Wort aussprechen? Findet es nach den Regeln der Polarität sein Gegenteil im Misstrauen? Das Letztere gewiss nicht. Was immer Sie oder ich darunter verstehen, das Gegenteil von Misstrauen mag Arglosigkeit sein, Naivität, Gutgläubigkeit, im Extremfall sogar Dummheit, aber auf keinen Fall Vertrauen. Misstrauen spielt in der Liga der Instinkte mit, es ist eine Facette des kritischen Denkens – und es kann bei wenig selbstsicheren Menschen zur Krankheit werden. Vertrauen ist in seiner tiefsten Bedeutung etwas Absolutes, zu dem es keinen negativen Pol gibt. Es ist etwas Urtümliches, in uns Hineingeborenes. Als Säugling bis hin zum heranwachsenden Kleinkind war Vertrauen ein Grundgefühl, das unser junges Leben ohne Einschränkung begleitete. Dieses Vertrauen ist nur in der Anfangszeit umfassend und bedingungslos. Wenn ich einen Gegenpol zu Vertrauen erfinden wollte, würde ich Enttäuschung wählen. Je weiter ein Mensch ins Minenfeld enttäuschter Erwartungen hineingerät, desto wählerischer wird er sein Vertrauen einsetzen. Eine evolutionäre Gabe wird aus Mangel an Einsicht in ihre Tiefenwirkung zu einem Instrument des Willens umfunktioniert.

Verlassen wir die akademischen Betrachtungen und wenden uns direkt dem Phänomen Selbstvertrauen zu. Lassen Sie uns zu der Frage zurückkehren, wie Sie dem heutigen Tag begegnen, wie nah oder wie fern Ihnen Gefühle von Richtigkeit und Übereinstimmung Ihres Selbst mit dem jetzt stattfindenden Lauf der Dinge sind. Rühren sich Selbstzweifel, sobald Sie sich einer derartigen Frage stellen? Reicht Ihre Erfahrung, reichen die Ihnen zur Verfügung stehenden Mittel aus, um den anstehenden Herausforderungen des Alltags angemessen zu begegnen? Vielleicht stellen Sie aber auch fröhlich fest, dass in Ihnen ohne das Vorhandensein besonderer Beweggründe eine Zuversicht wohnt, nicht im Stich gelassen zu werden, und dass selbst aus dem Ruder laufende Situationen wieder ins Lot geraten? Damit hätten Sie sich die Geisteshaltung der frühen Kindheit bewahrt, die ich Urvertrauen nennen möchte. Es ist dies eine besondere Qualität von Selbstvertrauen. Das normale Selbstvertrauen für den Alltagsgebrauch kennen wir gut: Es ist leider keine Konstante. Je nach dem Torverhältnis von Niederlagen zu Erfolgen hat es seine Höhen und Tiefen. Eine chronische Pechsträhne kann es auf Werte nahe dem Nullpunkt reduzieren. Auf jeden Fall ist das von Erfahrung gestützte Vertrauen in uns selbst eine windige Angelegenheit. Ob sich daran etwas verbessern lässt? Ja und nein. Nein, wenn Sie Ihr Selbst, dem Sie wohl oder übel vertrauen müssen, als das bekannte Gebilde definieren, das sich aus der Summe Ihrer Erinnerungen, also Ihrer Erfahrungen, Lernprozesse und Prägungen generiert. Das sich bei einem stabilen Kern an der Peripherie im Zyklus der Tagesereignisse ständig verändert und genau dadurch auch die Tagesform Ihres Selbstvertrauens bestimmt. Diesem Selbst können Sie tatsächlich nur so weit trauen, wie Ihr Wissen reicht.

Aber es gibt auch ein Ja zu der Frage. Und zwar dann, wenn Sie ein anderes, größeres Selbst in sich entdecken, das, seit Sie auf der Welt sind, schon da ist. In diesem anderen Selbst ist Ihr altes, vertrautes komplett enthalten, aber darüber hinaus zählt alles, was sich außerhalb Ihres im Schädel eingeschlossenen Gehirns befindet, ebenfalls dazu. Dieses Selbst, dem zu vertrauen ich Sie ermutigen möchte, bezieht alle Ereignisse Ihres Lebens in Ihre Identität mit ein. *Wenn Sie in diesen emotionalen Standort hineinfinden, wird Selbstvertrauen zum Grundgefühl eines Geistes, in dem alle Regungen, Ihr Denken, Ihr Wissen, Ihre Erfahrung, aber auch Ihre Instinkte, Ihre kreativen Impulse und Ihre Intuition zusammenfließen.* Gläubige Christen würden so einen Zustand Gottvertrauen nennen. Aber das meine ich nicht. Wer auf Gott vertraut, legt seine Angelegenheiten in die Hände einer höheren Macht, er ist emotional von ihr abhängig, statt seinem eigenen Potenzial zu vertrauen. Als Mensch des WEGES sind Sie Ihrer selbst sicher. Sie dividieren im Erleben des Tagesgeschehens sich und Ihre Welt nicht auseinander. Es ist das Tao, das durch das Medium Ihres Bewusstseins dem eigenen Wirken Sicherheit gibt. Dieses Vertrauen gehört Ihnen nicht allein. Es ist das Urvertrauen der ganzen Welt – und diese Welt sind Sie.

Wenn wir uns das Selbstvertrauen so gründlich vornehmen, sollten wir auch untersuchen, wie viel Einfluss materielle Güter darauf haben. Blicken wir als Erstes ein paar Takte über den Zaun und schauen uns an, was ein Philosoph, den ich sehr schätze, in Sachen

Besitz und Selbstvertrauen zu sagen hat. *So ist das Vertrauen auf Besitz, einschließlich des Vertrauens auf Regierungen, die ihn schützen, Mangel an Selbstvertrauen. Die Menschen haben so lange den Blick von sich selbst abgewandt und auf die Dinge gerichtet, dass sie dahin gekommen sind, die religiösen, gelehrten und bürgerlichen Institutionen als Schutzwachen des Besitzes anzusehen, und sie suchen Angriffe gegen diese abzuwenden, weil sie fühlen, dass es Angriffe auf Besitz sind. Sie bemessen ihre gegenseitige Wertschätzung nach dem, was einer hat, und nicht nach dem, was einer ist. Ein kultivierter Mensch dagegen schämt sich seiner Besitzgüter aus einer neuen Achtung für seine Natur. Insbesondere hasst er, was er hat, wenn er erkennt, dass es zufällig ist, ihm zugefallen durch Erbschaft, als Geschenk oder durch Verbrechen. Dann fühlt er, dass das kein Haben ist, es gehört ihm nicht, es hat in ihm keine Wurzel und liegt nur da, weil es keine Revolution, keine Räuber fortnehmen. Das aber, was ein Mensch ist, das erwirbt er stets aus Notwendigkeit, und was der Mensch erwirbt, ist lebendiger Besitz, der nicht auf das Kopfnicken von Herrschern, dem Pöbel, Revolutionen, Feuer, Sturm oder Konkursen wartet, sondern sich fortwährend erneuert, wo immer der Mensch atmet. «Dein Los oder Teil im Leben», sagt der Kalif Ali, «ist das Suchen nach dir selbst. Darum lasse ab vom Suchen nach diesem.» Unsere Abhängigkeit von diesen fremden Gütern führt uns zu unserem sklavischen Respekt vor Zahlen.*

So lautet eine Stellungnahme Ralph Waldo Emersons[*] zum Thema. Ich habe sie ausgewählt, weil sie so fatal dem Zeitgeist gleicht, der diese brutale Besitz- und Profitgier zum erstrebenswertesten Identitätsmerkmal der Bürger unseres Kulturkreises macht. Der Philosoph nimmt kein Blatt vor den Mund, und beim Lesen kam mir der Gedanke, dass Erich Fromm während seiner Arbeit an «Haben oder Sein» einen Blick auf diesen Essay geworfen haben könnte. Was Emerson da schreibt, bescheinigt dem Menschen eine Haben-Mentalität, aus der er nicht nur sein Selbstvertrauen schöpft, sondern die auch wesentlicher Bestandteil seiner Identität ist. Wir alle haben das Missvergnügen, eine stattliche Anzahl Zeit-

---

[*] Ralph Waldo Emerson, Essays, Selbstvertrauen, S. 71/72

genossen zu kennen, auf die das Prädikat Haben-Identität zutrifft. Ich erinnere mich an die Zeit, als ich nur ein kleines Einkommen hatte. Da saß ich in einem Restaurant und aß das Tagesgericht, als die Tür aufging und ein Ehepaar mit zwei Jagdhunden an der Leine hereinkam. Sie trugen beide Jägerkleidung samt Hüten mit Feder und strahlten von Kopf bis Fuß ein Flair von Besitz aus. Die Kellnerin flüsterte mir zu, dies seien die Sowiesos, die besäßen massenweise Immobilien, ganze Häuserblocks, und wohnten selbst in einem Penthouse. Unabhängig davon, dass es mir natürlich deutlich schlechter ging als diesen Typen, widerte mich ihr ganzes Gehabe an. Sie repräsentierten so penetrant und ausschließlich diese Besitzer-Identität, dass ich mich heute frage, ob sich dahinter überhaupt noch etwas vom eigentlichen Menschen befand. Bei diesem Pärchen überlagerten die Wesensmerkmale ihres Eigentums alle anderen Eigenschaften. Darüber hinaus waren nur noch eine gewisse Härte und eine deutliche Verachtung für alle jene zu spüren, denen es weniger gut ging.

Machen wir uns nichts vor: In jedem von uns schlummert die Sehnsucht nach Sicherheit durch Besitz. Und nach Erfolg, der uns auf Besitz hoffen lässt. Manches haben wir inzwischen erreicht, es gibt einen Status quo des Habens, wobei frei nach Erich Fromm auch unser erworbenes Wissen zum Besitz zu rechnen ist. Der bedeutsamste Posten auf der Haben-Seite ist, ebenfalls laut Fromm, das Ich, unsere werte Person. Ein fehlgeleitetes Erziehungsmodell prägt den Ungeist des Besitzdenkens bereits sehr früh auf die kindliche Psyche ein, sodass viele junge Menschen sich mit Blick auf ihre zu erstrebenden Lebensziele als ein Niemand erleben, als eine Schattengestalt, die sich erst mit Fleisch und Blut füllt, wenn diese erreicht sind. Es gibt in unserer Gesellschaft nicht wenige Erwachsene, die auf eine Jugend ohne Selbstvertrauen zurückblicken, weil ihre Eltern – wohlmeinend, aber fatal falsch – in die kindliche Psyche die Grundlagen zu einer Haben-Identität eingetrichtert hatten. Womit sich, auf uns bezogen, eine entscheidende Frage stellt: Wünschen wir uns materielle Güter als Sicherheit, zum Wohlfühlen – oder brauchen wir sie als Bestandteil unserer Identität? Wenn Sie an dieser Stelle realisieren, dass Sie sehr wohl im Geist einer Haben-Mentalität erzogen worden sind, ist das kein Unglück. Und es ist nichts in Ihnen, das sich nicht ändern ließe. Führen Sie sich vor Augen, wie kleinkariert ausschließliches Besitzdenken ist. Die Psyche verarmt, dörrt aus, wird saft- und kraftlos, wenn das Augenmerk einzig und allein auf Erfolg und Besitz ausgerichtet ist. Ich habe in meinem Leben kaum einen Reichen kennengelernt, der wirklich glücklich gewesen wäre. Dazu ist die Angst vor Verlusten zu groß – und angesichts der derzeitigen Krise durchaus nicht unbegründet. Für einen Menschen, der sich für den WEG entschieden hat oder ihm nahesteht, gibt es Alternativen. Er gewinnt sein Selbstvertrauen nicht aus dem, was er besitzt. Die Sicherheit, die er spürt, hat ihre Wurzeln in einer Identität, die sich nicht aus Bausteinen wie Reichtum, Erfolg und Ansehen zusammensetzt. Und diese Identität muss nicht durch monatelange Analysen ihrer Kindheitsgebrechen enthüllt werden – sie überlagert die alte, einst vielfach gequälte, sie ist da und braucht nur als real vorhanden entdeckt zu werden.

Im Geist taoistischen Denkens ist Besitz an sich nicht das Problem. Die Kunst besteht darin, Besitz und Identität getrennt voneinander zu halten. Was mit anderen Worten meint, dass wir uns als Beobachter unseres Daseins nicht permanent und bei allem, was wir unternehmen, durch die Haben-Brille wahrnehmen. Dass wir nicht zu den armseligen Geschöpfen zählen, die ihre Erfolge permanent zur Schau stellen müssen, weil ihr Selbstvertrauen so sehr von den Reaktionen der anderen abhängt. Laotse besaß Gerüchten zufolge einen Kornspeicher, aber ich kann mir beim besten Willen nicht vorstellen, dass er seine Identität um diesen herum aufgebaut hat. Doch einen Moment mal: Sind wir aus ganzheitlicher Sicht nicht auch mit unseren Besitztümern identisch? Sicher, das sind wir. Und nicht nur das. Wir sind zugleich auch mit allen anderen Dingen identisch, wir wären damit auch alles, was uns nicht gehört! Wenn Sie, wie oben vermerkt, in sich Merkmale von Haben-Identität entdecken – und dagegen ist keiner von uns gefeit –, dann lassen Sie doch einfach zu, dass diese Bestandteile Ihres Wesens sich ins Unendliche ausdehnen. Beginnen Sie damit, sich als ein Mensch zu fühlen, in dessen Psyche sich der Ursprung des Universums manifestiert. Die erholsame Folge dieser Geisteshaltung wird ein Selbstvertrauen sein, das keine Besitztümer zum Funktionieren braucht. Und es befreit Sie hoffentlich auch von diesem in unseren Tagen wie eine Seuche wirkenden sklavischen Respekt vor Zahlen, wie Emerson es so zielgenau ausdrückte.

Hier sind zum Abschluss des Themas noch einige Vorschläge, wie Sie Ihr Selbstvertrauen stärken und stabilisieren können. Während ich eine solche Aufgabe formuliere und niederschreibe, versuche ich gleichzeitig zu fühlen, wie sie bei Ihnen ankommt. Jedes Mal empfinde ich den finalen Absatz mit der Lösung als zu kurz und die Diagnose der Ausgangssituation im Verhältnis dazu viel zu ausführlich. Für dieses scheinbare Ungleichgewicht zwischen Aufgabe und Lösung möchte ich um Ihr Verständnis bitten, ja an Ihre Geduld appellieren. Denn auf andere Weise lassen sich psychische Zustände leider nicht kurieren. Vergleichen Sie es mit der Medizin: Im Grunde ist es die genaue Diagnose eines Leidens, das Auffinden der Ursachen von Schmerzen, welche letztlich das Präparat bestimmt, das Genesung erwarten lässt. Ähnliches gilt für die Psychotherapie. Es ist die Analyse, das Aufschlüsseln vorhandener Störungen des Denkens, Fühlens und Verhaltens, die am Ende eines meist langwierigen Prozesses die Einsicht des Patienten in die eigenen Fehler auslöst. Und diese Einsicht ist identisch mit der Heilung. In Bezug auf meine Ratschläge in der ganzen Arbeit bedeutet das, dass ich mich im Rahmen der jeweiligen Themenstellung ziemlich ausführlich über die vielen Varianten des menschlichen Fehlverhaltens verbreite. Denn genau die Einsicht einer Leserin, eines Lesers in die eigenen Schwächen ist bereits Hauptbestandteil der Befreiung. Zum Abschluss gibt es dann eben nur noch die positiven Auswirkungen der aufgrund der Diagnose gewonnenen Selbsterkenntnis zu vermerken. Daher kommt die kaum vermeidbare Diskrepanz zwischen Kritik und Versprechen.

Ich habe in diesem Kapitel bereits auf die wechselnden Tagesformen unseres Selbstvertrauens hingewiesen. Je nach Sachlage wird es von Verzagtheit oder anderen destruktiven Emotionen bis hin zum Selbstmitleid bestimmt. Ständig präsent ist Selbstvertrauen eigentlich nur bei jenen Typen mit dem Super-Ego, die sich aller Welt überlegen fühlen. Dieses Selbstvertrauen ist aber nicht echt, weil es bei der ersten ernsthaften Krise zusammenbricht und nur noch nach außen als Teil des Rollenspiels aufrechterhalten wird. Sie kennen sicher auch die Berichte von Coaching-Seminaren, in denen vor der Menge der Teilnehmer ein Einpeitscher steht, der sie selbstbewusste Parolen herausbrüllen lässt. Diese Art, Selbstvertrauen zu suggerieren, ist Bestandteil der Massenpsychologie. Es wirkt nach dem Verlassen der Veranstaltung eine Zeit lang fort und löst sich dann allmählich wieder auf. Ohne regelmäßiges Training unter der Leitung einer Autoritätsperson bleibt ein solches Vertrauen in die eigenen Fähigkeiten äußerst instabil. Es hat Ähnlichkeit mit praktiziertem religiösem Glauben, der ebenfalls durch den ständigen Besuch von Gottesdiensten und Messen am Leben erhalten werden muss. Mein Rat hat mit diesen Methoden nichts zu tun. Ich würde mich schämen, wenn ich Ihnen mit Aufrufen kommen würde: *«Trauen Sie sich etwas zu, Sie sind der Größte, der Stärkste (natürlich auch DIE Größte, Stärkste), Sie sind die Sieger, die Welt gehört Ihnen»* – und was noch mehr von diesem Unsinn an die Leute hingebrüllt wird. Um sich als ein Mensch zu fühlen, der allen anderen überlegen ist und der alles besser weiß und besser kann, brauchen Sie sich nur regelmäßig zu betrinken. Dann stellt sich das Syndrom der Erhabenheit automatisch ein. Freilich um den Preis, dass es todsicher abwärts mit Ihnen geht.

Wir wollen unser Leben meistern, und wir wollen keine Verlierer in diesem gnadenlosen Wettlauf um das Glück sein. Aber die angeprangerten Methoden sind nicht das Mittel, dieses Ziel zu erreichen. Man kann durch den Einfluss von Predigern aller Fakultäten nicht reich oder gar frei werden – es macht den Betroffenen höchstens nicht mehr so viel aus, wenn sie sich in kurzen Abständen das Gehirn waschen lassen. Weil die Hoffnung weiterlebt. Die Hoffnung, sagt ein Sprichwort, stirbt zuletzt. Was ich Ihnen mit auf den Lebensweg geben möchte, hat keine Ähnlichkeit mit einer der auf dem Markt offerierten Methoden. Es gibt nur einen einzigen Menschen, der Ihnen helfen kann, aus den gelegentlich aufwallenden Impulsen von Selbstvertrauen einen dauerhaften Zustand zu schaffen, der keinen Stimmungsschwankungen unterworfen ist und der Sie nicht im Stich lässt, wenn Sie es am nötigsten brauchen. Dieser Mensch – Sie erraten es – sind Sie! «Aber wie macht man das, bitte?», dürfte jetzt wie bei so vielen Anregungen, die uns die taoistische Denk- und Lebensweise lehrt, Ihre Frage lauten.

Die Lösung ist nicht ganz einfach, weil sie einen Sprung über den eigenen Schatten verlangt. In Klartext: Sie sind, seit einst Ihr Kinderköpfchen mit Denken begann, gewohnt, die Dinge, die Sie wahrnehmen, mit Namen zu versehen: Mama, Papa, Klapperstorch, Wauwau, heiß, Aa und so weiter. Daran ist nichts auszusetzen. So lernen wir die Sprache und bauen uns unsere Begriffswelt auf, ohne die eine Verständigung mit unseren Mitmenschen ja nicht möglich ist. So weit, so gut. Ich mache in meinem Ferienkurs mit den Teilnehmern eine Übung, die ich Ihnen als Hilfsmittel zur Gewinnung eines konstanten Selbstvertrauens empfehlen möchte, auch wenn Ihnen der Sinn im Augenblick noch verborgen bleibt. Nennen Sie eine kleine Weile alle Dinge und Vorgänge, die Ihr Interesse finden, beim Namen. Tun Sie also genau das Gegenteil von Wu wei, dem Nichthandeln. Aber dann machen Sie bitte noch ein Weiteres: Wenn Sie Ihre verbalen Etiketten aufgeklebt haben, schauen Sie nochmal hin. Ohne Worte. Schauen Sie nur, ein zweites Mal. Lassen Sie auch Ihre Gedanken für diesen Moment des Hinsehens beiseite. Das gelingt, weil es sich jeweils ja nur um Sekunden handelt. Praktizieren Sie das, sooft Sie sich an die Aufgabe erinnern. Bei fortgeschrittener Übung werden sich zwei interessante Phänomene einstellen: Das gewollte, willkürliche Benennen jedes bemerkenswerten Sinneseindruckes wird Ihnen bald zu viel werden. Sie haben keine Lust mehr, alles zu etikettieren. Sie werden weiter spüren, wie wohltuend der stille Blick auf die Dinge ist. In den Momenten der wahrnehmenden Denkpausen wird Ihnen noch etwas anderes auffallen: das Gefühl, von den Dingen getrennt zu sein, ist nicht mehr da. Ihnen fällt freilich auch kein besonderes Gefühl von Einheit auf. Das gehört mit zu den Einsichten, welche Ihnen diese Aufgabe vermitteln soll: Das Alltagsgefühl ohne die abtrennende Funktion des Benennens *ist* bereits das Gefühl der Einheit!

Wenn es Ihnen gelungen ist, dieses tatsächlich recht wohlige Gefühl des unmittelbaren Gewahrseins ohne die Trennung zwischen Ihnen, dem Subjekt, und dem Leben mit allen seinen Erscheinungen als Objekt bewusst zu spüren, es als – das ist wichtig – real vorhanden zu erkennen, wenn Ihnen das wirklich gelungen ist, stehen Sie an der Schwelle zu einem Selbstvertrauen der anderen, der neuen Art. Der Unterschied zwischen Ihrem bisherigen Vertrauen in sich und dem, das ich Ihnen mit dieser Übung vermitteln möchte, besteht kurz und bündig darin, dass Sie bisher darauf angewiesen waren, sich als einem Individuum zu vertrauen, das unabhängig von der Bewegung der Welt seine Probleme und Konflikte aus der engen Fahrspur eigener Erfahrung und eigenen Wissens lösen musste. Sobald Sie aber ein Gefühl für Ihre untrennbare Verbundenheit mit dem Geschehen draußen gewinnen – und das soll die Übung bewirken –, sind Sie imstande, Ihr Vertrauen auf das Potenzial der Schöpfung auszudehnen, das Ihnen dann zur Verfügung steht. Sie sind noch immer allein, aber nicht einsam. All-eins. Sie sind immer noch Sie selbst, aber Sie erleben sich ohne die abtrennenden Routinen Ihrer Gewohnheit zugleich auch als die Verursacherin, den Verursacher Ihres Lebens. Alle Vorgänge vor Ihren Sinnen ohne die trennenden Etikettierungen zu erleben schafft bereits die Grundlage eines Selbstvertrauens, das seine Wurzeln im kontinuierlichen Schöpfungsprozess hat. Wenn Sie die Übung im Geiste meiner Vorschläge ohne jeden Beweggrund, einzig um ihrer selbst willen, durchführen, kann der Gewinn nicht ausbleiben.

■ Rechte Lebensart

Am Ende dieses Kapitels ergeht ein Aufruf zum Ungehorsam an Sie. Was zugleich der Versuch ist, zu demonstrieren, dass Nachfolger des WEGES nicht gleichzeitig zu Untertanen einer vom Osten dahergewehten Lehre werden. Zu Zeiten eines Konfuzius wurde im alten China zwar versucht, auch die Taoisten in das Geschirr dieser Sittenlehren zu zwängen, aber das ist auf lange Sicht zum Glück nicht gelungen. Diesmal bekenne ich mich selbst zum Ungehorsam gegen die Obrigkeit. Deutschland, Österreich und die Schweiz sind gewiss Länder, in denen Bürokratie groß geschrieben wird und wo man auch streng auf die Einhaltung von Bestimmungen achtet. Italien ist ebenso bürokratisch oder sogar noch ein wenig mehr. Aber im Unterschied zu den anderen genannten Staaten sind die Vorschriften zum Teil äußerst hirnrissig. So muss zum Beispiel, wie bei Ihnen zu Hause auch, für Hausbesitz eine Grundsteuer gezahlt werden. So weit, so gut. Aber in Italien müssen Sie dafür jährlich eine Steuererklärung abgeben, und die Höhe des zu zahlenden Betrages errechnet sich jedes Jahr nach Parametern, welche die Kommunen vorgeben, neu. Nach dem Kauf des Hofes in Italien eröffnete uns der zuständige Geometer, die Nutzungsänderung des Hauses müsse nunmehr offiziell im Grundbuch vermerkt werden. Dort wurde es unter «*rurale*» geführt, also als Bauernhaus, und künftig würde der Eintrag «*civile*» lauten, was praktisch eine Benutzung ausschließlich als Wohnhaus bedeutete. Er, der Geometer, werde die Sache für uns in die Hand nehmen, das koste dann (umgerechnet) dreitausend Mark. Als wir zögerten, wurde uns weiter erklärt, es handle sich hier um ein Gesetz, das befolgt werden müsse. Außerdem würden wir das auch wegen der ICI machen müssen – das ist die erwähnte Grundsteuer, von der landwirtschaftlich genutzte Anwesen befreit waren. Wir verweigerten uns der Aufforderung, reagierten italienisch und sagten «*domani*». Mit der Zeit erfuhren wir, dass von den ortsansässigen Leuten kaum jemand nach Aufgabe der Landwirtschaft oder dem Kauf eines Bauernhauses diese Umschreibung gemacht hat. Die Vorschrift war hauptsächlich von zugereisten Europäern, darunter vielen Schweizer Bürgern, befolgt worden, die dann auch brav einen Steuerberater nahmen, damit er ihre Grundsteuern ausrechnete. Wir taten zwölf Jahre überhaupt nichts in dieser Richtung, was man durchaus in die Kategorie Nichthandeln einordnen kann. Und – dies ist die eigentliche Pointe, und der Grund, warum ich die Geschichte überhaupt hier bringe – inzwischen hat der Staat ein Gesetz erlassen, dass die ICI für Häuser, die man ausschließlich selbst bewohnt, nicht mehr gezahlt werden muss. Heute spielt es keine Rolle mehr, ob wir in einem *rurale* oder einem *civile* leben.

Ich gebe zu, die Story ist kein bisschen spannend, und das Vergehen ist nicht besonders riskant – aber dafür ist sie wahr. Ich könnte Ihnen mit erfundenen, dramatischen Geschichten dienen (ich habe ohnedies manche einschlägigen Berichterstatter im Verdacht, dass ihre Erzählungen «aus wahrem Leben» frei erfunden sind), aber das ist nicht mein Stil. Lieber riskiere ich, dass sich jemand langweilt, als dass ich ihn um eines Effektes willen anlüge.

Gibt es das, die rechte Lebensart? Ich werde häufig gefragt, ob sich aus dem taoistischen Gedankengut Mittel und Wege ableiten ließen, wie wir unseren Lebensunterhalt bestreiten, aber die zerstörerische Wirkung des Existenzkampfs von uns fernhalten können. Diese Mittel und Wege gibt es, aber sie sind anders beschaffen, als die Fragesteller erwarten. Am Anfang eines Wandels muss die Erkenntnis stehen, was in unserem Leben falsch läuft. Erst dann können sich Türen öffnen. Der Philosoph Henry David Thoreau[*] nimmt in seinem Essay «Leben ohne Prinzipien» zu dem Problem Stellung:

---

[*] Henry David Thoreau, Über die Pflicht zum Ungehorsam gegen den Staat, S. 44

Das Beiwort «weise» wird meistens falsch verwendet. Wie kann jemand ein weiser Mensch sein, wenn er nicht besser als andere Menschen zu leben versteht? Wenn er nur schlauer und ausgepichter ist? Arbeitet die Weisheit in einer Tretmühle? Oder lehrt sie, wie man durch ihr Beispiel zu Erfolg kommt? Gibt es so etwas überhaupt: Weisheit, die praktisch angewandt wird? Ist sie nur der Müller, der die feinste Logik mahlt? Hat es einen Sinn zu fragen, ob Plato seinen Lebensunterhalt auf bessere Art oder erfolgreicher als seine Zeitgenossen verdiente – oder musste er sich den Schwierigkeiten des Lebens wie andere Menschen unterwerfen? Schien er den anderen nur durch Gefühllosigkeit überlegen oder durch pompöses Auftreten? Oder war sein Leben einfacher, weil die Tante ihn im Testament bedacht hatte? Die Arten, wie die meisten Leute sich ihren Lebensunterhalt erwerben, das heißt, wie sie leben, sind Notbehelfe, sie sind ein Sichdrücken vor dem wirklichen Geschäft des Lebens – hauptsächlich, weil sie's nicht besser wissen, aber zum Teil auch, weil sie's nicht besser wollen.

Die Grundeinstellung zum künftigen Broterwerb, die man uns bereits als Kinder beibringt, spricht von einem Leben voller Mühe und Kampf. Die Notwendigkeit zu lernen – die auf keinen Fall im Sinne einer soliden Ausbildung bestritten wird – wird stark betont, und die heranwachsenden Menschen bekommen mit dem Schulstress und dem Druck ehrgeiziger Eltern einen Vorgeschmack des Daseins, das sie in der Zukunft erwartet. Desgleichen ist man im christlichen Kulturkreis auf breiter Ebene, ob nun besonders gläubig oder nicht, der Auffassung, dass in diesem Jammertal das Bibelwort gilt: «Im Schweiße deines Angesichts sollst du dein Brot essen.» Wen wundert's, wenn sich mit dieser Einstellung eine Gesellschaft herausbildet, die in erster Linie von Machtgruppen beherrscht wird, deren gemeinsames Merkmal eine monströse Profitgier ist. Bekennende Christen mögen sich zuweilen fragen, ob dies der Wille Gottes ist, dass materielles Glück in seiner Fülle immer nur einigen wenigen zufließt, während der Masse des Volkes bis ins Alter hinein nur die Fron bleibt, wenn sie nicht verhungern will.

Thoreaus Philosophie ist kritisch, und mir fallen in seinen Essays Parallelen zum taoistischen Gedankengut auf. Die Frage, wie jemand ein weiser Mensch sein will, wenn er nicht besser als die anderen zu leben versteht, oder wie er gnadenlos die Art beleuchtet, wie die meisten Leute ihren Lebensunterhalt erwerben und diese als ein Sichdrücken vor dem wirklichen Geschäft des Lebens entlarvt, könnte Chuang tzu verfasst haben. Der amerikanische Denker brauchte als Quelle seiner Einsichten die Schriften der alten chinesischen Weisen nicht. Er fand die Antworten in sich selbst – genau dort, wo sie bei Ihnen, liebe Leserin, lieber Leser, ebenfalls sind und darauf warten, von Ihnen entdeckt zu werden. Entscheidend für einen Wandel ist ohnehin der Mut, den Sie gegebenenfalls aufbringen müssen, um das «Geschäft des Lebens» künftig anders als bisher anzugehen.

Rechte Lebensart verlangt eine Veränderung Ihrer Wertvorstellungen. Wir haben in der Vergangenheit gelernt, dass es durchaus empfehlenswert sein kann, von Zeit zu Zeit seine Meinungen zu ändern. Wir lernen schließlich immer wieder etwas hinzu, selbst wenn wir alt genug sind, um uns einzubilden, es gäbe für uns nichts mehr dazuzulernen. Aber was geschieht, wenn Sie eine bestimmte Überzeugung ändern? – Sie ersetzen sie durch einen anderen, ebenso bestimmten oder gar noch kategorischeren Grundsatz. Weil Sie ein Leben lang davon ausgegangen sind, dass Ihre Grundsätze und Prinzipien richtig sind, insbesondere, wenn Sie diese mit Millionen anderer Leute teilen. Und hier weisen das taoistische Denken und Thoreaus Thesen in eine andere als die gewohnte Richtung: Sie sollen Ihre Werte, also Ihre Grundsätze und Überzeugungen in Bezug auf den Erwerb Ihres Lebensunterhaltes samt den bekannten Risiken und Unwägbarkeiten ernsthaft in Frage stellen. Was man Ihnen über Ihre Möglichkeiten des Nahrungserwerbs beinahe schon im Mutterleib beibrachte, sind nichts weiter als die harten Erfahrungen Ihrer Eltern und der Generationen Ihrer Vorfahren. Die korrupte Gesellschaft, in der Sie zu wirken das Missvergnügen haben, hat nicht recht, wenn sie sich auf Darwin, nichts als auf Darwin bezieht, wo die Reichen und Skrupellosen die Leitaffen auf dem Felsen sind.

Befreien Sie Ihren Sinn von dem Ballast Ihrer gewachsenen Grundsätze und Überzeugungen. Lassen Sie dies alles beiseite, wenn es um die Beurteilung Ihrer Chancen im Leben geht. Und verweigern Sie sich jeder Botschaft, die Ihnen neue Prinzipien offeriert. Meiden Sie jede Art von überzeugter Gewissheit, jede Form von Gläubigkeit, als ob es eine Krankheit wäre. Wenn es Ihnen gelingt, Ihren Geist in diesem selbstreinigenden Prozess von dem Ballast Ihrer alten Überzeugungen zu befreien und Sie diese unter keinen Umständen durch neue ersetzen, wird sich Intelligenz in Ihrem Wesen ausbreiten. Das ist ein stiller Vorgang ohne überschäumende, explosive Gefühle. Diese Intelligenz ist einfach da, ohne sich vorher anzumelden oder um Erlaubnis zum Eintritt in Ihre Psyche zu bitten. Ich möchte sogar behaupten, Sie können gar nicht verhindern, dass diese universale Intelligenz, die nichts mit Ihrem Verstand gemein hat, in Ihnen wirksam wird, sobald Sie angefangen haben, ohne die alten Überzeugungen, Prinzipien und Grundsätze zu leben – und auch zu denken. Voraussetzung ist allerdings, ich möchte sagen, der Preis, den Sie für diese Intelligenz zu entrichten haben, ist außerdem, dass Sie sich von Ihren Beweggründen, also von Ihren Motiven verabschieden. Die Rede ist von Ihrem ständigen Wollen, das Sie wie ein außer Kontrolle geratener Rasenmäher vorantreibt. Das bedeutet nicht, Sie sollen keine Ziele mehr haben, aber es meint gewiss, dass Sie sich von dieser von Angst diktierten Gier, etwas erreichen zu müssen, nicht mehr terrorisieren lassen. Die Beweggründe, die bis heute Ihr Planen und Handeln lenken, sind zugleich die Feinde jeder Kreativität. Die Lebenskunst des Tao ebenso wie die gewiss aus der gleichen Quelle stammende Lebensweisheit Thoreaus basiert auf dem Nichtvorhandensein von Motiven. Sie brauchen keine Antriebsmittel in Gestalt von Willensakten, wenn diese Intelligenz in Ihnen wirkt. Ihr Hauptmerkmal ist die Tatsache, dass sie im Gegensatz zum Intellekt unabhängig von Zeit ist. Sie agiert blitzartig – aber sie operiert niemals zu einem anderen Termin als *jetzt*! Bei jedem Problem, bei jeder Frage nach Ihrer Existenz, nach Ihrem Lebensunterhalt oder Ihren Beziehungen ist es wichtig, dass Sie sie *jetzt* stellen und in diesen Momenten auch empfangsbereit für die Antwort sind.

Rechte Lebensart bedeutet, dass Ihr Handeln von keiner Überzeugung, von keinem Antrieb, von keinem Prinzip gelenkt wird und keiner Idee, wie immer sie beschaffen sein mag, verpflichtet ist. Ihr Verständnis, was rechte Lebensart ist, nämlich ein Leben ohne von fremder Autorität aufgestellte Beweggründe, führt Sie zu dieser unergründlichen Intelligenz, die weder die Ihre noch die meine ist. Diese Intelligenz wird Ihnen eingeben, was Sie tun sollen, um einen Lebensunterhalt zu verdienen. Wenn diese Intelligenz da ist, können Sie alles sein, was Sie wollen. Ein Einstimmen Ihres Geistes auf diese Ebene findet reichen Lohn. Mit dieser Intelligenz im Hintergrund wird der Erwerb Ihres Lebensunterhalts nicht mehr von den Umständen diktiert werden. Sie entdecken eine Lebensart, die konfliktlos ist. Und weil sie konfliktlos ist, ist sie intelligent. Und diese Intelligenz wird Ihnen die rechte Art zu leben zeigen.

■ ■

Die vorausgegangenen Aussagen über die rechte Lebensart habe ich aus dem Blickwinkel des amerikanischen Philosophen und Lebenskünstlers formuliert. Doch diese Sätze behandeln nicht die Sinnfrage. Jene Frage, die manchen Gläubigen angesichts menschlicher Gräueltaten stöhnen lässt: «Warum lässt ER das zu?» Und manchmal fragen *Sie* sich, warum Sie und diese Welt um Sie herum überhaupt stattfinden. Der ständige Wechsel von Freude und Leid kann über die Jahre ziemlich ermüdend sein, und uns beschleichen Zweifel am Sinn unseres Daseins. In grüblerischen Momenten versuchen Sie zu verstehen, zu welchem Zweck diese fremde Macht dieses Universum schuf und darin unsere Mutter Erde, auf der es nicht gerade harmonisch zugeht. Aber Sie finden die Antwort nicht. Einer der Gründe, warum Sie diese Antwort nicht finden, könnte in den Denkmustern liegen, an denen Sie sich auf der Suche nach der Wahrheit orientieren. Wir sind an diese Ideen so sehr gewöhnt, dass wir keine Versuche unternehmen, uns neue Bahnen der Erkenntnis über unsere Existenz zu schaffen. Ich kenne Menschen, die periodisch nach Indien reisen und ihren Geist dort mit östlicher Lebensphilosophie auftanken. Sie kehren mit einem erweiterten Sprachschatz zurück, führen fremd anmutende Schlagworte im Mund und benennen vertraute Dinge mit anderen Vokabeln als bisher. Wir akzeptieren solche exotischen Existenztheorien, weil sie ins Muster der Zeit passen. Doch selbst die verwegensten Spekulationen kommen der erlösenden Antwort nicht näher. Wenn sie jemand kennt, dann das verursachende Prinzip selbst. Oder irren wir uns da? Ist der Grund der Dinge in seinem Wesen womöglich so frei von Motiven, dass dieses Universum, an dem wir ebenso oft leiden, wie es uns glücklich macht, ohne Plan und Ziel begonnen wurde? Dass nur wir Menschen für alles, was wir tun, Beweggründe brauchen und sie deshalb bei der Mutter aller Dinge ebenfalls vermuten?

Unser Organismus samt diesem Gehirn, das so sehr um Erkenntnis ringt, ist ohne Zweifel ein Produkt der evolutionären Selbstorganisation. Aber in dieser sichtbaren Welt manifestiert sich zugleich der Geist ihres Begründers. Verlassen wir doch einfach einmal die verbrauchten Gleise des normalen Denkens und öffnen uns ungewöhnlichen Ideen. Schöpfung ist uns unerklärlich, weil wir nicht wissen, wie sie geschieht. Sie scheint aus dem Nichts hervorzutreten. Aber bitte, was ist nichts? Mathematisch ebenso wie psychologisch steht nichts für das Nichtvorhandene, für Leere, Nirwana, Auflösung. Wir halten das Große Nichts für einen Zustand der Vor-Schöpfung, Vor-Evolution, des Vor-Urknalls. Nichts bedeutet uns Leere. Aber wie, wenn es gerade umgekehrt wäre und die Schöpfung erst die zur Unterscheidung der Dinge notwendigen Räume schafft? Wenn Leben erst als die sichtbare Form einer Existenzart entstünde, die für uns Tod, Nichtsein bedeutet, aber im Gegenteil eine Menge mehr ist als unser oft so unzulängliches Leben? Nihilismus konsequent zu Ende gedacht ist die Philosophie der Fülle eines Leerraumes, einer Fülle, deren Verdünnung erst wir als Leben erfahren. Vielleicht ist das Nicht-Sein, das uns so unheimlich erscheint, eine Existenzform, die weitaus mehr Wohlsein bereithält, als wir ahnen. Nicht umsonst streben die Buddhisten das Nirwana – und damit ist ebendieses Nicht-Sein gemeint – als Endziel allen menschlichen Bemühens an. Im Nichts fließen die Dinge zur singulären Identität des Grundes zusammen.

Ich möchte mit diesen Überlegungen aufzeigen, dass Sie als Mensch, der keine Informationen über die Wurzeln des Phänomens Leben besitzt, durchaus die Wahl haben, ob Sie eine der vorhandenen Theorien übernehmen oder sich ein eigenes Bild über Ihr Sein schaffen. Sobald Sie sich einer populären Theorie anschließen, müssen Sie zugleich auch die Konditionen dieser Weltanschauung übernehmen. Mit dem Glauben an ein bestimmtes Denkmodell geben Sie die Freiheit des eigenständigen Forschens nach Alternativen auf. Selbst in der Freiheit des Forschens wäre dann noch das Problem zu lösen, dass unser Verstand auf der Suche nach der Wahrheit ohne die gesammelten Gedächtnisinhalte auskommen müsste. Ihr Denken besitzt dann keine Informationen mehr, auf denen es seine Spekulationen aufbauen kann. Damit sind Sie aber dem Nichts, wie immer es beschaffen ist, sehr nahe gekommen. Durch Ihre Bereitschaft, auf alle Denkmodelle zu verzichten, stellen Sie einen Zustand her, in dem Gedächtnis, Denken und Intuition zu einem einzigen Prozess zusammenfließen. In dieser Grundeinstellung ist Ihr Geist total offen für den Zufluss von Wissen, das nicht aus der Vergangenheit kommt. Ihre Gehirntätigkeit erreicht damit eine neue, dynamische, äußerst intelligente Dimension. Ihre Annäherung an das Große Nichts lässt Sie die Einheit mit dem Grund erfahren.

Vielleicht fragen Sie sich an dieser Stelle, ob ein Mensch, der zu dieser Erfahrung der Einheit findet, weiterhin seinen Individualismus auslebt oder ob solche Einsichten das Ende der gefühlten eigenständigen Identität bedeuten. Das bedeutet es ganz gewiss nicht. Sie sind und bleiben ein Unikat, die von der Natur geschaffene unverwechselbare Originalausgabe einschließlich Ihres subjektiven Erfahrungshintergrundes. Aber Sie gewinnen durch Ihre ungewöhnliche Geisteshaltung, die im Nichts keine Bedrohung mehr sieht, ein Mehr an Identität hinzu. Mit einem Mal fühlen Sie sich in dieser Welt wirklich zu Hause. Sie spüren, wie Ihr Denken und Ihre Willensakte aus einer Quelle schöpfen, für die Information und Wissen nur das Zubehör sind, das sich Ihnen aus Ihrer nunmehr unverkrampften Beziehung zur Umwelt erschließt. Wenn dann in Zukunft sich noch jemals Gefühle der Einsamkeit melden, dann ist es ein Gefühl umfassenden Alleinseins, weil Sie sich in allen Mitmenschen samt den Ereignissen, welche sie auslösen, selbst wieder erkennen. Sie beginnen in der Leere des unerforschten Nichts so etwas wie eine Heimat zu ahnen. Die Daseinsängste verlieren ihr Gewicht, weil in der Ferne nicht die endgültige Auflösung, sondern so etwas wie die Heimkehr in den Grund steht.

Eine emotionale Situation herzustellen, in der Sie sich keinen Tag mehr von allen guten Geistern verlassen fühlen, lohnt sich gewiss, und es lohnt sich auch, über diese Alternative nachzudenken. Sie können nur gewinnen, wenn Sie in Ihrer Vorstellung vom Nichts an der Stelle von Leere die dahinter verborgene Fülle zu spüren beginnen. Nichts an dieser Einsicht würde Sie am Ausleben Ihrer Doppelidentität als Individuum und als Ganzes hindern. Mit einem fundamentalen Unterschied: An Stelle der gesammelten Erfahrungen aus der Vergangenheit würden von da an Wirkkräfte Ihr Denken, Fühlen und Handeln befruchten, die unabhängig von Zeit sind.

Lassen Sie uns nach diesen erhabenen Gedanken zum Alltag zurückkehren. Sich im taoistischen Sinn mit dem Lauf der Dinge zu bewegen heißt nicht, dass Sie zu allem, was Ihnen begegnet, ja und amen sagen. Verweigerung gehört unbedingt dazu, Ungehorsam ist, eine der Tugenden des Nichthandelns. In unserem Kulturkreis hat sich in den letzten Jahrzehnten leider nicht nur das Klima gewandelt – auch die Lebensbedingungen sind nicht mehr die gleichen wie einst. Heute kostet ein Päckchen mehr Porto, als der Inhalt wert ist, und die Menschen, die die Post austragen, verdienen nur noch einen Hungerlohn, zu dem der Staat Unsummen zuschießt, damit die Betroffenen nicht tatsächlich hungern müssen. Dafür verdienen sich die betreffenden Unternehmen die sprichwörtliche Goldene Nase und drohen bei jeder Gelegenheit, ihren Laden zu schließen, wenn nicht alles wunschgemäß läuft. Sie fragen sich vielleicht, warum ich dieses Thema anschneide. Ich deute die Schwierigkeiten der Menschen des dritten Jahrtausends an, weil es hier Parallelen zu den Zeiten der taoistischen Hochkultur im alten China gibt. Da herrschten Leute wie Kaiser Hanfetse, die das Prinzip des Nichthandelns einzig zum eigenen Nutzen praktizierten, die Last der Verantwortung auf andere abluden und selbst nichts weiter taten, als sich maßlos zu bereichern. Und das Volk ertrug es. Es fasziniert mich immer wieder, zu beobachten, dass einzelne Männer (ganz selten auch Frauen) gegenüber Millionen Menschen wahnsinnige Pläne durchsetzen können. Überlegen Sie: So ein Mann wäre doch absolut hilflos, wenn er Anweisungen erteilte und kein Mensch ihm gehorchen würde. Nichts würde passieren, wenn ein solcher Typ nicht eine Masse korrupter Anhänger fände. Daran konnten leider alle Heilslehren dieser Welt nichts ändern. Im Gegenteil: Selbst scheinbar geringfügige Unterschiede in den Auffassungen von Glaubensgruppen können zu Krieg und Zerstörung führen. Die leidvolle Schlussfolgerung aus diesem Fehlverhalten muss doch am Ende lauten, dass der Mensch alles andere als die Krone der Schöpfung ist, für die er sich hält. Viel eher erhebt sich die Frage, ob am Ende die Vernunft oder die chronische Umweltzerstörung das Rennen gewinnt.

Und dennoch ist die Natur stärker und gewaltiger als alle Dummheit. Einst erkannten die Taoisten, dass zwar gegen Dummheit kein Kraut gewachsen ist, aber dass jedem, der nach den Prinzipien des Tao lebt und handelt, die unerschöpflichen Energien und die Intelligenz des Kosmos zur Verfügung stehen. Gehen Sie hinaus an die Luft. Riechen Sie diesen speziellen Duft, den jede Jahreszeit hervorbringt? In diesem Duft ist eine Botschaft enthalten. Sie ist für den Wahrnehmenden bestimmt, der begriffen hat, dass es keine Trennung zwischen ihm und der Natur gibt. Das Energiepotenzial des permanenten Schöpfungsprozesses erschließt sich den Menschen, die sich dem schmutzigen Spiel von Gier, Habsucht und Machtstreben verweigern. Nicht, indem Sie zum Außenseiter werden. Die Verweigerung geschieht leise, ohne dass jemand dafür Propaganda machen oder auf Barrikaden steigen müsste. Es ist eine Verweigerung, die allein im Inneren stattfindet. *Sie hören einfach auf, ein Nachfolger zu sein.* Ich möchte Sie zum Ungehorsam aufrufen, zu einem Protest gegen den weltweiten Wahnsinn. Aber einem Protest, der im Stillen stattfindet, der sich in Ihrem Denken und Fühlen ausdrückt und Ihr Handeln bestimmt.

Keiner Idee, keiner Weltanschauung, aber auch keiner selbst gestrickten Lebensphilosophie nachzufolgen ist nicht einfach.

Weil wir in der Schule, sogar im Kindergarten einem Prozess der Anpassung ausgesetzt worden sind. Jede Autorität versucht den heranwachsenden Menschen so früh wie möglich in Formen zu pressen, die das allgemeingültige Modell vom gehorsamen, störungsfrei funktionierenden Durchschnittsmenschen bilden. Es wird von uns eine Anpassung erwartet, die verzweifelte Ähnlichkeit mit Unterwerfung unter die geltenden Spielregeln hat. Quält Sie nicht oft eine innere Unzufriedenheit, von der Sie nicht bestimmen können, woher sie kommt? Das könnte durchaus der Beginn einer Auflehnung gegen die Zustände einer Lebenssituation sein, in der Sie kaum jemals das Gefühl haben, dass Sie etwas zu sagen oder gar zu bestimmen hätten. Wir fühlen uns gegängelt, bedrängt, genötigt, Dinge zu tun, sie sogar zu denken, weil andere es so wollen. Die Religionen, zu denen wir allmählich lernen auf Distanz zu gehen, schreiben vor, wie und was ein menschliches Lebewesen zu sein hat und wie es sich verhalten muss. Bereits das kritiklose Akzeptieren der Grundannahmen der Menschheit über sich selbst bedeutet Nachfolge. Und es ist nicht nur eine Spur von Unfreiheit, die Sie mit dem Assimilieren des kollektiven Grunddenkens aufnehmen – es sind die Wurzeln aller weiteren Konditionierungen. Wenn Sie diese kollektiven Überzeugungen – einschließlich jener von Karma und endlosen Inkarnationen – zu hundert Prozent aus Ihrem Sinn verbannen, stehen Sie vor dem schöpferischen Grund und sind ihm darum näher als mit jeder noch so metaphysischen oder esoterischen Weltanschauung. Sie halten sich dann auch nicht mehr für die Krone der Schöpfung, für Gottes Lieblingswesen – Sie machen sich, kurz gesagt, nichts mehr vor!

Wie funktioniert so eine Verweigerung in der Alltagspraxis – insbesondere in Ihren Beziehungen? Eine philosophische Grundannahme ist einfacher loszuwerden als die Unfreiheiten angepassten Verhaltens, zum Beispiel innerhalb der Familie. Die generellen Überzeugungen über das Sein verschwinden, wenn Sie einfach nicht mehr daran glauben. Das mag wegen Ihres Sicherheitsbedürfnisses nicht leicht sein, aber diese Überzeugungen sind überschaubar. Anders verhält sich das in Ihren Beziehungen. Wie kann man mit geliebten Menschen harmonieren, ohne sich zu etwas zu zwingen? Sind Kompromisse im Zusammenleben überhaupt vermeidbar? Das sind sie anscheinend nicht. Sobald Sie sich auf eine Geisteshaltung festgelegt haben, und sei es die edelste, wohltätigste, gefälligste, werden Sie ohne Kompromisse, ohne Zugeständnisse nicht auskommen. Es wird immer Positionen geben, von denen Sie heruntersteigen müssen, wenn Ihnen an anderen Menschen etwas liegt. Ist also Anpassung unumgänglich? Eben nicht. Das Problem muss nur *vor* dem Punkt bereinigt werden, an dem Konflikte durch Forderungen an Ihre Kompromissbereitschaft entstehen.

Ein Leben ohne Anpassung ist möglich. Es verlangt absolute Ehrlichkeit sich selbst gegenüber und einen Geist, der sich in seiner Grundeinstellung keiner Sache, keiner Idee und keinem Grundsatz verpflichtet hat. Wenn Sie mit einem von allem Ballast befreiten Sinn denken und handeln, sind Sie fähig, sich auf jegliche neue Situation, auf jede an Sie gerichtete Forderung einschließlich der Erwartungshaltungen Ihrer Lieben einzustellen. Es ist ein Geisteszustand, in dem Kontakte mit anderen Menschen ohne die Begrenzungen der alten Subjekt/Objekt-Beziehung stattfinden. Für Sie als einen freien, unkonditionierten Menschen auf dem WEG taoistischen Denkens wird es selbst in feindseligen Situationen, wo der Normalbürger je nach der gefühlten Schwäche seiner Position Unterwerfung als unvermeidbar in Betracht zieht, keine Kompromisse mehr geben. Sie haben Anpassung als ein Rollenspiel durchschaut, den Makel der Verstellung im Umgang mit anderen Menschen erkannt und sich in allen Lebenslagen für die ehrliche, spontane Lebensäußerung entschieden, die sich frei von jeder Berechnung dem anderen offenbart.

■ ■

Was ich Ihnen zum Kapitelschluss vorschlagen möchte, soll konkretisieren, was im vorigen Abschnitt noch wie Theorie klingt. Sie lautet: ein einziges Mal ungehorsam sein.

Etwa ein Jahr nach der Wende besuchten wir die neuen Bundesländer. Wir waren als Dorfbewohner gewohnt, an jeder Stelle, wo der Verkehr es zuließ, die Straße zu überqueren, und in den westlichen Städten hielten wir es genauso. Und dann, eines Tages, taten wir das Gleiche in einer Metropole der ehemaligen DDR, in Dresden. Wir fielen aus allen Wolken, als uns Passanten anherrschten, wir müssten bei der Fußgängerampel die Straße überqueren, anderes sei nicht zulässig. Die Menschen waren in jener Phase noch sehr von den Reglements des alten Regimes beeinflusst, und wir achteten während unseres weiteren Aufenthaltes darauf, keinen Anstoß zu erregen, wenn wir den Eindruck hatten, beobachtet zu werden. Die Leute behielten einander auch sehr viel intensiver im Auge und schienen ihre Mitmenschen wie zu Stasi-Zeiten zu überwachen. Ich führe das Beispiel als Einleitung zu der Übung an, weil mir während der Niederschrift der Gedanken über Verweigerung bewusst wurde, wie unkritisch folgsam wir alle miteinander in vielen Dingen sind. Manchmal befolgt man Regeln einzig aus Bequemlichkeit, es ist einfacher, sich zu fügen, als passiven Widerstand zu üben. Vielfach gehorchen wir auch aus Schwäche, aus Furcht vor potenziellen Schwierigkeiten, ohne zu realisieren, dass möglicherweise ein einziger handfester Krawall für alle Zeiten die Atmosphäre reinigen würde. Nicht übersehen dürfen wir unser Bedürfnis nach Sicherheit, das uns zuflüstert, lieber angepasst innerhalb sichtbaren Schranken zu laufen, als auf eigenes Risiko ins Ungewisse, Unwägbare auszubrechen.

Machen Sie sich als Erstes bewusst, bei welchen Gelegenheiten sich bei Ihnen Tendenzen zum Gehorsam melden. Beobachten Sie Ihr Verhalten im Alltag. Dass Sie im Beruf gegenüber weisungsbefugten Vorgesetzten sich an die gegebenen Richtlinien halten, ist eine Sache. Die steht hier auch nicht zur Diskussion. Ich denke mehr ans Privatleben, an Ihr Verhalten im gesellschaftlichen Rahmen oder im Bereich zivilrechtlicher Angelegenheiten. Und nicht zuletzt an diese Art von selbst auferlegtem Gehorsam, den Sie Ihren eigenen, selbst verfassten Maximen gegenüber schuldig zu sein glauben. Die letztere Variante zivilen Gehorsams ist am schwersten zu durchschauen, und es scheint schwieriger, sich an den eigenen Spielregeln zu versündigen als gegenüber der Straßenverkehrsordnung. Ein flagrantes Beispiel sind Ernährungsgrundsätze. Sie haben sich für vegetarische Kost entschieden. Aus freien Stücken, ohne Zwang, ohne dass eine Krankheit Sie dazu gezwungen hätte.

Ab und zu meldet sich die Versuchung, ein Heringsbrötchen zu essen oder eine Frikadelle vom Imbissstand. Aber Sie gehorchen den eigenen Entscheidungen und verzichten darauf, obwohl Ihnen beim Duft der Speisen das Wasser im Mund zusammenläuft. Noch heikler wird es auf spirituellem Gebiet. Unsere Vorstellung von Sünde wurde nach den christlichen Moralbegriffen der Eltern sehr früh geprägt. Wer bei jedem Ansatz einer Gotteslästerung streng gerügt oder gar bestraft wurde, wird heute noch Hemmungen beim Fluchen haben. Das Gleiche gilt für eheliche oder ähnlich geartete Partnerbeziehungen: Wie leicht kommt es da zu Verstimmungen oder gar Szenen, wenn gelegentlich ein paar Küsse mit jemand anders als dem Partner getauscht werden. Dann sind Sie um des lieben Friedens willen oder um die mimosenhafte Person nicht zu kränken eben gehorsam. Das Feld, auf dem die Saat des Gehorsams wächst, ist groß und weit, und die Liste ließe sich vermutlich endlos fortsetzen.

Durchforsten Sie den Dschungel Ihrer Abhängigkeiten – denn Gehorsam ist allemal ein Signal von Abhängigkeit, auch wenn Sie ihn gerne oder sogar lustvoll ausüben. Und dann suchen Sie sich ein Handlungsmuster aus, das Ihnen bisher immer ein wenig unbequem war, bei dem Sie das Gefühl hatten, die Dinge lieber ein wenig anders zu halten. Tun oder unterlassen Sie nichts, was Sie gefährden könnte oder, selbst als einmaliger Vorfall, ernsthafte Probleme nach sich ziehen könnte. Aber seien Sie dennoch mutig, etwas Ungewohntes zu tun oder einmal Ihr festes Verhaltensmuster zu durchbrechen. Machen Sie sich eine Pfanne Rühreier mit Schinken, wenn Sie sonst nur Gemüse essen, fluchen Sie lästerlich, wenn Ihnen danach zumute ist. Kein Blitz vom Himmel wird Sie treffen, wenn Sie den Namen des Herrn eitel nennen. Kaufen Sie sich etwas völlig Sinnloses, werfen Sie die Angst vor ungeplanten Aktionen über Bord. Gönnen Sie sich einen Tag Einsamkeit, wo Sie seit Jahren immer nur zur Verfügung gestanden haben. Und leisten Sie sich fröhlich und unbeschwert einmal eine deftige Verspätung bei der Heimkehr und verweigern Sie das Abgeben eines Rechenschaftsberichtes. Haben Sie kein schlechtes Gewissen vor Pestalozzis Maximen. Wenn Ihrer Brut wieder einmal das Essen nicht schmeckt, dann stülpen Sie ihnen den Teller über den Kopf und kochen eine Woche lang nicht. So eine Tat kann Wunder wirken. Schwänzen Sie den Italienischkurs oder die Sauna, wenn Sie heute keine Lust dazu haben, egal, wer und wie viele Leute von Ihnen erwarten, dass Sie brav dergleichen tun. Das alles ist keine Preisgabe Ihrer selbst, Sie bleiben sich selbst eher treu, wenn Sie mutig und innovativ handeln, als dass Sie andauernd zwischen Schranken laufen, die Sie zwar akzeptiert, aber danach kaum jemals in Frage gestellt haben. Belassen Sie Ihren Ungehorsam bei einer Sache, auch wenn Ihnen eine Menge Dinge mehr einfallen, die Sie unter Umständen in Zukunft besser anders handhaben sollten. Geben Sie bei der Entscheidung, wo und wann Sie den Gehorsam verweigern, Ihrer Intuition freien Raum – dann wird Ihnen das Richtige einfallen, und Sie werden als Lohn der Übung einen Treffer landen, der sich für die Zukunft positiv auswirkt. Es ist kein Fehler, anderen Leuten, für die alles, was Sie tun, so selbstverständlich ist, einmal gründlich einen Schrecken einzujagen.

Wahrheit
als Lebenselement

Mir wurde in der Kindheit von meiner Mutter, Anhängerin einer konservativen Glaubensgemeinschaft, eine Wahrheit eingeflößt, von der ich mich später nur nach langem geistigem Ringen befreien konnte. Ich war vom ersten Lebenstag an Einflüssen ausgesetzt, gegen die sich die aufblühende kindliche Psyche nicht wehren konnte. Und es war niemand da, der mich davor gerettet hätte. Denn mein Vater, ein bekennender Atheist, hielt es für bequemer, sich und mich aus dem religiösen Konflikt meiner Eltern herauszuhalten. Ich wuchs in dem Glauben auf, ein Kind Gottes zu sein und einer exklusiven, vom Allerhöchsten handverlesenen Gemeinde anzugehören. Erst während und nach der Individuationsphase regten sich Zweifel in mir, der gesunde Menschenverstand verlangte, beachtet zu werden. Dennoch brauchte es Jahre, bis ich mich aus dem Ghetto meiner einseitigen sozialen Beziehungen herauslösen konnte. Ich suchte mein Heil bei anderen Religionen. Besuchte mit gleich gesinnten Freunden die Veranstaltungen der Christian Science, der Mormonen, der Anthroposophen, und wir standen nach den Vorträgen oft stundenlang auf der Straße beieinander und diskutierten über das Gehörte. Wir fragten uns, woher die Vortragenden ihr Wissen hatten, und kamen jeweils einstimmig zum gleichen Ergebnis: Sie hatten es von anderen Menschen bezogen. Von Menschen, die vorgaben, die Wahrheit zu besitzen. Und wie waren diese in den Besitz dieser Wahrheit gelangt? Nicht anders, als dass sie sich wiederum an den Botschaften weiterer Leute orientierten und sie glaubten. Wären damals in Mitteleuropa schon Buddhisten am Werk gewesen, ich wäre garantiert bei ihnen gelandet. Doch bei den Angeboten auf dem spirituellen Markt zu jener Zeit wäre ich bloß vom Regen in die Traufe gekommen. Also wurde ich zynisch und beschloss, künftig frei von jeder Wahrheit meiner Wege zu gehen. Ohne die Schutzangebote der Götter diverser Glaubensrichtungen wollte ich ein Zweifler bleiben, dafür aber auch ein freier Mensch, dem keiner mehr vorschreiben sollte, was er zu denken und nicht zu denken hatte.

Nach vielen Jahren beruflichen Erfolges und dem anschließenden Niedergang, am tiefsten Punkt einer Lebenskrise, suchte ich noch einmal Halt bei den Göttern und fand ihn nicht. Es trat jener Zustand ein, den ich in meinem Buch *Wu wei, die Lebenskunst des Tao* dem Inhalt voranstellte: *Wer je im Leben eine tiefgreifende Existenzkrise durchlebt hat, erinnert sich vielleicht: Die Wende zum Besseren trat just in jener Phase ein, da er, zu erschöpft zum Weiterkämpfen, sich vollständig aufgegeben hatte.* Der Verzicht auf alle Werte und Überzeugungen schaffte Raum für eine Geisteshaltung, in der ich meine ungeheure Einsamkeit spürte und sie mir eingestand, aber gleichzeitig begann ich auch zu fühlen, dass diese Welt um mich herum, die zu bezwingen ich bisher so viel unternommen hatte, selbst ein Stück von mir war. Kein Buch, kein Lehrer, kein Prophet hatte mir das erklären müssen, die Antworten kamen aus der Tiefe eines Geistes, der sich frei von allen Theorien zum ersten Mal der eigenen Macht- und Bedeutungslosigkeit gestellt hatte. Ohne seinen Namen zu kennen, war ich dem taoistischen Prinzip des Nichthandelns begegnet. Ich setzte mir neue Ziele, es folgte ein steiniger Weg (über den ich noch berichten werde), aber er führte heraus aus der katastrophalen Lebenssituation, die mein Aufgeben quasi erzwungen hatte. Gemeinsam mit meiner Lebensgefährtin stellte ich mich den kommenden Herausforderungen mit einem Geist, der seine subjektive Identität nicht mehr von den Vorgängen des Lebens abtrennte. In jener Phase des Versuchs einer Neuorientierung hatte ich mir auch einen Stapel Bücher über New Age und östliche Philosophien gekauft. Das allermeiste erschien mir so unbrauchbar und unverdaulich wie eh und je. Doch dann las ich von Alan Watts «Der Lauf des Wassers», ein Buch über den Taoismus. Und sagte nach der Lektüre zu meiner Frau: «Da beschreibt einer genau unsere Art zu leben und zu denken. Ich glaube, jetzt haben wir auch einen Namen dafür – obwohl wir eigentlich gar keinen brauchen.»

Seitdem ich Bücher über den Taoismus und seine Magie schreibe, werde ich aus dem Leserkreis oft gefragt, bei wem ich in die Lehre gegangen sei, um das alles beschreiben zu können. Ich antworte dann wahrheitsgemäß, dass ich es von alleine herausgefunden habe. Und dass diese eng mit dem eigenen Ursprung verbundene Lebensform in jedem Menschen angelegt ist. Sehen Sie, liebe Leserin, lieber Leser – *das* ist meine Wahrheit, mein Lebenselement. Apropos Lebenselement: Ich habe ihn zwar in einem anderen Kapitel bereits einmal zitiert, aber Ralph Waldo Emersons* Betrachtungen speziell zu diesem Thema sind zu treffend, als dass ich sie Ihnen vorenthalten möchte.

Wahrheit ist unser Lebenselement, doch wenn der Mensch seine Aufmerksamkeit auf eine einzige Erscheinungsform der Wahrheit heftet und sich dieser allein für lange Zeit widmet, wird die Wahrheit entstellt und ist nicht mehr sie selbst, sondern Falschheit. Hierin ähnelt sie der Luft, die unser natürliches Element und der Atem unserer Nasen ist, die aber Erkältung, Fieber und sogar Tod bringt, wenn unser Körper für längere Zeit der Zugluft ausgesetzt ist. Wie langweilig ist der Grammatiker, der Phrenologe, der politische oder der religiöse Fanatiker, wie aber auch jeder besessene Sterbliche, dessen Gleichgewicht durch Übertreibung in einer bestimmten Richtung verlorengegangen ist. Dies ist der Anfang des Wahnsinns. Jeder Gedanke ist auch ein Gefängnis. Ich sehe nicht, was du siehst, weil ein kraftvoller Wind mich gefangen hält und so weit in eine Richtung getrieben hat, dass ich nicht mehr im Bereich deines Horizontes bin.

In seinem Beitrag zu Verstand und Denken spricht Emerson eine eindringliche Warnung aus, an alle Menschen adressiert, die sich einer einzigen Wahrheit so heftig verpflichten, dass in ihren Lebensäußerungen für nichts anderes mehr Raum ist. Es ist hier, wohlgemerkt, nicht von Leuten die Rede, die irgendeinem Irrglauben anhängen, die sich ihre Wahrheiten aus einer Summe von Irrtümern selbst zusammenbrauen oder von Scharlatanen, die einzeln oder als Gemeinschaft auftreten, verführt und in eine ideelle Sackgasse getrieben wurden. Emerson redet vom rechten Umgang

* Ralph Waldo Emerson, Essays, Essay XI – Intellekt, S. 261

mit der Wahrheit, richtiger: mit *den* Wahrheiten. Die Gefahr für die geistige Gesundheit schlummert in der ausschließlichen Konzentration auf eine bestimmte Wahrheit selbst. Ich rede hier nicht mit anderen Worten nach, was oben im Originaltext bereits besser formuliert zu lesen ist. Mir fiel beim Lesen des Essays dieser Absatz besonders auf, weil er signifikant für eine Erscheinung unserer Zeit ist, in der viele Menschen in ihrem Hunger nach Erkenntnis auf eine Wahrheit stoßen, die in der Tat wahr ist, in sich stimmig sogar, aber zur Gefahr für die innere Freiheit wird, wenn sie jemand quasi mit Haut und Haaren schluckt, sie total verinnerlicht und sie künftig als alleinige Richtschnur für alle seine Lebensäußerungen einsetzt. Da wird mir zum Beispiel von einem Mann in den besten Jahren berichtet, der sich in ein thailändisches Kloster zurückgezogen hat und dort mit Gleichgesinnten ein karges, weltabgewandtes Leben führt. Dieser Mann hat gewiss seinen Frieden gefunden, daran gibt es kaum zu zweifeln. Da er keinen Stress hat, wird seine Gesundheit auch nicht so anfällig sein wie die von Altersgenossen, die im Mahlwerk der Wirtschaft aufgerieben werden. Sigmund Freud nennt diese Lebensform «Schmerzvermeidung durch Lustverzicht» und hat ziemlich recht mit der Charakterisierung. Der erwähnte Mann hat sich einer einzigen Wahrheit, der Abwendung von der Welt nämlich, verpflichtet. Allen anderen Wahrheiten aus der Fülle des Lebens verweigert er sich, er ist blind und taub gegen die Verlockungen der Angebote des Genießens geworden, aber ebenso empfindungslos und abgestumpft ist er auch gegen die Glanzlichter des Glücks und des Gelingens, welche das Leben jedem Menschen bietet, der sich seinen Herausforderungen stellt. Der Geist eines Klosterbewohners schrumpft auf die Grundfunktionen eines eintönigen Lebens, das Kontrastprogramm von Yin und Yang bleibt draußen in der bösen, abgelehnten Welt, und der Geist stumpft in der Monotonie der gleichmäßig und relativ sicher verlaufenden Tage immer mehr ab.

Sie brauchen allerdings in kein Kloster zu gehen, um zum Opfer einer einzigen Wahrheit zu werden. Ich erlebe es immer wieder in der Begegnung mit Menschen, dass sie die Einsicht in eine Wahrheit, der sie in dieser verlogenen Welt begegnen, wie eine göttliche

Offenbarung behandeln und wesentliche Teile ihres Verhaltens nach ihr ausrichten. In dem Augenblick, in dem ich mich einem einzigen kategorischen Imperativ so total verpflichte, dass er mein gesamtes Denken beeinflusst und analog in mein Handeln hineinwirkt, beginnt mein Geist zu verkrüppeln. Weil ich, metaphorisch gesprochen, an einem Krückstock zu gehen begonnen habe und im Begriff bin, die normale Fortbewegung zu verlernen. Sie möchten Beispiele? Bitte, hier wäre eins, das Ihnen als Leser meiner Arbeiten nicht unbekannt ist: *Wu wei*! Ich möchte wetten, Sie fallen jetzt sozusagen aus allen Wolken. Wie kann jemand Zweifel an einem Ding aussprechen, das so wahr und echt wie nur möglich ist. Wu wei ist wahr und echt. Aber es ist kein Evangelium. Die taoistische Philosophie gründet sich auf drei Säulen: Tao, der Grund, Chi, das Leben beziehungsweise die Lebensenergie, und schließlich Wu wei, das Nichthandeln. Ich weiß von etlichen Menschen, dass sie sich, beeindruckt von der dem Nichthandeln innewohnenden Magie, voll und ganz auf diese Lebensform eingestellt haben. Wer von Wu wei liest, beginnt sich wohlzufühlen, da doch seine Inhalte so plausibel und kraftvoll sind. Man konzentriert sich total und mit allen Fasern seines Wesens darauf, Denken und Wollen auszuschalten und sich ganz dem Strom des Tao zu überlassen. Probleme werden nicht zu lösen versucht – was richtig ist –, aber wenn sich die Impulse zu ihrer Lösung einstellen, wird niemand aktiv, weil der Glaube an die Wirkkraft von Wu wei als ausreichend angesehen wird, der eigene Aktionen unnötig macht. Gut, es gibt beim Nichthandeln Situationen, denen gegenüber Sie tatsächlich ohnmächtig sind. Hier wird die Magie des Tao wirksam, weil die Beteiligung des eigenen Handelns gar nicht möglich ist. Die Problematik des von Emerson gezeichneten Syndroms besteht in der Ausschließlichkeit, mit der ein Mensch mit einer bestimmten Wahrheit umgeht. Wenn Sie einzig auf Wu wei vertrauen und den Dingen grundsätzlich, ohne einzugreifen, ihren Lauf lassen, dann haben Sie Ihren Geist auf das Niveau eines Zombies reduziert. Ein Bewusstsein, das nur noch in einer einzigen Kategorie – dem Nichthandeln – fühlt und denkt, kränkelt, denn Wu wei ist ihm keineswegs zur Lebenshilfe geworden – es ist zum Fluchtweg pervertiert.

Wer dem WEG folgen möchte, muss einige Dinge lernen: Der Taoismus ist eine Philosophie, eine Lehre der Lebenskunst, er ist keine Religion, keine Sekte, und – das ist wichtig, dass es verstanden wird – er ist kein Glaubensbekenntnis! Ihn in seine Bestandteile zu zerlegen und nur das attraktive Nichthandeln für die eigene Lebenspraxis herauszuschälen hieße, genau in jene Falle zu tappen, vor der Emerson mit so harten Worten warnt. Ehe Sie – ich darf Sie in diesem Zusammenhang direkt ansprechen –, ehe Sie in Ihrem Inneren diesen leeren Raum entdeckt haben, in dem das Tao wohnt, den Raum, der nur als leer empfunden wird, weil der Urgrund unbeschreiblich ist, nützen Ihnen alle Vorstellungen vom Nutzen des Nichthandelns nichts. Die drei Säulen des Taoismus gehören untrennbar zusammen. Ihr Handeln folgt den Impulsen, die, wie Richard Wilhelm in seinem Vorwort zum *Tao te king* sagt, von jenem metaphysischen Grund in Ihnen aufsteigen. Chi, das Leben, die alltäglich stattfindenden Ereignisse um Sie herum und fern von Ihnen, das sind ebenfalls Sie. Dies wäre die nächste Einsicht, für die es ein feines Gefühl zu entwickeln gilt. Wenn Sie dann, aus dieser homogenen Geisteshaltung heraus, die Probleme Ihres Lebens zu Wort kommen lassen – und dort aktiv werden, wo Sie Handlungsbedarf erkennen –, dann realisieren Sie Nichthandeln, ohne dass es Ihnen zum allein selig machenden Glaubenssatz wird und Ihren Geist verkrüppelt. Also Vorsicht: *Wu wei – vor Missbrauch wird gewarnt.*

Aber damit ist das Thema Wahrheit noch lange nicht abgehandelt. Sie hat mindestens so viele Facetten wie ein perfekt geschliffener Diamant. Im Allgemeinen verbinden wir mit der Frage nach der Wahrheit über das Sein die Suche nach einer Religion oder Philosophie, die uns Regeln, am liebsten Rezepte für die Bewältigung unserer Lebensprobleme liefert. Die Wahrheit an sich interessiert uns ehrlich gesagt nur dann, wenn Aussicht darauf besteht, dass sie beruhigt, dass sie Ungewissheiten auf glaubhafte, plausible Art beseitigt. Bereits die Vorstellung von einer Welt, die völlig anders beschaffen sein könnte, als unsere Schulweisheit es lehrt, verunsichert uns genug, um uns die Gelüste nach der absoluten Wahrheit auszutreiben. Wenn das so ist, wie wir zu ahnen beginnen, wollen wir es gar nicht so genau wissen. Da glauben wir lieber die Dinge, die seit Jahrtausenden überliefert sind, nach dem Motto, so viele Generationen von Priestern und Philosophen können sich nicht irren. Zumal die Weltreligionen in ihrem Kern nicht unbedingt weit auseinanderliegen. Es wird ein Schöpfer angenommen, der als eine überhöhte Person definiert wird, der gigantische Eigenschaften zugeschrieben werden. Religion lässt sich ausgezeichnet als Machtmittel benutzen. Man ernennt sich zum Statthalter dieses Schöpfers auf Erden und sorgt dafür, dass das Volk glaubt, was verkündet wird. Wollte ich eine neue Religionsgemeinschaft gründen, brauchte ich bloß – wie im Sonderangebot des Supermarktes – ein paar Sachen zusätzlich offerieren, attraktiver und vor allem billiger als die anderen, billiger im Sinne von müheloser. Über einen Mangel an Zulauf brauchte ich mir keine Sorgen zu machen. Aber auch ohne die fragwürdigen Gurus haben sich im Zuge der New-Age-Welle viele Menschen den östlichen Lehren zugewandt, einfach weil sie weniger konservativ sind und ohne einen rachsüchtigen Gott auskommen. In der Buddha-Natur oder in den nach Rollen geteilten Götterfiguren des Hinduismus bekommen die Gläubigen Leitbilder angeboten, die mit sparsameren Drohgesten für das nächste Leben die kontrollierende christliche Vatergestalt ersetzen.

Wie soll nun jemand die Wahrheit über die Zusammenhänge unserer Existenz herausfinden, ohne dass er sich von diesem Sicherheitsgerüst der etablierten Lehren und den vielen tausend Seiten philosophischer Abhandlungen trennt? Nun, ohne diese Trennung gibt es nichts herauszufinden. Die Wahrheit lässt sich auch nicht wie eine Patchworkdecke zusammenstückeln, indem ich mir von jeder Lehre die glaubwürdigsten Elemente herausgreife und mir daraus ein privates spirituelles Weltbild bastle. Wenn mein Geist zur Wahrheit über das Sein durchdringen soll, muss ich alles Wissen über diese Dinge vergessen. Ich muss mich dem absoluten Nichtwissen in Bezug auf religiöse und existenzphilosophische Fragen verschreiben. Dann ist mein Geist frei, selbst die Wahrheit zu entdecken. Jeder Mensch könnte das herausfinden. Vorausgesetzt, er ist fähig, absolut unvoreingenommen die Informationen aus dem Nichts auf sich einwirken zu lassen. Was dort draußen in der Unendlichkeit existiert, hat verzweifelt mehr Ähnlichkeit mit dem Nichts als mit unseren aus einer Mixtur von Wunschdenken und Lebensangst geborenen Illusionen über das Sein.

Wenn Sie offen sind für den Hauch der Erkenntnis, die aus dem Unendlichen Ihren Geist berührt, werden Sie eine weitere Hürde entdecken, die überwunden werden will. Was sich aus der Tiefe der Schöpfung Ihnen mitteilt, hat nämlich wenig Ähnlichkeit mit den Lehren, die Sie kennen. Das erste neue Grundgefühl einer beginnenden Einsicht in das Wesen des Schöpfergeistes ist die Wahrnehmung einer ungeheuren Einsamkeit. Sie spüren unversehens, dass Sie im Universum allein sind. Ihnen wird intuitiv erschreckend klar, dass Ihre gesamte Welt, Ihr ganzes Erleben, Ihre Mitmenschen, das globale Geschehen, das Universale bis hin zur Geburt von Sternen alles einzig Sie selbst und einzig nur Sie allein sind. Ihr Gefühl als Mensch, als Individuum, so wird Ihnen in dieser Sternstunde der Einsicht klar, ist original das Gefühl des Grundes, und es ist ebenso original das Gefühl aller anderen Dinge und Lebewesen. Einfach, weil dies alles Sie selbst sind und es noch nie etwas anderes als Sie gegeben hat. Diese Einsicht, vor allem das Gefühl der Einsamkeit, ist erschreckend. Dem ersten Schock einer solchen Einsicht folgen weitere, wie paradox anmutende Eingebungen: Werden und Vergehen, der Ablauf der Zeit, Sein und Nichtsein, Stattfinden und Nichtstattfinden sind von einem Schöpfergeist erfundene Polaritäten, die sich gegenseitig aufheben. Daher rühren auch die taoistischen Paradoxa vom Pferd, das sowohl ein Pferd als auch kein Pferd und darüber hinaus weder ein Pferd noch kein Pferd ist. Auf das Sein übertragen würde das bedeuten: Ihr Bewusstsein wird niemals sterben, weil es nie geboren wurde, Zeit ist eine Illusion, die nur dieses Bewusstsein erzeugt, das gar nicht Ihres ist, Ihr Leben geht von einem einzigen zeitlosen kosmischen Punkt aus, der Sie selbst sind. Sie können weder werden noch vergehen in diesem Spiel, das vom Verstand nicht zu verstehen ist. Ihnen wird bestürzend klar, dass Sie als das Individuum, für das Sie sich bisher zeitlebens hielten, ungefähr so viel Bedeutung haben wie eine Blaumeise.

Die Kehrseite dieser wahrhaft außergewöhnlichen Einsicht – die Ihnen auch kein anderer Mensch lehren kann, die Sie spüren müssen, die Sie erlebt haben müssen, um sie zu realisieren –, die positive Kehrseite der Erkenntnis ist die Tatsache, dass Sie das kosmische Spiel, das wir Leben nennen, mit einem anderen Satz Karten zu spielen lernen. Sie und Ihre Mitlebewesen, die ebenfalls Sie sind, können nach Lust und Laune miteinander kommunizieren und sich wechselweise beeinflussen. Mit der Bedeutungslosigkeit Ihrer subjektiven Individualität wächst Ihre objektive und damit tatsächliche Bedeutung ins Unermessliche. Ohne dem Größenwahn zu verfallen, spüren Sie, wie viel von dieser niemals messbaren Macht Ihnen gehört. Sie wird anders angewandt, als Sie es kennen, und zwar nicht über den Willen. Sie wird aus Ihnen und Ihrem Erleben des Stattfindens heraus wirksam.

Wahrheit ist ein zu faszinierendes Thema, als dass ich an dieser Stelle schon damit aufhören möchte. Meine vorausgegangenen Notizen dazu bestehen im Grunde aus einer nach oben offenen Liste von Fragen, die zahllose Generationen von Denkern und Philosophen zu beantworten versucht haben. Drehen wir den geschliffenen Diamanten um die eigene Achse, und schauen wir nach, was auf der Rückseite aufleuchtet.

Die berühmte Frage des Pilatus «Was ist Wahrheit?» steht nach Jahrtausenden noch immer im Raum, ohne dass die Experten den Menschen mehr als Glaubenssätze geliefert hätten. Wenn Sie Wahrheit mit Realität gleichsetzen und die diversen Auslegungen untersuchen, will es sogar scheinen, als ob in unserem neuen Jahrtausend Wahrheit auf das Niveau einer subjektiven Geschmackssache reduziert worden wäre. Und noch eine Schwierigkeit beim Versuch einer Bestimmung dessen, was Wahrheit ist und was nicht, kommt hinzu: Wir wollen sie gar nicht immer wissen, jedenfalls nicht vollständig. Irgendwie spüren wir, dass unser Selbstvertrauen einen gehörigen Stoß bekäme, wenn wir uns plötzlich mit einer Welt anfreunden müssten, die zwar noch immer so aussieht, wie wir es gewohnt sind, von der wir aber nunmehr wüssten, wie anders, als wir bisher glaubten, sie jenseits des Sichtbaren beschaffen ist. Uns direkt betreffende Wahrheiten scheuen wir am meisten. Wer könnte von sich sagen, er besitze die absolute psychische Gesundheit, den Persilschein, der ihm einen Charakter ohne Fehl und Tadel bescheinigt? Gut, wir halten uns nicht unbedingt für vollkommen, und kleinere Fehler gestehen wir uns im Großen und Ganzen auch bereitwillig ein. Gröbere Asymmetrien unseres psychischen Webmusters freilich verdrängen wir lieber, statt sie zuzugeben. Tief im Inneren sind wir uns unserer Unvollkommenheiten zwar bewusst, aber wir unternehmen eine Menge, damit Menschen, an deren Wohlwollen uns liegt, nicht hinter unsere geschickt aufgebauten Kulissen schauen. Unser Bedürfnis nach Wahrheit endet meist dort abrupt, wo sie uns ungeschminkt mit uns selbst konfrontiert.

Ich will mich hier nicht ausschließlich auf die sogenannte «Universelle Wahrheit» konzentrieren, lieber wollen wir uns allgemein mit Wahrheit an sich befassen. Sowenig wir die ungeschminkte Wahrheit über unseren Charakter erfahren wollen, so sehr drängt es viele Menschen zu einer universellen Wahrheit hin. Blicken Sie hinaus in die Welt: Überall, wo selbstberufene Verkünder von sich behaupten, sie besäßen diese Wahrheit, laufen ihnen die Menschen nach wie die Kinder von Hameln dem Rattenfänger. Ich werde nicht auf ein weiteres noch unbesetztes Podest steigen und Anspruch darauf erheben, die Wahrheit zu kennen. Aber ich möchte Sie einladen, an der Untersuchung teilzunehmen, ob dieses mit dem Buchstaben W beginnende Wort überhaupt mehr ist als eine Folge von Geräuschen, die jedermann nach Belieben oder nach dem Stadium seines Verführtseins interpretiert. Fassen wir uns bei der Hand und betreten wir gemeinsam das weglose Land, in dem vielleicht die Wahrheit wohnt. Ich sage vielleicht, weil ich mir gar nicht so sicher bin, ob es im Schöpfungskonzept überhaupt vorgesehen ist, dass ein Sterblicher Einblick in seine Baupläne nimmt. Ich halte es nicht für ausgeschlossen, dass auf der schöpferischen Seite niemand einen Gedanken daran verschwendet hat, ob ein Geschöpf die Geheimnisse des Seins zu entschlüsseln vermag oder ob ihm dies nicht gelingt. Bei der Evolution des menschlichen Gehirns hat nach meinem Gefühl viel zu oft der Zufallsgenerator gewaltet, als dass man bis heute darin mehr als Spuren von Erkenntnis eines schöpferischen Entwurfes finden würde. Vielleicht sollten wir überlegen, wie viel Nutzen uns gegebenenfalls die Offenbarung aller Geheimnisse des Seins bringen würde. Wie glücklich wären wir denn bar jeder Illusion über das Sein? Natürlich wüssten wir gern, was von unserem Wesen fortbesteht und was mit dem Tod endgültig vergeht. Das Leben ist vielfach zu grausam, um das Stattfinden an sich als den ausschließlichen Sinn hinzunehmen. Selbst wenn wir von dem Paradigma ausgehen, dass der schöpferische Urgrund sich in unserem Ich manifestiert, wäre doch die Frage gestattet, warum er sich das alles in der Form antut, in der es geschieht.

Laotses Schriften sind nach meinem Gefühl am ehesten eine Betriebsanleitung zum Verständnis des Seins. Die Philosophie vom Tao ist die Lehre eines Lebens, das den wahren Zuständen der Welt sehr viel mehr gerecht wird als andere Philosophien. Über die Jahrtausende hinweg operierten die Seher und Denker fragmentarisch an Zuständen herum, die es gar nicht gäbe, wenn die Menschen kollektiv mehr Erkenntnis besäßen. Trotz alledem schlummert in uns ein Ahnen von Wahrheit. Erinnern Sie sich? Nach überstandenen Krisen oder auch wenn Ihnen etwas gelungen ist, öffnete sich da nicht manchmal unwillkürlich ein staunender Blick auf die Tatsache Ihres Stattfindens, ein Gefühl des Durchblicks, ein Gefühl von Richtigkeit? Wo in Ihrem Bewusstsein eine Intelligenz aktiv wurde, die nicht in den Gehirnzellen wohnt, die Sie aus einem zeit- und materielosen Raum kommend berührte?

▪ ▪

Weil ich es nicht nach jedem Absatz betone, auch nicht immer zum Schluss eines Kapitels, sollten Sie dennoch nicht den Eindruck gewinnen, ich würde mich vom Leitthema dieses Buches, nämlich der Verwirklichung Ihrer Lebensträume, zu weit entfernen. Ich versuche, Sie mit jedem Abschnitt ein Stück näher an die Realisierung des Wandels Ihrer Lebensumstände heranzuführen. Das Nichthandeln, das damit untrennbar einhergeht, schließt die Einsicht in das Verkehrte Ihres Denkens und Handelns ein. Jeder Abschnitt, unabhängig davon, wie wortreich oder knapp bestimmte Elemente menschlichen Fühlens und Verhaltens beschrieben sind, liefert zugleich einen weiteren Schritt zur Selbsterkenntnis. Und im Erkennen des eigenen Zustandes vollzieht sich die Veränderung.

Träumen, träumen
und vielleicht auch leben

Als ich fünf war, wollte ich Naturforscher werden, zwischen sechs und zehn Jahren schwebte mir, weil ich mit Knetmasse gut modellieren konnte, der Beruf eines Bildhauers vor. Mit vierzehn wusste ich es genau: Ich wollte schreiben. Den Bildhauer hatten mir meine Eltern früher schon ausgeredet, indem sie Szenarien ausmalten, in denen ich als Lehrling eines Steinmetzen in Sichtweite des Hauptfriedhofes Grabmäler meißelte. Zum Thema Schriftsteller wurde ich aufgeklärt, dass man dazu einen zweiten Beruf brauche, mit dem das Geld für die Schriftstellerei hereinkam. Als Beispiel empfahl mein Vater mir die Lektüre der Biographie von Hermann Hesse. Der habe sich auch als Angestellter verdingen müssen, bis es so weit war. Ich brauchte zuerst einen seriösen, einträglichen Beruf, und dann könne man ja weitersehen. Bei Kriegsende hatte ich beim Stöbern auf einem Trümmergrundstück ein wasserbeschädigtes, ziemlich dickes Buch gefunden: «Das Handbuch des Kaufmanns». Ich verschlang förmlich die Inhalte, insbesondere die Kapitel über Finanzwesen, Buchhaltung und Bilanztechnik hatten es mir unbegreiflicherweise angetan. Ich bot kleineren Geschäftsleuten für einen niedrigen monatlichen Betrag an, außer Haus ihre Bücher zu führen und den Jahresabschluss zu machen. Und fand in der Nachbarschaft meines Wohnsitzes immerhin gleich zu Anfang ein halbes Dutzend Kunden, mit deren Honoraren ich mein Überleben während der Studienzeit finanzierte. Später kamen ein paar größere Unternehmen hinzu, zwei der Kunden planten Um- und Neubauten, und mir wurden die Formalitäten der Baugesuche übertragen. So geriet ich immer mehr ins Fahrwasser eines beratenden Berufes. Den ich nach der Anfangsphase, die ich teils in festen Arbeitsverhältnissen verbrachte, ein halbes Leben lang ausübte. Der Traum vom Schriftsteller schien ausgeträumt zu sein. Doch nicht ganz. Mit achtzehn hatte ich einen dreijährigen Fernkurs «Technik der Erzählkunst» begonnen, den ich trotz aller anderen Belastungen bis zum Ende durchhielt. In den kommenden Jahren gab es immer einmal wieder Ansätze, Schreiben gegen den Kommerz auszutauschen, aber mir fehlte damals, ehrlich gesagt, der Mut zu diesem Schritt. Es war sicherer und bequemer, in den eingefahrenen Gleisen zu bleiben. Ich musste fünfzig und älter werden, und es brauchte den Ausstieg aus dem Beruf und später einen zweiten Ausstieg aus dem sogenannten «Leben auf dem Lande», bis ich zur Besinnung kam, endlich meinen Lebenstraum realisierte und ohne Rücksicht auf Verluste aktiv mit Schreiben begann.

Ohne die Einsicht in die Lebenskunst des Tao wäre dieser Schritt nicht gelungen. Als ich zu schreiben anfing, hatten wir unsere Heimat verlassen und waren, ausgestattet nur mit einem kleinen Finanzpolster, das leider bald verbraucht war, in die Vogesen gezogen. Wir hatten uns ins finanzielle Nichts hineingewagt, die künftigen Einkünfte mussten aus meiner Arbeit als Schriftsteller kommen – ein ziemlich riskantes Unterfangen. Im Herbst des ersten Jahres war es dann auch so weit. Zwischendurch waren immer einmal Situationen von Geldknappheit aufgetreten, aber irgendwie kam so viel herein, dass es die Kosten deckte. Einmal brachte die *Badische Zeitung* eine Kurzgeschichte von mir, in der Illustrierten *Quick* erschien ein Krimi, den ich geschrieben hatte, auch der eine oder andere frühe Beitrag zum Taoismus fand in esoterischen Zeitschriften Abnehmer. Den Samstag, an dem uns endgültig das Geld ausging, werde ich nie vergessen. Auf der Bank lautete der Kontostand null, im Geldbeutel klimperten noch ein paar Münzen, das war alles. Wir warteten noch den Briefträger ab, ob via Post etwas einging, aber auch hier Fehlanzeige. «Jetzt bin ich aber neugierig, wo diesmal Geld herkommen soll», sagte ich. Es kam auf völlig unerwartete Weise, und zwar von unserem Nachbarn. Jean, einem Lehrer aus Nancy, gehörte das kleine Ferienchalet, das auf dem Nachbargrundstück stand. Wir hatten ein gutes Verhältnis zu ihm und seiner Familie. An diesem Samstag trafen sie gegen Mittag ein. Auf unserem Grundstück standen zwei gewaltige Apfelbäume, und die Wiese war übersät mit Fallobst. Ich bot dem Nachbarn an, sich zu bedienen. Er könne so viele Äpfel einsammeln, wie er zu transportieren vermöge. Ja, sagte er, gerne, wenn er richtig zugreifen dürfe, würden sie sich das Obst für Apfelsaft oder sogar zum Brennen eines Schnapses holen kommen. Wir gaben ihm noch zwei Gläser selbst geernteten Honig mit. Während wir zu Mittag aßen – die letzten Lebensmittel verbrauchend –, kam Jean herüber und legte uns dreihundert Franc auf den Tisch. Das war umgerechnet ein deutscher Hunderter. Wir wehrten anstandshalber ab, aber er bestand darauf, die vielen schönen Äpfel und natürlich den Honig zu bezahlen. Sie ahnen gar nicht, wie schnell wir im Auto saßen und zu Leclerc in der kleinen Stadt fuhren, um unsere Vorräte aufzufüllen. Den Winter über gingen ein paar Beträge ein. Ein mit uns bekannter Bauer schenkte uns ein großes Einmachglas voller Griebenschmalz, mit dem wir monatelang unsere selbst gezogenen Kartoffel braten und ergo satt werden konnten. Von dieser Phase an ging es langsam, aber kontinuierlich bergauf. Nicht in einer steilen Parabel, die ohne einen Bruch verlief. Die Kurve, hätte ich sie zu Papier gebracht, wies Jahr für Jahr auch immer wieder einmal abfallende Werte aus. Doch auf der großen Linie hatte ein Wachstum eingesetzt, das bis zum heutigen Tag fortbesteht. Es wird in den nachfolgenden Kapiteln noch genug über die durchlebten Höhen und Tiefen zu berichten geben.

Kürzlich schrieb mir ein Leser, er wünsche sich so sehr ein Boot, damit er eine Weltumsegelung machen könne. Aber es fehle ihm an den Mitteln, und auch sonst gebe es noch Schwierigkeiten. Ob da das Tao etwas tun könne? Ich schätzte dem Briefstil nach den Schreiber auf zwanzig, höchstens fünfundzwanzig Jahre ein und freute mich, dass sich wieder ein junger Mensch meldete, der bereits Kontakt zu den Gedanken des Taoismus gefunden hatte. Ich schrieb ihm ein paar ermunternde Sätze. Bald darauf bekam ich einen zweiten, ausführlichen Bericht, der eine katastrophale Misere dokumentierte. Er war erstens bereits Ende vierzig, zweitens pleite, ohne dass er es direkt zugab, und er klagte, dass in seinem Beraterberuf nacheinander alle Kunden ihre Aufträge stornierten. Laut meinen Schriften müsse das Tao doch hier zum Eingreifen gebracht werden. Ich antwortete diesmal ausführlich und bat ihn unter anderem, darüber nachzudenken, welchen Anteil eigenes Verschulden an seiner Situation habe. Das Tao wirkt in unseren persönlichen Angelegenheiten ausschließlich über unser eigenes Bewusstsein. Unsere innere Klarheit über eine Krise und nichts anderes ist der Katalysator für eine positive Veränderung. Das bedeutet aber, dass ein falsch gezeichnetes Bild von der Lage, weil wir grundsätzlich anderen Leuten, den Verhältnissen oder dem Schicksal die Schuld an unserem Versagen geben, nichts weiter bewirkt als weitere Anfälle von Selbstmitleid. Einzig ein ehrliches «Mea culpa», die Einsicht in die eigenen Fehler, kann hier Abhilfe schaffen. Einmal in der Gestalt von kreativen Ideen, wie fortan den Schwierigkeiten zu begegnen ist, und zum anderen, indem unsere Wahrnehmung des Problems Ereignisse auslöst, die bisher nur als Tendenzen in der Gegenwart angelegt sind.

Aus einem Roman von Henning Mankell erinnere ich mich an den originellen Satz: *«Sollten Sie nach Westindien segeln, dann sehen Sie zu, dass Sie nie zurückkommen.»* Die Begründung der Warnung vor dem Zurückkommen lautete sinngemäß, dass man sich nach einem Abenteuer dieser Art selten besser fühlt, weil die alte Wahrheit nicht verstanden wurde, dass man nicht vor sich selbst fliehen kann. Der Segeltörn über die Weltmeere gehört zu den Visionen vieler, besonders junger Menschen. Man lässt alle Lasten und Bindungen des eigenen Lebensraumes hinter sich zurück und begibt sich wie einst Kolumbus auf die Reise nach neuen, unbekannten Horizonten. Den frühen Eroberern wurde ihr Schiff samt Mannschaft meistens vom jeweiligen Herrscher ihres Landes zur Verfügung gestellt, gratis und franko, allerdings mit der Bedingung, dass nach der Rückkehr die etwa gefundenen Schätze und Reichtümer der Krone gehörten. Wer heute seinen Traum von Westindien im eigenen Boot realisieren will, muss die Kosten selbst aufbringen. Ich erinnere mich an meine Jugend und die Diskussionen unter Freunden, die um dieses Thema kreisten. Einem schwebte vor, zu Fuß Italien zu durchwandern und sich von unterwegs gepflückten

Orangen und Bananen zu ernähren. Zwei andere phantasierten davon, auf einem Kreuzfahrtschiff als Schlagersänger anzuheuern und beim ersten Halt in den Tropen vom Schiff zu verschwinden. Ich selber hatte in Verbindung mit meinen Naturforscher-Träumen auch gelegentlich Visionen vom kleinen Theo als Schatzsucher.

Der Mensch verbringt Jahre seines Lebens mit einem Herzen voller Sehnsucht nach neuen Ufern, nach Abenteuern und der Veränderung eines Lebens, das entweder von Anfang an in vorgegebenen endlosen Bahnen verlief oder sich mit zunehmendem Alter in immer enger werdenden Grenzen abspielte. Unter diesen Umständen bewegen Millionen Menschen Pläne für einen Ausbruch aus einem langweiligen, sich ständig wiederholenden Dasein im Herzen. Der prozentuale Anteil der Menschen, die letztlich zur Tat schreiten und denen es gelingt, ihren Traum von der Reise in die Ferne wahrzumachen, ist nicht bekannt, er dürfte aber, gemessen an der Zahl der Einwohner eines Landes, nicht besonders hoch sein. Was statistisch gesehen bedeutet, dass die Enttäuschung, das Gefühl der Leere nach einer mit allen Mitteln erfüllten Sehnsucht keine weit verbreitete Erfahrung ist. Der Traum von Westindien oder der Südsee wird vom alten Wesen des Menschen geträumt, jenem Wesen, das, uneins mit sich selbst, wähnt, irgendwo anders würde es sich vom Entlein in einen Schwan verwandeln. Nur die kleine Gruppe derer, die ihre Pläne verwirklicht, erfährt am eigenen Gemüt, dass Flucht keine Antwort ist. Die anderen beneiden weiter die Sieger und verfolgen die Berichte ihrer Erfolge. Wer genug Geld hat, kann heute eine Tour auf den Mount Everest machen oder zu gefährlichen Expeditionen irgendwo in der Wildnis aufbrechen. Die Menschen lassen sich zu den verrücktesten Unternehmungen verleiten, und nur Freud und seine Berufskollegen könnten erklären, was in einem Menschen vorgeht, der sich auf solche Abenteuer einlässt. Unterzöge man die Teilnehmer solcher Exkursionen nach ihrer Rückkehr einem psychologischen Test und bekäme statt euphorischer Begeisterung ausnahmsweise die Wahrheit zu hören – ich glaube, da kämen Einsichten ans Tageslicht, die für die Veranstalter derartiger Reisen keineswegs umsatzfördernd sind.

Anstelle von Westindien offeriert unsere Gesellschaft einen näher liegenden Traum: den Lottogewinn. Von ihm zu träumen ist billiger als ein Segeltörn über die Meere, und Abermillionen tun dies regelmäßig. Wer grundsätzlich eine bestimmte Zahlenreihe tippt, kann schon aus Furcht davor nicht mehr aufhören, die Zahlen würden eines Tages fallen, wenn er mit Tippen aussetzt. Nicht dass ich etwas gegen Lottospielen hätte, die Problematik steckt in der Illusion, die das Spiel erzeugt. Keiner unter uns rechnet jede Woche damit, er könne tot umfallen. Und doch ist die Wahrscheinlichkeit, dass dies passiert, deutlich höher als die eines Lottogewinnes. Das Argument, dass aber doch bei beinahe jeder Ausspielung jemand gewinnt, sticht nicht, denn im gleichen Zeitraum fallen deutlich mehr Personen tot um. Die Menschen geben mittwochs und/oder freitags ihren Tippschein ab und fiebern jede Woche der Ausspielung der Lottozahlen entgegen, in der Hoffnung, dass ihnen der große Gewinn zufällt. Man ist mit der ständig wiederkehrenden, sich Woche für Woche erneuernden Hoffnung zufrieden, wider alle Wahrscheinlichkeit doch noch zu gewinnen.

Was hat der Traum von Westindien mit der Hoffnung auf einen Lottogewinn zu tun, da dies doch grundverschiedene Phänomene sind? Das sind sie tatsächlich. Auf den ersten Blick. Aber unter der Oberfläche sind die Motive der Träume dennoch nahe miteinander verwandt. Weil es allesamt Fluchtwege sind. Hilfsmittel zur Flucht vor sich selbst und vor der Misere der eigenen inneren Situation. Schauen Sie: Unsere psychische Struktur ist auf einer bestimmten Ebene so seltsam beschaffen, dass der nicht eingetretene Lottogewinn uns weniger mit uns selbst konfrontiert als das Erreichen eines in weiter Ferne liegenden Ortes. Das Lottospiel ist wiederholbar, es erneuert sich kontinuierlich und konfrontiert uns nicht mit einem Endpunkt. Anders verhält es sich bei einer Reise zu fernen Gestaden. Der Ankunft am Ziel wohnt etwas Endgültiges inne. Aus der Traum. Der Reisende hat keinen Fluchtweg mehr. Er spürt, dass er noch immer der gleiche Mensch ist, der er vor dem Aufbruch war. Außer dem Schauplatz hat sich nichts verändert.

Zu welchem Resultat führen die vorausgegangenen Überlegungen? Was macht Sinn? Was macht keinen? Wie erlebt ein dem taoistischen Gedankengut nahestehender Mensch diese Phänomene von Sehnsucht, Traum und Erfüllung? Was unternimmt er, was lässt er sein? Fragen über Fragen. Erkennen Sie an dieser Stelle bereits, wo sich der grundlegende Fehler versteckt? Achten Sie einmal darauf: In Ihren Träumen sind Sie nicht der gleiche Mensch, als den Sie sich in einer seltenen Stunde der Wahrheit erkannt haben. Ihre Visionen – und hier ruht der grundlegende Fehler, der immer wieder zu Enttäuschungen führt – basieren auf den Plänen eines Menschen, der nur in Ihrer Phantasie existiert. Bevor Sie träumen, existiert das Bild eines Träumers, das bereits Illusion ist. Sobald Sie sich entschließen können, an die Stelle der zum Zwecke des Träumens erfundenen Gestalt sich selbst zu setzen, und zwar genau so, wie Sie tatsächlich beschaffen sind, mit allen Ihren Eigenheiten – sobald Sie das tun, wird in Ihrem Leben etwas wirksam, das ich Authentizität nennen möchte. Dann nämlich wird der Träumer keine Phantasiegestalt mehr sein, der echte Mensch ist am Werk. Seine Träume suchen keine Fluchtwege in Phantasiewelten auf, sie sind so echt wie der Mensch, der sie zu träumen beschlossen hat. Und zwar im vollen Wissen seiner Stärken und Schwächen und ohne jeden Versuch, die vorhandenen Tatsachen zu leugnen oder zu fälschen. Diese zu sich selbst absolut ehrliche Geisteshaltung öffnet einer Art von Träumen die Tür, die sich durch einen wesentlichen Faktor von den anderen unterscheiden: Sie sind realisierbar – und sie lassen Sie nicht frustriert dastehen, wenn Sie am Ziel sind. Der Mensch des Tao wird keine Probleme haben, einen Lottoschein abzugeben. Aber er wird niemals sein künftiges Wohlergehen von dieser geringen Chance abhängig machen. Er wird bessere Wege zur Gesundung seiner wirtschaftlichen Situation finden. Der echte, der authentische Mensch und nicht das Phantasiegebilde eines nicht existierenden Selbst wird die Ziele erreichen, von denen er träumt.

◾ ◾

Mit dem Gesagten könnte leicht der Eindruck entstehen, es wäre besser, von Träumen wegen ihres trügerischen Charakters ganz die Finger zu lassen. Abgesehen davon, dass dies gar nicht möglich ist, weil Träumen, wach oder schlafend, eine der unumgänglichen Lebensäußerungen unserer Psyche ist, wäre es dumm, Träume zu verteufeln, nur weil sie auch eine Schattenseite haben. Wir wollen darum ein Stück tiefer in die Traumwelt eindringen. Schauen wir uns als Erstes den berühmt gewordenen Traum von Chuang tzu und dem Schmetterling an:

Einst träumte Chuang tzu, dass er ein Schmetterling sei, ein flattern-der Schmetterling, der sich wohl und glücklich fühlte und nichts wuss-te von Chuang tzu. Plötzlich wachte er auf: Da war er wieder wirk-lich und wahrhaftig Chuang tzu. Nun weiß ich nicht, ob Chuang tzu geträumt hat, dass er ein Schmetterling sei, oder ob der Schmetterling geträumt hat, dass er Chuang tzu sei, obwohl doch zwischen Chuang tzu und dem Schmetterling sicher ein Unterschied ist. So ist es mit der Wandlung der Dinge.

Diese Geschichte hat eine tiefere Bedeutung, als es auf den ersten Blick erscheint. Nicht umsonst haben Chronisten und Übersetzer die Geschichte bis in unsere Tage hinein bewahrt. Es ist nicht nur eine heitere Anekdote, die der skurrile Weise sich da ausgedacht hat. Die wenigen Sätze, in denen Chuang tzu, von sich in der dritten Person redend, die kleine Szene beschreibt, enthalten eine extrem komprimierte und folglich beinahe explosive Erkenntnis. Mich fasziniert dabei, dass der Chinese, sofern die Daten nicht trügen, ein Zeitgenosse Platons gewesen sein könnte. Und in den Schriften des griechischen Philosophen finden sich frappierende Parallelen zum taoistischen Denken. Filtert man aus Platons Ideen die Ein-flüsse seiner Vorgänger Diogenes und Aristoteles heraus, bleibt übrig, was er offenbar aus sich heraus intuitiv erkannte – und was dann sichtbar wird, ist nahezu identisch mit den Einsichten eines Laotse und Chuang tzu. Wir finden bei Platon – vereinfacht aus-gedrückt – eine Schöpfungstheorie vor, die vom göttlichen Traum eines Universums ausgeht, der zur Wirklichkeit wurde. Und Pla-ton beschreibt Gott als die Weltseele, aus der die Erscheinungen und insbesondere die Individuen hervorgehen und die daraus ein eigenes, selbständiges Bewusstsein entwickeln. Analog dem Tao-ismus sagt er hier aus, dass der göttliche Geist sich vom Traum eines Universums in das tatsächlich existierende verwandelt hat. So ließe sich entsprechend sagen, dass die Lebewesen unserer

Welt der fleischgewordene Traum des Tao sind. Und an dieser Stelle setzt wieder Chuang tzus Einsicht von der Ungewissheit ein, wessen Bewusstsein nun den Traum vom Schmetterling träumt. Konsequent auf Platons und Laotses Schiene weitergedacht, ergibt sich die verblüffende Antwort: Es ist völlig gleichgültig, wer hier träumt. Chuang tzu ist der Schmetterling – und der Schmetterling ist Chuang tzu. Es ist der Traum des Tao, aus dem beide, mit einem subjektiven Bewusstsein ausgestattet, ihre Existenz hinterfragen. Physikalisch leuchtet die Philosophie vom Traum des Schöpfers sogar ein. Auf der kleinsten materiellen Ebene besteht das Universum samt unserer werten Person, wie bereits an anderer Stelle erwähnt, mehr oder weniger beinahe ausschließlich aus Zwischenräumen, aus Leere. Was uns so stabil und wirklich erscheinen lässt, ist einzig der Tanz von Elementarteilen, deren Struktur wiederum so gut wie ausschließlich aus Leerräumen besteht. Und wer also lässt die Teilchen tanzen?

Ob nun Platons Gott das Universum im Schlaf des Unendlichen träumte oder ob es ein Wachtraum war, bleibt wie der ganze Schöpfungsvorgang ein Mysterium. Uns Menschen wurden beide Fähigkeiten zuteil. Da sind zum einen die Träume, die uns während des Schlafes heimsuchen. Sie treten aus dem Unbewussten hervor und bringen unverarbeitete, vielleicht verdrängte Szenarien an die Oberfläche des schlummernden und darum wehrlosen Bewusstseins. Diese Träume teilen sich uns in ihrem eigenen Code verschlüsselt mit – und es gibt einen ganzen Forschungszweig, der sich mit der Ausdeutung dieses Phänomens beschäftigt. Solche Träume sind uns nicht immer willkommen, weil sie oft genug Dinge berühren, die wir lieber vergessen würden. Doch wie zum Ausgleich der unangenehmen Träume besitzen wir die Gabe, in wachem Zustand zu träumen. Unser Gehirn hat von der Evolution die Fähigkeit mitbekommen, uns mit offenen (oder geschlossenen) Augen die abenteuerlichsten Szenarien auszumalen. Alle Information, alles Wissen, das wir uns lebenslang angeeignet haben, steht als Material für unsere Wachträume zur Verfügung. Auf einer Weihnachtskarte, die uns vor dem Fest erreichte, war ein Zettel mit dem folgenden Spruch von Mark Twain aufgeklebt:

Trenne dich nie von deinen Träumen.
Wenn sie verschwunden sind,
wirst du zwar weiter existieren,
aber aufgehört haben zu leben.

Meine erste Reaktion auf den Text und auf Mark Twain war der Gedanke: «Da ist jemand aufs Pferd gesprungen und auf der anderen Seite gleich wieder herunter.» Mir erschien der Spruch – vielleicht wegen der überzeugten Kraft, die seiner Formulierung innewohnt – zu kategorisch, zu einseitig und infolgedessen zu missverständlich. Auch mögen Sie annehmen, aus taoistischer Sicht würde die Vorstellung, seinen Träumen zu folgen, zugleich die Abkehr vom Ideal des Menschen bedeuten, der ganz und gar im Jetzt lebt und sich Visionen nicht gestattet. Aber mit dieser Idee, von Träumen müsse man Abstand nehmen, würden Sie gründlich falsch liegen. Dem Taoismus fehlt der Bierernst des Moralisten und Bußpredigers. Wer zu seinen Ansprüchen an ein glückliches, erfülltes Leben steht, braucht auch seine Träume. Ein Leben ohne Träume wäre dürr wie eine endlose Steppe. Sie sollen unser bewusstes, waches Erleben begleiten, es beflügeln, erwärmen, sie sollen synchron laufen mit dem, was geschieht, mit dem, was ist. Wir brauchen sie wie den prachtvollen, glutroten Sonnenuntergang oder den milden Duft des Frühlingswindes.

Hier wird der Kritiker die Stimme erheben und auf Widersprüche hinweisen: Träume wären die gröbsten Hindernisse unserer Realitätswahrnehmung, sie wären Fluchtwege vor den Problemen des Lebens, Schädlinge, welche uns vorgaukeln, wir würden handeln, wo wir nur phantasieren. Nun, wie die meisten Dinge haben auch unsere Träume zwei Seiten. Ob sie uns Feinde oder Freunde und Weggefährten sind, hängt davon ab, wie wir mit ihnen umgehen. Wenn wir uns verhalten wie das Kind in der Schule, das verträumt aus dem Fenster blickt, statt dem Unterricht zu folgen – dann ist das zwar recht liebenswert, aber wir versäumen dabei Teile unseres Lebens. Wir bekommen dann zu Recht die Note «Ungenügend» im Fach «Aufmerksamkeit». Wachträume werden besonders Menschen zum Ersatz für das reale Leben, denen das

Schicksal Erfolgserlebnisse im Beruf, in der Liebe oder überhaupt Anerkennung versagt. Da erschafft sich das Gehirn seine Ersatzwelten, in denen Misserfolge nicht zugelassen sind. Das tatsächliche Leben verläuft via Autopilot, die notwendigen Aktivitäten werden reflexartig, automatisch besorgt, während der Geist des Enttäuschten, von seinem Geschick Frustrierten seine Befriedigung in selbst erfundenen Filmhandlungen findet, die ihm keiner nehmen kann. Wenn Wachträume zum Ersatz für Leben werden, sind sie in der Tat zu Fluchtwegen vor der Realität geworden. Und wer diesen Weg wählt, im Wahn, Lösungen für die Misere seines Daseins gefunden zu haben, die zumindest nichts kosten – täuscht sich gewaltig: Der Preis notorischer Abwesenheit von der Wirklichkeit ist hoch. Der Träumer bezahlt mit seiner Chance, das Schicksal doch noch zu wenden, und verpasst damit sein Glück.

Dennoch wäre es äußerst töricht, Wachträume nur darum zu verdammen und als einen Bestandteil der Lebensqualität abzulehnen, weil eine leider zu große Zahl von Zeitgenossen diese Fähigkeit missbraucht. Das hieße auf anderer Ebene etwa, den Genuss eines guten, ausgereiften Weines wegen seiner verheerenden Wirkung auf Alkoholiker zu verteufeln. Immerhin ist richtig und genussvoll zu träumen eigentlich eine kleine Kunst. Ich brauche keine Hemmung zu haben, mich in wohligen Träumen zu verlieren, wenn meine Stimmung danach ist. Es macht Freude, an Szenen herumzuspinnen, in denen ich eine andere Rolle als im tatsächlichen Leben spiele. Es bleibt mir überlassen, in Stunden der Muße zu entscheiden, ob ich, statt zu lesen oder fernzusehen, lieber tagträume. Wenn die Pflicht wieder ruft oder etwas anderes mich aus meinem Traum aufstört, ist der entscheidende Punkt, ob mir klar bewusst ist, dass ich zum Vergnügen, zum Zeitvertreib geträumt habe. Es darf kein Hauch von Illusion zurückbleiben, die mir etwa suggeriert, ich hätte diese Szenen tatsächlich erlebt. Ich bleibe mir bewusst, dass ich eine Zeit lang das Jetzt mit einem meiner Lieblingsträume verbracht habe. Und ich bin mir absolut darüber im Klaren, dass solche Ausflüge meiner Phantasie keine Handlung sind – und vor allen Dingen, dass sie auch nicht das Geringste an tatsächlichen Zuständen verändern werden. Würde ich etwas Derartiges annehmen, geriete ich in die Falle des «Positiven Denkens». Der Apotheker Emile Coué, Begründer dieser Idee, benutzte seine Methode ausschließlich für die Gesundheit, während später der Geistliche Norman Vincent Peale und seine Trittbrettfahrer die Techniken des Positiven Denkens auf alle Lebensbereiche ausdehnten. Sie verkündeten, man brauche sich seine Wünsche und Visionen nur sehr plastisch vorzustellen und so zu denken, als seien sie bereits Wirklichkeit geworden – dann würde sich das imaginierte Szenarium tatsächlich real binnen kurzem einstellen. Und das tut es eben leider nicht. Wir verweigern im Gegenteil mit derartigen Träumereien dem Immunsystem unseres Geistes die Informationen über etwa vorhandenen Notstand. Das heißt, ich bewirke mit dem Glauben an die Wirkung plastischer Visionen eher das Gegenteil des erstrebten Effektes.

Sollte mich jemand drängen, den Königsweg des Träumens zu beschreiben, dann würde ich jene unserer Visionen dazu erklären, die wir zwar als Phantasieprodukte betrachten, die sich aber sehr, sehr nahe an der Realität bewegen. Hier möchte ich nochmals zu Chuang tzu und seinem Schmetterling zurückblenden. Wachträume, in denen wir nicht mehr zwischen innen und außen unterscheiden, sind zwar immer noch Einbildungen, aber sie bewegen sich synchron mit den Tatsachen. Wo Traum und Realität zu einer Einheit zusammenfließen, gibt es auch den Konflikt zwischen beiden nicht mehr. Es gibt auch keinen Widerspruch zwischen potenziellen künftigen Ereignissen, die als Tendenzen im Jetzt eingelagert sind und unseren die Zukunft betreffenden Wünschen und Sehnsüchten. Niemand verwehrt uns unsere Visionen oder schreibt vor, wie diese beschaffen sein müssen. Unser lebhaftes Vorstellungsvermögen braucht die unsere Pläne und Maßnahmen begleitenden inneren Bilder. Wer das Tatsächliche fest und trotz aller Träume konsequent und aufmerksam im Blick behält, darf sich beliebige Fortentwicklungen der Tatsachen vorstellen. Für den Menschen des WEGES allerdings mit einem gewichtigen Unterschied: Weil er ohne willentliche Beweggründe sowohl träumt, beobachtet wie auch handelt, gibt es zwischen diesen Elementen der Lebensentfaltung keine Kluft. Ein von allen Konditionierungen

freier Geist bewegt sich spontan und unabhängig von der kalku-
lierenden Gier des Verstandes. Dem Träumen, Wahrnehmen und
Handeln eines unverkrüppelten Geistes wohnt die Leidenschaft des
Schöpferischen inne. Und diese Leidenschaft wird ihn zu seinen
Zielen tragen, solange er der Realität hellwach und offen begegnet
und seine Träume nicht als Fluchtwege benutzt.

Im Zusammenhang mit Ihren Träumen gibt es noch ein anderes
Phänomen, das Beachtung verdient. Etwas, das ein Zwischen-
stadium zwischen dem realen Leben und einem Tagtraum ist. Ich
möchte Sie nach Ihrem Ersatzleben fragen, richtiger: Ob Sie eines
haben? Wovon ich rede? Ich rede davon, dass Dinge, mit denen Sie
sich regelmäßig befassen, je nach Ihrer geistigen Haltung Bestandteil des echten, pulsierenden Lebens sein können, aber ebenso gut
als *Lebensersatz*, als Fluchtmittel vor dem realen Leben einsetzbar
sind. Greifen wir aus der Fülle des Materials ein seit Jahrhunder-
ten bewährtes Lebens-Ergänzungsmittel heraus: das Buch. Lesen
kann trösten, aufbauen, unterhalten, bereichern – und es kann
gleichzeitig eine Gefahr für unser reales Erleben sein. Sobald die
Leidenschaft für Bücher und das geistige Nacherleben der Schick-
sale ihrer Protagonisten zum Ersatz für ein eigenes, ereignisloses,
Grau in Grau verlaufendes Dasein wird, gerät jede Art von Literatur zum Lebensersatz. Das individuelle Leben verwandelt sich vom
brausenden Strom mit seinen Windungen, Strudeln und Wellen in
ein totes Gewässer, dessen Oberfläche nur noch die Fata Morgana
eines gelebten Lebens widerspiegelt. An die Stelle des Buches können beliebig andere Mittel treten. Musik zum Beispiel. Es macht
einen gewaltigen Unterschied, ob Musik für mich Erbauung, Genuss, Vergnügen bedeutet oder ob sie mir zum Fluchttunnel wird,
in den ich mich verkrieche, sobald es draußen, außerhalb meiner
Hautoberfläche, nicht so läuft, wie es mir passt. Denken Sie an die
entrückten Blicke mancher Jugendlicher, denen die Ohrhörer wie
festgewachsen in der Ohrmuschel sitzen, die eine Barriere zwischen ihnen und einer wenig aussichtsreichen Zukunft aufbauen.
Oder denken Sie an die Menschen, die endlos lange im Internet

surfen. Hobbys, Wachträume jeder Couleur, Fernsehen natürlich, das Radio, alle Arten von Sport, köstliche Speisen, edle Weine, Tabakwaren – und, nicht zu vergessen, auch der Beruf oder die Beziehung zu einem Menschen können das tragende Element eines Ersatzlebens sein. Jeder von uns benutzt Lebens-Ergänzungsmittel im oben dargestellten Sinne. Das ist gut so, und es ist nicht falsch. Zur Gefahr werden die Dinge, wenn mit ihrer Hilfe ein Ersatzleben gelebt wird, das einen großen Teil des Gefühlshaushaltes eines Menschen beherrscht. Im Tagesablauf eines Realitätsflüchtlings können zwei, drei abendliche Fernsehstunden das empfundene Leben ausmachen, während er den Arbeitstag, vom Aufwachen bis zum Feierabend, in einem Zustand geistiger Abwesenheit, in einer Art Wartestellung verbringt. Für ihn beginnt das «wahre» Leben, wenn er in seinem Lieblingssessel Platz genommen hat und mit der Fernbedienung durch die Kanäle zappt. Eine leider verlogene Behauptung erklärt, je mehr Hobbys ein Mensch habe, desto besser stehe es um seine geistige Gesundheit. In meinen Augen besitzt jemand mit zwanzig Liebhabereien nichts weiter als zwanzig Fluchtwege vor der Realität. Als positives Gegenbeispiel darf ich den vergeistigten Krishnamurti anführen. Seine bevorzugte Lektüre waren Krimis. Wenn er auf Reisen ging, kaufte er sich am Flughafen immer den neuesten Edgar Wallace. Wer sein Leben kennt, kann sich unmöglich vorstellen, dass Krimilesen für ihn Sucht war, obgleich er genügend Zeit dafür gehabt hätte, ihr zu frönen. Die gleiche Aktivität kann beim einen Menschen gelebtes Leben und beim anderen Ersatz für ein ungelebtes bedeuten. Die beiden Phänomene unterscheiden zu lernen und im Falle eines Übergewichtes von Ersatzinhalten für Abhilfe zu sorgen ist der Sinn dieser, wie ich zugebe, nicht besonders bequemen Überlegungen.

Was lässt sich gegebenenfalls tun, wenn jemand merkt, wie sehr er in der Falle eines ersatzweise gelebten Lebens gefangen ist? Was hat das alles überhaupt mit dem taoistischen Denken zu tun? Nun, der Grundcharakter des Nichthandelns ist bekanntermaßen keine Lethargie, kein Aussitzen von Situationen, es ist produktives Tätigsein, also Ausdruck eines Lebens, das aktiv gelebt wird. Blicken Sie auf Ihr Leben und schlüsseln Sie auf, was Sie Tag für Tag tun.

Seien Sie ehrlich zu sich und untersuchen Sie zwei Dinge. Erstens: Wie viele Stunden täglich sind Sie produktiv tätig? Damit meine ich nicht unbedingt, dass Produktivität gleich Mühe und Arbeit ist – ich möchte, dass Sie Produktivität als einen aktiven, hellwachen, bewussten Zustand Ihres Geistes verstehen. Eine Geisteshaltung, aus der heraus Sie arbeiten, aber darüber hinaus auch Ihre Pläne schmieden, Ihren Vergnügungen nachgehen und Ihre Mußestunden genießen. Ein produktiver Geist ist nicht auf der Flucht vor der Realität. Die zweite Sache, auf die Sie den Blick richten sollen, sind Ihre Fluchtreflexe selbst. Jene Ersatzhandlungen, die Sie seit Kindertagen zum Ausgleich für traumatische Erlebnisse anzuwenden gelernt haben. Einst mögen ein Eis, Süßigkeiten, ein neues Spielzeug oder ein Zoobesuch die Hilfe geliefert haben, die Sie brauchten. Diese Reflexe existieren im Erwachsenenalter noch immer in der Psyche. Verändert haben sich nur die Mittel, deren Sie sich bedienen, um der Unlust am wirklichen Leben zu entkommen. Kurz und klar: Finden Sie heraus, was Ihnen die Interessen Ihrer Freizeit bedeuten. Ist es der gleiche produktive Geist, mit dem Sie Ihrem Beruf nachgehen? Oder gibt es da einen Bruch zwischen Arbeit und Vergnügen? Erwacht Ihr Geist erst dann zu einer gewissen Produktivität, wenn es um den Zeitvertreib geht? Während Sie sonst dumpf gestimmt Ihre Pflichten wahrnehmen und erst auftauen, wenn der Tag sich dem Ende zuneigt und Sie diese hinter sich lassen?

Natürlich ist nicht alle Tage Sonntag. Selbst ein ausgeglichenes Gemüt erfährt im Laufe eines Monats seine Höhen und Tiefen. Das Kontrastprogramm des Lebens, erfreuliche Ereignisse, unterbrochen von unerfreulichen, sind und bleiben die Bausteine unseres Erlebens. Auch ein Mensch des Tao wird Streit und Auseinandersetzungen in seinen Liebesbeziehungen haben – der authentische Mensch ist nichts weniger als ein Lämmchen, das vor lauter Harmoniebedürfnis keine Temperamentsausbrüche mehr zulässt. Es wird Konflikte im Beruf und hin und wieder die unvermeidlichen Geldsorgen geben. Doch dies alles ist kein Grund, sich als Ausgleich dafür ein Ersatzleben zu schaffen, das Ihren Geist wie ein chronisches Leiden immer mehr ausfüllt. Gelebtes Leben ist allezeit aktiv, gleich, ob Sie arbeiten, lieben, streiten, über Probleme nach-grübeln oder sich von den Medien berieseln lassen. Ersatzleben ist passiv, unproduktiv, und es ist die Daseinsform eines Menschen, der permanent vor seiner eigenen Situation auf der Flucht ist. Je-mand, der nur noch träumt, weil er aufgegeben hat zu handeln, ja, ich möchte sogar einen Schritt weitergehen, das ist ein Mensch, der sich selbst aufgegeben hat. Zu erkennen, in welchem Maß Sie persönlich ein produktives, bewegtes Dasein führen, ist der Sinn unserer Überlegungen. Und sollten Sie zu ahnen beginnen, dass die Anteile an Lebens-Ersatzmitteln mehr Volumen als die produk-tiven ausmachen, dann schaffen Sie den Ausgleich, indem Sie für das wirkliche Leben die gleiche Leidenschaft entfalten wie für Ihre Fluchtmittel. Lassen Sie mich zum Schluss den Werbeslogan einer skandinavischen Möbelkette für unsere Zwecke umtexten: *Träumst du noch oder lebst du schon?*

■ Lebenskunst

Im Sommer 1997 war es endlich so weit: Wir zogen nach Italien um.
Die einen Kilometer lange, steil bergab führende Zufahrt zu unserem Haus bestand damals nur aus einem lehmigen Feldweg mit
zwei tiefen, von Traktoren hinterlassenen Fahrspuren. Es musste
vor unserer Ankunft geregnet haben, denn der Lehm auf dem Weg
nach unten war glitschig wie Schmierseife. Wir rutschten gefährlich nahe an einer Stützmauer vorbei zu Tal. Die Küche und ein
Zimmer unseres neuen Heimes waren einigermaßen bewohnbar,
und wir richteten uns dort provisorisch ein. Am folgenden Tag kam
unser Hab und Gut in einem voll gepackten Möbelwagen samt Anhänger an. Der Transportunternehmer hatte seine Leute begleitet.
Als er die Wegverhältnisse sah, weigerte er sich, da hinunterzufahren, weil er gewiss nicht mehr hochgekommen wäre. Er drohte, unser Umzugsgut oben in der Nähe der Landstraße abzuladen, und
wir sollten zusehen, wie wir es weitertransportierten. Da geschah
das Wunder dieses Tages: Am oberen Ende des Weges stand der
Bauernhof unseres neuen Nachbarn Franco. Dieser Mann, der uns
noch nie gesehen hatte, erklärte sich bereit, gemeinsam mit den
Möbelpackern auf dem Anhänger seines Traktors die ganze Fuhre
nach unten zu unserem Haus zu transportieren. Der gute Nachbar
war zwölf (!) Stunden damit beschäftigt, Möbel, Pflanzen, Bücherkartons, zwei Keramikbrennöfen und einen Steinway-Flügel zu Tal
zu transportieren.

Filippo, der Vermittler, über den wir unser Anwesen gefunden
hatten, empfahl uns auch einen Muratore, einen kleinen Bauunternehmer, der uns für die Renovierung ein überraschend billiges
Angebot machte, einschließlich Elektroarbeiten und einer Zentralheizung. Aber er weigerte sich, den Weg zu uns herab mit seinem

Lastwagen zurückzulegen, bevor das Sträßchen gemacht wäre. Dies hatten uns nämlich Filippo und einer der Verkäufer namens der Kommune verbindlich zugesagt, sonst hätten wir womöglich gar nicht gekauft. Doch der Winter kam – und was nicht kam, waren die Straßenarbeiter. Wir wohnten Monate in dem einen Raum plus der Küche, Wasser gab es im Brunnen draußen, und die Toilette war in einer kleinen Ruine mit beschädigtem Dach untergebracht. Wir mussten einen Schirm über das «Örtchen» spannen. Davon gibt es heute noch Bilder zu belächeln. Zum Heizen lag genug Holz herum, in der Küche stand ein uralter Herd, und im kombinierten Arbeits-, Wohn- und Schlafraum stellten wir einen mitgebrachten Jötul-Ofen auf. Zum Einkaufen mussten wir die vier Kilometer bis zur Ortsmitte von Murazzano zu Fuß zurücklegen. Bepackt mit zwei Rucksäcken, absolvierten wir jede Woche die acht Kilometer Fußmarsch hin und zurück. Damals räumte kein Schneepflug den Feldweg, wir stapften in Moonboots über die Äcker und schleppten Sechserpacks Mineralwasser auf dem Rücken. Es war ein abenteuerlicher Winter. In jenen Monaten schrieb ich am Manuskript von *Reife, der Schlüssel zum Glück*, als Arbeitstitel hatte ich allerdings das weniger höfliche *Werden Sie endlich erwachsen* gewählt.

Anfang Februar 1998 war der Weg noch immer im gleichen schlechten Zustand. Wieder einmal stand ich auf dem künftigen Sträßchen und blickte den Weg empor. Die Haseln blühten bereits, und die Forsythien hatten Knospen, die bald aufbrechen würden. Ich empfand in diesen Augenblicken unsere Situation als sehr frustrierend. Ohne die versprochene Straße war der Einbau einer Gas-Zentralheizung sinnlos, denn der dazu nötige Gastank bliebe leer, weil der Tankwagen die Strecke nicht passieren konnte. Auch die anderen Handwerker würden nicht kommen. Unseren eigenen Wagen hatten wir an einem schneefreien Tag im Hof unseres guten Nachbarn Franco abgestellt, sodass wir nur noch den Kilometer zur Landstraße hinauf zu Fuß gehen mussten. Also stand ich da und fühlte die Hoffnungslosigkeit der Situation. Mit aller Intensität, aber ohne Wunschdenken und ohne jede Vision einer fertigen kleinen Straße. Und dann geschah das Wunder. Am nächsten Morgen hörten wir starke Motorengeräusche vom Ende des Weges herabschallen. Ich marschierte ein Stück nach oben – und da waren sie, die Straßenbauer, mit Bagger, Planierraupe, und dahinter folgten zwei Lastwagen voller Schottersteinen. Binnen zweier Tage war aus den zwei Lehmrinnen ein befahrbares, primitives Sträßchen geworden. Hurra. Die Handwerker kamen anschließend, und das Chaos einer totalen Renovierung begann und währte beinahe zwölf Monate.

Aus langer Erfahrung weiß ich, dass ich an dem Punkt, an dem ich die Misere des nicht vorhandenen Sträßchens samt aller Konsequenzen auf mich einwirken ließ und die äußere Situation nur beobachtete, alle die folgenden Ereignisse auslöste. Und, wohlgemerkt, ich nehme nicht für mich in Anspruch, damit eine Tat vollbracht zu haben, die anderen Menschen nicht möglich wäre. Ich bin im Gegenteil davon überzeugt, dass Ihnen im Laufe Ihres Lebens ähnliche Situationen begegnet sind, an denen sich plötzlich wie aus dem Nichts das Wunder ereignete, die Wende eintrat. Wir unterscheiden uns wahrscheinlich nur in einem einzigen, aber wichtigen Punkt voneinander: Sie mögen die eingetretenen Glücksumstände dem Zufall zugeschrieben haben oder einfach der Göttin Fortuna – aber mir war jedes Mal, wenn sich in meinem Leben etwas Derartiges ereignete, seit über zwanzig Jahren klar, dass hier Kräfte am Werk waren, die ich selbst ausgelöst hatte. Diese in jedem von uns steckenden Möglichkeiten einer überaus intelligenten Lebenskunst realisieren auch Ihre Visionen und bescheren Ihren Tagen die Harmonie, die Sie sich so sehr wünschen.

Das geschilderte Erlebnis gehört für mich in den Bereich der Lebenskunst. Das Thema ist wichtig genug, um noch eine Weile dabei zu verweilen und es samt seinen Verzweigungen kritisch unter die Lupe zu nehmen. In einem Staat, in dem Zustände wie im Schlaraffenland herrschen, wäre Lebenskunst kein besonders gefragter Artikel. Angesichts der Krisen, die in der Gegenwart unsere Länder erschüttern, wäre die Verpflichtung an jedermann, an einem staatlich verordneten Lehrgang in Sachen Lebenskunst teilzunehmen, vielleicht gar keine so üble Idee. Ein Kurs, der lehrt, dass man die

Lebensangst überwindet, indem man seine Träume ohne Rücksicht auf das Geschwätz der sensationslüsternen Medien realisiert. Würde ein ganzes Volk nach einem solchen Lehrgang sein normales Konsumverhalten weiter kultivieren und sich seine Wünsche erfüllen, könnte die Krise gar nicht eskalieren. Aber weil dem Volk einzig und allein Lebensangst gepredigt wird, lösen diese verantwortungslosen Verkünder des Unglücks exakt jene verhängnisvolle Entwicklung aus, die sie für die Zukunft prophezeien. In der Masse reagiert der Mensch eben kopflos. Die Natur, oder meinetwegen die Evolution, hat den Homo sapiens offensichtlich nicht mit der Gabe ausgestattet, Krisen intelligent zu begegnen. Ich glaube nicht, dass die Masse dies jemals lernen wird. Als Laotse seine Sprüche schrieb, hatten die Menschen im antiken China gewiss nicht viel zu lachen (ob das heute viel besser ist, erscheint mir allerdings fraglich). Die Lebenskunst im *Tao te king* war wie ein eingeschriebener Brief an Individualisten adressiert, an jene Menschen, die sich aus den Strömungen der Zeit und der anonymen Masse herauslösten und ihren eigenen Weg, die DEN WEG gingen. Sie befinden sich heute in einer ähnlichen, vielleicht sogar in der gleichen Situation wie einst die ersten Menschen des WEGES. Sie stehen vor der Wahl, sich entweder von der allgemeinen Panik vollends aus den Geleisen Ihres vertrauten Verhaltens hebeln zu lassen – oder aber sich auf eine Lebenskunst zu besinnen, die, unberührt von den Zeitläufen und dem ganzen Drunter und Drüber, nichts von ihrer Magie eingebüßt hat.

Untersuchen wir den Begriff *Lebenskunst* im Hinblick auf seine Brauchbarkeit in Krisenzeiten ein Stück weiter. Kunst kommt von Können, ein Mensch, der Lebenskunst praktiziert, ist folglich jemand, der sein Metier beherrscht. Jedes Handwerk hat sein Lehrprogramm und bringt Meister hervor, die wiederum anderen durch Belehrung zu Meisterschaft verhelfen. Manche Könner sind Naturtalente, andere wieder, die Mehrheit, verdanken ihr Können intensivem Lernen und einer Fülle von gesammelter Erfahrung. Wäre Lebenskunst ein Lehrberuf, träfen die hier beschriebenen Kriterien auch auf den Lernstoff zu, den uns Männer wie Laotse oder Chuang tzu liefern. Dann würden Meister gebraucht wie die im Zen-Buddhismus, die selbst bei anderen Meistern in die Lehre gegangen waren, bevor sie selbst ein Kloster oder eine Schule leiten durften. Zum Glück kann man aus dem Taoismus keinen Beruf machen. Natürlich kann er gelehrt werden. Aber er braucht keine Meister, die unter Berufung auf einen höheren Auftraggeber ihres Amtes walten. Das Schöne an der taoistischen Philosophie – und für viele suchende Menschen auch das am meisten Irritierende – ist die Tatsache, dass Einführungen in das Wesen des taoistischen Denkens einzig als Wegweiser funktionieren, als behutsame Hinweise auf die Richtung, die ein Mensch einschlagen sollte, der den WEG sucht. Niemand beruft Sie, es findet keine Wahl statt, in der eine «Höhere Macht» mit dem Geistfinger auf Sie weist und Sie auffordert, ihr nachzufolgen. Und natürlich fehlen jene Leute, deren fleischlicher Finger auf Sie deutet und die sich als Statthalter dieser Macht auf Erden ausgeben. Nichts von alledem gibt es in der reinen Lehre vom Tao. Sie sind absolut auf sich selbst gestellt. Sie haben die Chance, einen Meistergrad in Lebenskunst zu erreichen – aber den müssen Sie sich ohne fremde Hilfe, allein aus sich heraus erarbeiten.

In der Tiefe des menschlichen Bewusstseins wohnt eine Art Keimzelle, aus der unser Geist die Impulse zu echter Lebenskunst gewinnen kann, vorausgesetzt, wir entdecken diese Zelle. Das Problem dabei ist nicht die Frage, ob denn jeder Mensch so etwas in sich trägt – problematisch sind die zahllosen falschen Theorien zu diesem Phänomen. Entgegen aller Logik ist es gerade der Lehrstoff vieler sogenannter Meisterschulen der Lebenskunst, der dafür sorgt, dass diese Keimzelle völlig missachtet wird. Sie wird vom Lärm des Kämpfens überlagert, dem Problem des Lebens mit den falschen Methoden beizukommen. Jedes System zur Förderung der Lebenskunst wird zum Totengräber für die in dieser metaphorischen Keimzelle schlummernde wirkliche Kunst, dem Leben intelligent und kraftvoll zu begegnen. Sie können diesem Keim des Wohlseins in sich nur auf eine einzige Weise begegnen: indem Sie auf alle Theorien in Sachen Lebenskunst verzichten. Indem Sie sich allen diesbezüglichen Einflüssen verweigern. Indem Sie nichts davon, absolut nichts glauben, geschweige denn, es befolgen. All dieser oftmals so schön anmutenden Verheißungen für ein besseres Dasein beraubt, bleibt in Ihnen nichts als Leere zurück. Und Einsamkeit. Sie sind allein mit sich in Ihrem Mikrokosmos von Sorgen und Herausforderungen. Doch in dieser scheinbaren inneren Wüstenlandschaft rühren sich die Impulse, die aus dem Urgrund der Dinge auftauchen. Den Keim in sich zu entdecken und ihn in der Stille absoluten Alleinseins wie ein zartes Pflänzchen zu hegen und zu pflegen – das ist der Weg zur Meisterschaft in Sachen Lebenskunst.

Ich möchte mich im Zusammenhang mit Lebenskunst noch einem anderen Problem zuwenden, das Sie vielleicht beschäftigt und das zugleich mitverantwortlich für ein nur gelegentliches, eher wie vom Zufallsgenerator bestimmtes Gelingen der Prinzipien des Nichthandelns ist. Wir wollen untersuchen, warum das Tao, obgleich seine Kräfte in uns wohnen, nicht immer nach außen dringt und positiv auf unser Leben einwirkt. Die Schwierigkeit bei der Realisierung der taoistischen Prinzipien besteht vielfach darin, dass wir diese nur gelegentlich und dann auch nur in Teilbereichen unseres Alltags anwenden. Wir verhalten uns – um ein Beispiel aus dem Wirtschaftsleben heranzuziehen – wie ein Konzernmanager, dem der Betrieb über den Kopf wächst und der sich mangels Überblick darauf verlegt, die anstehenden Probleme einzeln und vor allem isoliert vom Gesamtprozess zu analysieren. Er sucht nach Lösungen ohne Rücksicht auf die Vernetzungen, mit denen jedes Problem mit jedem anderen verbunden ist. Er überblickt die Masse der Faktoren nicht, die an seinen Schwierigkeiten beteiligt sind. Viele Unternehmer sind nur zum Inseldenken fähig, das heißt, sie vermögen kaum mehr als ein paar Segmente größerer Problemkomplexe zu überblicken. Sie neigen dazu, die weniger auffälligen Anteile einer kritischen Situation aus Gründen der Vereinfachung auszublenden, und lösen gerade damit oft genug die Katastrophe aus. Ähnliches passiert bei dem Bemühen, die taoistischen Grundsätze, jeweils auf eine bestimmte Situation bezogen, im Alltag umzusetzen. Ich kenne ein liebenswertes Ehepaar, das sich der Lebenskunst des Tao verschrieben hat. Aber die beiden machen oft den Fehler, den ich als eine der Ursachen ansehe, dass der Daseinsgrund nach außen so wenig bewegt. Wenn sie vor einer Entscheidung stehen, lächeln sie sich zu und sagen: «Machen wir Wu wei.» Und das tun sie auch – und kehren anschließend zum gewohnten Trott zurück. Auf diese Weise findet sicher intelligentes Handeln statt, aber diese auf eine einzelne Situation bezogene Aktion hat leider nur begrenzte Auswirkungen auf den Zustand ihres ganzen Lebens. Durch das Herauspicken von Situationen, die man mittels Wu wei bereinigen will, drosseln wir den Energiestrom des Tao, sodass nur ein winziges Rinnsal unserem Alltag zufließt. Sie mögen beim Lesen dieser Worte Unbehagen spüren, weil Sie sich bei den komplexen Vernetzungen Ihrer Lebenssituation nicht vorstellen können, wie Sie diese alle berücksichtigen sollen. Ihr Unbehagen ist nicht unberechtigt. Weil unser Verstand linear operiert und Sachverhalte der Reihe nach abarbeitet, können wir Krisen meistens nicht vollständig überblicken. Sobald die Zahl der Einflussgrößen einer Situation die Zahl drei oder vier übersteigt, konzentrieren wir uns auf die am deutlichsten sichtbaren Punkte. Mit der Konsequenz, dass wir die groben Bestandteile einer Situation zwar intellektuell in den Griff bekommen, uns aber unterschwellig das Gefühl begleitet, die heimlichen Fallstricke der Geschichte nicht zu kennen. In einer ähnlichen Lage befinden Sie sich beim Versuch, Lebenskunst durch Nichthandeln – also das Kooperieren Ihres Geistes mit dem Geist des Tao – von Fall zu Fall zu realisieren. Sie betreiben dann, wenn Sie irgendwo in Bedrängnis geraten, nur eine Art Gelegenheitstaoismus. Das mag mit der rechten Einstellung sogar funktionieren, aber einen grundlegenden Wandel Ihrer Lebenssituation, die Verwirklichung Ihrer Träume und Visionen kann und wird es nicht bewirken.

Ihr Einwand, beim Management Ihres Lebens würden Ihnen eben nur die linear arbeitenden Zellverbände Ihres Gehirns sowie Ihr guter Wille zur Verfügung stehen, ist berechtigt. Zumindest, solange Sie vom Bild des einsamen Kämpfers gegen eine unüberschaubar vernetzte Welt ausgehen. Ihre Aussichten verbessern sich schlagartig, wenn Sie sich mit Hilfe ebendieser Zellverbände klarmachen, dass Sie und diese komplexe Welt, die Sie oft genug verunsichert oder ängstigt, nicht voneinander zu trennen sind. Dass die Magie des Tao wirksam wird, braucht nur eins: *Ihr Einverständnis.* In jeder auftretenden Situation, bei jedem noch so unscheinbaren Problem, bei jeglicher Herausforderung sollen Sie, wie Laotse sagt, mit den Dingen gehen, was bedeutet, dass Sie Ihre Zustimmung zu der Tatsache geben, dass kein einziges Erlebnis, sei es lustvoll oder schmerzhaft, losgelöst von Ihrer gesamten Existenz betrachtet und ergo behandelt werden darf. Weigern Sie sich von jetzt an, die Energie des Weltgrundes an die armseligen Gräben zu verschwenden, die Sie im Wahn, sie würden durch Vereinzelung besser lösbar werden, um Ihre Schwierigkeiten graben. Unsere Probleme mit dem Leben sind so komplex, weil wir selbst so komplex sind. Die Lösung lautet: *Einfachheit.* Vermeiden Sie fortan die Bemühungen, jede auftauchende Komplikation in Ihrem Denken und Handeln von allen anderen abzusondern und sie als separate Größe zu behandeln. Die Dinge, die Sie da auseinanderzunehmen versuchen, bilden vor dem Hintergrund des Universums eine Einheit, die sich zwar gedanklich und emotional, aber niemals tatsächlich trennen lässt.

Vielleicht erzeugt das Gesagte ein Gefühl von Ohnmacht in Ihnen. Es scheint, als gäbe es kein Mittel, um die Kluft zwischen Ihren Einzelaktionen und dem Gesamtkomplex des Alltagsgeschehens zu überbrücken. Das ist aus der Sicht des taoistischen Denkens aber kein Grund für Ohnmachtsgefühle. Sie haben die Unmöglichkeit, dem beschriebenen Problem mit Verstand und Willen beizukommen, verstanden und akzeptiert. Sie haben erkannt, wie notwendig ein ganzheitliches Krisenmanagement wäre, wie sparsam die Natur Sie aber biologisch für diese Aufgabe ausgestattet hat. Es ist die Erkenntnis Ihrer Unzulänglichkeit, die schließlich die Veränderung auslöst. Sie bewirkt, dass der Geist des Grundes mit Ihrem individuellen Bewusstsein verschmilzt. Sie gehen wie der Phönix aus der Asche gestärkt aus dem Fiasko des Versagens Ihrer Fähigkeiten hervor. Sie isolieren die Probleme fortan nicht mehr voneinander – Ihre Defizite, das Gesamtgeschehen zu überblicken, verschwinden auf geheimnisvolle Weise, weil der Grund der Dinge diese Funktion übernimmt. Frei von jeder Gehirnakrobatik wächst in Ihnen ein Gefühl heran, das – frei nach Laotse – aller Dinge Art durchschaut.

Lebenskunst scheint also doch nicht so einfach realisierbar zu sein, wie gerne angenommen wird. Früher tauchte vor meinem Geist, wenn das Wort Lebenskünstler fiel, jenes Bild von dem Landstreicher auf, der, ein Gänseblümchen im Mund, den Kopf an einen Baum gelehnt mit übereinandergeschlagenen Beinen auf dem Rücken liegt und durchlöcherte Schuhe trägt. Aber wer würde sich schon für ein Vagabundenleben entscheiden, nur um seinen Sorgen zu entrinnen? Dennoch steht Ihnen der Weg zum Lebenskünstler offen, wenn Sie eine einzige Hürde überwinden, die ich oben bereits angedeutet habe: Es wird Ihr Einverständnis gefordert. Die Leichtigkeit Ihres Gemütes stellt sich ein, wenn Sie Ihrem Leben als Ganzes zustimmen und diese Zustimmung, ja, lassen Sie es mich sagen – diese Sympathie, diese Zuneigung in jeglichen Vorgang hineinströmen lassen. Die innere Haltung, dem Leben ohne Unterschied, ob Yin oder Yang an der Reihe ist, diese Zuneigung entgegenzubringen erzeugt automatisch die von allem Druck und Gegendruck befreite Leichtigkeit des Erlebens.

Lassen Sie uns untersuchen, was an Ihren emotionalen Reaktionen auf die Umwelt verändert werden kann. Sie mögen an dieser Stelle einwenden, für Ihre Gefühle könnten Sie ja nichts, sie würden reflexartig je nach dem Charakter einer Herausforderung auftreten, ohne dass Sie irgendwelchen Einfluss darauf hätten. Das ist richtig – und auch wieder nicht. Wenn Sie Ihr Gefühlsleben an der Oberfläche betrachten, beobachten, wie es auf gute und böse Dinge reagiert, stellt sich nämlich ein interessantes Phänomen heraus: Ihre Emotionen reagieren unwillkürlich aufgrund blitzschneller Vergleiche, die Ihr Gehirn zwischen einem Vorgang und einer eventuell damit korrespondierenden Erfahrung anstellt. Und falls Ihre Vergleiche zwischen dem Jetzt und der Vergangenheit einen Treffer landen, löst dies im akuten Fall in etwa die gleichen Gefühle aus wie damals, als der Pseudo-Präzedenzfall stattfand. Womit wir bereits einen ersten Ansatz dafür hätten, wie Sie Ihren Gefühlshaushalt beeinflussen können: Verschaffen Sie sich durch Beobachten Klarheit darüber, wie stark jedes tagesneue Gefühl wiederholt, was Sie bei einem ähnlichen Anlass früher schon gefühlt haben. Die Methode wirkt – Sie werden feststellen, dass Sie im Grund immerzu aufgewärmte Gefühle erleben. Wo Sie zum Beispiel bei einem Szenarium schon einmal eine bestimmte Art von Groll gespürt haben, wird sich unter Garantie der gleiche Groll wieder einstellen, wenn heute eine vergleichbare Situation auftaucht. Analog verhält es sich natürlich auch mit Gefühlen der Freude, des Vergnügens oder der Furcht. Das ist eine der Schwierigkeiten bei der Realisierung von Lebenskunst: Wir leben zu sehr aus der Vergangenheit, weil unser Verstand uns vorgaukelt, damit würde unser Erleben sicherer werden. Was natürlich nicht stimmt – es wird dadurch kein bisschen sicherer. Sicher ist nur, dass wir uns bei jedem vergleichbaren Anlass immer in einer emotionalen Schleife bewegen. Ich rate Ihnen jetzt nicht, diese Impulse des Vergleichens sofort nach der Entdeckung zu unterdrücken – dazu ist das menschliche Gehirn gar nicht fähig. Entscheidend für eine Veränderung Ihres Gefühlshaushaltes ist das bewährte Rezept: Erkenntnis, Einsicht. Es reicht aus, dass Sie die Wahrheit über die Auslöser Ihrer Gefühlsreaktionen sehen. Dass Sie sehen, wie Sie als ein Mensch, der sich so sehr nach einer positiven, progressiven Lebenseinstellung sehnt, andauernd von Gefühlskonserven leben. Sobald Sie begriffen haben, dass Ihr Gefühlshaushalt hauptsächlich emotionales Recycling betreibt, ist der Augenblick für die nächste Entscheidung in Sachen Lebenskunst gekommen.

Sie beschließen nämlich, ab sofort alle Vorgänge, die im Bereich Ihrer Wahrnehmung auftauchen – *zu mögen!* Das schließt eine Menge Dinge ein: den oft ungeliebten Wochenanfang, die Begegnung mit unsympathischen Leuten oder solchen, die Ihnen von Herzen gleichgültig sind, den Gang zum Arzt ebenso wie das Verfassen der Steuererklärung oder das Ausharren in der Warteschlange bei der Stellenvermittlung. Auch Ihr Gemütszustand nach einem Streit mit einem geliebten Menschen zählt dazu, wenn der Groll über die Auseinandersetzung nur schwer weichen will. Es gäbe tausend Dinge, die man aufzählen könnte – es steht Ihnen frei, Anlässe aus Ihrem eigenen Leben der Liste hinzuzufügen. Sie werden bei der Umsetzung meiner Vorschläge vermutlich merken, dass Sie selbst sympathischen Unternehmungen oft wenig Zustimmung entgegenbringen, weil sie zu häufig oder zu selten stattfinden. Oder Sie lehnen bestimmte Bücher Ihrer Lieblingsautoren ab, weil diese plötzlich anders schreiben als bisher. Situationen im Beruf, im Verkehr, in den engsten menschlichen Beziehungen spielen genauso hinein wie dieser Zustand chronischer Gleichgültigkeit allen Vorgängen gegenüber, von denen Sie sich keinen Nutzen und keinen Lustgewinn versprechen. Es spielt keine Rolle, wo und bei welchem Anlass Sie Ihre Welt zu mögen beginnen. Fangen Sie irgendwo bei einem beliebigen Geschehen an, und wenn es nur ein Sinneseindruck ist. Sagen Sie jetzt bitte nicht, das sei unmöglich. Sie haben etwas Derartiges doch noch nie im Leben probiert. Wenn Sie beschließen, auf der Stelle Ihr Herz für alle Dinge zu öffnen, dann gelingt Ihnen das auch. Wenn Sie es ohne jeden Vorbehalt, ohne Ausklammerungen, ohne Rückversicherung tun, werden Sie sehr rasch eine verblüffende Entdeckung machen, die zugleich ein kleiner Lohn für Ihre anfängliche Selbstüberwindung ist. Sie werden spüren, dass Sie plötzlich mit Ihrer Welt zu harmonieren beginnen. Sie verströmen Zustimmung, Sie sagen ja zu den Dingen und bewegen sich ohne Widerstand mit ihnen. Ihre Umgebung wird Ihre neue Ausstrahlung spüren, man wird registrieren, wie Sie mit sich selbst und Ihrer Welt im Reinen sind. Ihre täglichen Konflikte gewinnen ein anderes Gesicht. Das Geheimnis hinter Ihrem aktiv realisierten Entschluss, dem Leben ab sofort kompromisslos zuzustimmen, die Dinge zu mögen, wie immer sie beschaffen sind und Ihnen begegnen, ist der Umstand, dass dadurch Liebe wirksam wird. Liebe als die gewaltige Waffe in unserem Daseinskampf – die die Barrieren zwischen uns und dem Glück niederreißt. Die Widrigkeiten, denen Sie fortan mit Zuneigung ins Gesicht sehen, werden ihre bedrohliche Macht über Sie verlieren. Mit der Zuneigung zu Ihrer Welt beginnen Sie sich selbst zu lieben. Und zwar nicht dieses isolierte Selbst, das sich wie ein Kinderbrummkreisel um die Achse des narzisstisch besetzten Ichs dreht, sondern das umfassende, reale Selbst, das Ihre ganze Welt umfasst.

Im Zustand der vorbehaltlosen Zustimmung zu den Erscheinungen und Bewegungen Ihres Lebens werden Sie noch eine andere, positive Nebenwirkung erfahren. Ohne die dauernden geistig-emotionalen Auseinandersetzungen mit den täglich anfallenden hundert Anlässen bleibt ein großer Teil der Konflikte aus, mit denen sich sonst Ihr Denken beschäftigen muss. Ihre Gedanken kommen mangels Material zum Grübeln zur Ruhe, und es entsteht eine milde Form von Leere, in der Ihr Geist genesen wird. Damit erfüllen Sie zugleich eine bedeutsame Empfehlung der taoistischen Weisen: Sie bewegen sich ohne Widerstand mit den Dingen. Ihr Fühlen und Erkennen sind spontan, das Vergleichen ist in den Hintergrund getreten, und in diesem neu gewonnenen Modus des Handelns werden Sie nicht mehr zu den Verlierern zählen.

Zu sich selbst
Stellung nehmen müssen

Fast genierte ich mich ein wenig, zuzugeben, dass ich absolut keinen Wunsch hatte, mir etwas zu kaufen. Wir waren von unserem damaligen Wohnort in den Vogesen die hundert Kilometer nach Freiburg zum Einkaufen gefahren, schlenderten durch die Innenstadt und besahen uns die Auslagen in den Schaufenstern. Ich hätte eigentlich ein Paar Schuhe gebraucht, aber selbst das Sonderangebot von Mephisto im Schuhgeschäft weckte keine Begehrlichkeit. Bevor meine Frau mich beschuldigte, ich würde wie ein Zombie neben ihr hertrotten, kaufte ich mir im Nordsee-Imbiss einen Rollmops. Irgendwie beunruhigte mich diese totale Abwesenheit jeglichen Verlangens nun doch ein bisschen. Nicht dass ich vor der Fahrt etwa eine dieser nutzlosen Übungen zum Unterdrücken von Wünschen absolviert hätte – ich tue nichts dergleichen, und wenn ich etwas haben will, dann stehe ich dazu, statt es aus missverstandenen Motiven zu unterdrücken. An jenem Tag stimmte mich meine Immunität gegenüber den Offerten des Marktes doch ein wenig nachdenklich. Ich beschloss, einfach mal abzuwarten, ob im Laufe des Vormittags mein Interesse an Konsumgütern nicht doch wieder aufleben würde. Und während dieser inneren Stille, dieser spontanen Freiheit von jeglichem Begehren, geschah etwas Interessantes. Die Straßen waren voller Menschen. Wir bewegten uns wie gegen den Strom schwimmend durch uns begegnende Leute hindurch. Ich nahm die Gesichter und Körperhaltungen der an mir vorbeihastenden Menschen ungewöhnlich deutlich wahr. Mir fiel der Ausdruck ihres Mienenspieles auf, ich registrierte, wer glücklich, zufrieden oder gehetzt und unglücklich dreinschaute. Darüber hinaus meinte ich, sogar das psychische Befinden von Passanten zu spüren. Nach meinem Empfinden hätte ich jedem, der mir von den Entgegenkommenden auffiel, sagen können, wie er oder sie sich gerade fühlte.

Zu jener Zeit hatte ich noch nichts über die Wirkung von Spiegelneuronen gehört, auch über Veränderungen in der Qualität meines Einfühlungsvermögens hatte ich mir bis dahin keine besonderen Gedanken gemacht. Und dann kam dieser Tag, an dem sich meine materiellen Bedürfnisse ins Nichts verabschiedet zu haben schienen und ich so intensiv wie selten zuvor eine Verbundenheit mit meinen Mitmenschen spürte. Ich hätte das Ganze verdrängen können (wozu wir üblicherweise gerne neigen), abwarten, bis der «Anfall» vorüber war. Doch ich ließ zu, dass die Situation reflexartig eine Stellungnahme zu mir selbst auslöste. Mir wurde klar, dass der Mangel an normalem Verlangen nach Beute unversehens Raum für ein ungewöhnlich starkes Mitgefühl geschaffen hatte. Ich registrierte zum ersten Mal bewusst die Veränderung in meiner Beziehung zu anderen Menschen. Früher, während der Jahre stürmischen Erfolgsdranges, gab es für mich Unterscheidungen, die von Konfuzius hätten stammen können. Jener hatte einst Regeln zur Anwendung von Güte herausgegeben, die in etwa lauteten, man möge die Eltern ganz und gar lieben, desgleichen den Lebenspartner, die Kinder. Dann aber verlief die Kurve der zu vergebenden Zuneigung deutlich flacher, Nachbarn standen im Rang deutlich niedriger, fremde Menschen ebenso, dann kamen bestimmte nützliche Tiere, dann die unnützen, und so ging es weiter bis zum Freispruch, den Rest der Welt nicht mehr mögen zu müssen. An jenem Tag in Freiburg öffnete sich eine Tür, die Mitgefühl frei und bis nahe an die Schmerzgrenze heranfließen ließ. Bei der Stellungnahme zu mir selbst erwies sich das einst aufgebrachte Mitgefühl für Menschen jenseits der engsten persönlichen Beziehungen im Vergleich dazu als äußerst armselig und unzulänglich.

Der 1904 geborene Philosoph Arnold Gehlen trifft in seinem Werk «Über die Geburt der Freiheit aus der Entfremdung» eine interessante Feststellung, die nachdenklich stimmt: *Der Mensch kann sich nicht nach sich selbst richten, weil er ein solches fest umrissenes,*

orientierendes Selbst gar nicht besitzt. Der Mensch ist ein Wesen, zu
dessen wichtigster Eigenschaft es gehört, zu sich selbst Stellung neh-
men zu müssen. Aus seinem Selbstverhältnis zieht er keinen Selbst-
gewinn, sondern er entdeckt nur die Fraglichkeit seines Wesens.

Gestatten Sie mir die Frage: Wann haben Sie das letzte Mal zu sich
Stellung bezogen? Laut Gehlen scheint der Zwang, Stellung zu sich
zu nehmen, eine ausgeprägte Eigenheit unseres Charakters zu sein.
Schön und gut. Aber was meint er damit? Philosophen, deren Arbeiten von den Ereignissen des Dritten Reiches und Zweiten Welt-
krieges geprägt wurden, mussten zu ihrer Zeit nicht zuletzt Stellung
dazu nehmen, wie sie zu den politischen Strömungen standen.
(Martin Heidegger, dem 15 Jahre älteren Zeitgenossen Gehlens,
haftet ja heute noch der Ruf an, mit jenem System sympathisiert zu
haben.) Arnold Gehlen seien darum mildernde Umstände zugebil-
ligt, wenn hier kritische Worte zu den obigen Kernsätzen fallen.
Es beginnt bereits damit, dass Gehlen dem Menschen sein Selbst
abspricht, indem er behauptet, wir würden gar keines besitzen,
während Erich Fromm in seinem Buch «Haben oder Sein» genau
das Gegenteil behauptet, nämlich, dass wir das Selbst als unseren
kostbarsten Besitz ansehen müssen. Könnte ich jetzt Chuang tzu
fragen, wie das mit unserem Selbst sei, dann bekäme ich vermutlich die Antwort: «Mein Junge, was zerbrichst du dir darüber den
Kopf. Du hast ein Selbst, du hast aber auch kein Selbst. Wenn du
den Text dieses Gehlen erst zu Ende gedacht hättest, dann wäre dir
aufgefallen, dass er von der Fraglichkeit deines Wesens spricht. Was
liegt also näher, als zu begreifen, dass es gerade der Konflikt Selbst
oder Nicht-Selbst ist, der dich durcheinanderbringt. Wie willst du
zu einem Selbst Stellung nehmen, von dem du gar nicht sicher bist,
ob es existiert? Oder ist ebendas dein Problem? Dass du bei allem
Wissen, das du über dich gesammelt hast, trotzdem zu wenig über
dich weißt?»

Wir grübeln zwar kaum darüber nach, wie real oder fiktiv unser
Selbst ist, aber wir sind kontinuierlich damit beschäftigt, Stellung
zu uns zu nehmen. Und zwar bei jedem Vorgang unseres alltäglichen Lebens. Jedem Objekt, das unsere Sinne erfassen und das
unserer Aufmerksamkeit wert zu sein scheint, treten wir als Subjekt

gegenüber. Wir nehmen nonstop Stellung zu uns, weil die Bewegungen der Außenwelt in uns Reaktionen auslösen. Woher kämen denn sonst die Gefühlsschwankungen, denen wir ständig ausgesetzt sind? Da steigen Sie morgens fröhlich aus dem Bett, bereiten sich auf den Tag vor – und keine zwei Stunden später plagen Sie Missmut und starke Unlustgefühle. Sie können noch nicht einmal sagen, was diesen Umschwung bewirkt hat, er ist einfach da. Gehlens Satz «Aus seinem Selbstverhältnis zieht er keinen Selbstgewinn» erhält mit dieser Einsicht ins eigene schwankende Wesen dann doch eine gewisse Berechtigung. Wir nehmen reflexartig jedes Mal Stellung zu uns, wenn wir einer Herausforderung begegnen. In der Kommunikation mit anderen Menschen zeigt sich unser Bedürfnis nach der Kontrolle, wie wir auf die anderen wirken, am stärksten. Stellung nehmen bedeutet im allgemeinen Sprachgebrauch, dass es ein Thema gibt, zu dem wir unseren Senf dazugeben wollen, sollen – oder müssen. Denken Sie an das politische Tagesgeschehen. Da wimmelt es geradezu von Stellungnahmen, von denen eine ganze Menge nichts anderes als verdeckte Rechtfertigungen sind. Das letztere Phänomen betrifft auch unsere Stellungnahmen zu unserem eigenen Verhalten. Wir sind uns der Richtigkeit unserer Handlungen niemals zu hundert Prozent sicher. Gehlens Fraglichkeit unseres Wesens drückt sich am stärksten in unserer Unsicherheit über die Richtigkeit unseres Verhaltens aus. Da ist doch immer irgendwo eine dunkle Stelle, von der wir vermuten, dass sie verkehrt ist, aber selten können wir den Finger darauf legen. Die Konditionierungen durch frühere Autoritäten bestimmen uns unbewusst immer noch und sorgen für Unruhe. Derartige Spannungszustände lösen dann die Reaktion des Zu-sich-Stellung-Nehmens aus. Wir scheinen nicht anders zu können: Wir müssen immer wieder für irgendetwas Rechtfertigungen formulieren, und sei es nur in Gedanken, um zur Ruhe zu kommen.

Es gibt einen Ausweg aus dem Dilemma. Ihr Selbst ist kein Organ, dessen Sitz im Körper man bestimmen und daran herumoperieren könnte. Dennoch hat es die Funktion eines Organs, weil Ihr Hirn daraus ein Gebilde formt, von dem Sie als Ich denken. Dieses Ich, das Sie auch Selbst, Ego oder Es nennen mögen, wäre nicht problematisch, wenn Sie bereit wären, es Ihrer Außenwelt so zu präsentieren, wie es gewachsen ist. Erst Ihre ständigen, zweifelnden Stellungnahmen zu Ihrem innersten Wesen machen dieses so fragwürdig. Stehen Sie doch dazu, wie Sie sind! Ihnen fehlt nur ein Stückchen von der Nonchalance des Lebenskünstlers, der sich keinen Deut darum schert, was der Rest der Welt über ihn denkt. Geben Sie allen Ehrgeiz auf, anders sein zu wollen, als Sie sind. Die Befreiung kommt auf einem anderen Weg zur Tür herein als durch Ihre kontinuierlichen Stellungnahmen oder Ihre Selbstkritik. Die Tür, die zur Befreiung aufgeht, möchte ich den Rumpelstilzchen-Effekt nennen.

In dem Märchen der Brüder Grimm verdankt eine Müllerstochter dem kleinen Männchen Rumpelstilzchen, das Gold für sie spinnt, dass der König sie heiratet. Sie hat dem Männchen ihr erstes Kind verpfändet und wird erpresst, es auszuliefern. Sie kennt den Namen des Männchens nicht, und dieses bietet ihr einen Handel an: Wenn sie binnen einer Frist herausfindet, wie sein Name lautet, darf sie ihr Kind behalten. Sie schickt Kundschafter aus, nach dem Männlein zu forschen, und am letzten Tag vor dem entscheidenden Termin beobachtet einer der Leute, wie ein Männchen ein Triumphlied singt, das mit der Zeile endet: *Ach, wie gut, dass niemand weiß, dass ich Rumpelstilzchen heiß.* Das Märchen endet damit, dass die Königin den Namen nennt und frei vom Druck ihrer fragwürdigen Vergangenheit wird, weil Rumpelstilzchen sich selbst zerstört: *Das Männlein stieß mit dem rechten Fuß vor Zorn so tief in die Erde, dass es bis an den Leib hineinfuhr: dann packte es in seiner Wut den linken Fuß mit beiden Händen und riss sich selbst mitten entzwei.*

Einer unserer Freunde, Psychologe und Geistlicher von Beruf, hat jahrelang Märchenseminare abgehalten. Die Teilnehmer an diesen Kursen waren vorwiegend Mitglieder von Selbsthilfegruppen im Zusammenhang mit psychischen Problemen. In den Volksmärchen verbirgt sich, jedenfalls bei den Grimm-Märchen, unter der oft brutalen Handlung eine subtile Weisheit. Da waren lange vor Freud und Jung in Zeiten ohne Fernsehen, Hörbüchern und selbst Buchläden Geschichten in Umlauf, die verdeckt Hinweise zur Lösung psychischer Leiden enthielten. Diese Lösungen entschlüsselte unser Freund gemeinsam mit den Teilnehmern seiner Veranstaltungen. Etwas Ähnliches will ich mit dem Rumpelstilzchen-Märchen versuchen. Nicht zu psychotherapeutischen Zwecken – mir geht es um die Auflösung von Blockaden bei Erkenntnisvorgängen. Bei Gesprächen mit einem unserer Feriengäste wurde in diesem Zusammenhang die Reaktion des Männleins und dessen Selbstzerstörung, als es sich entlarvt sah, zum Thema. Wir hatten über das Problem gesprochen, wie man falsche Gewohnheiten oder sogar ungeliebte Denk- und Handlungsmuster aus dem eigenen Wesen entfernen könne. Und dabei wurde eine Verbindung zwischen Rumpelstilzchens selbstmörderischer Reaktion auf die Wahrheit über seine Identität und dem affektiven Nacherleben eines Traumas in der Psychoanalyse sichtbar.

Aus der lebensphilosophischen Sicht scheint der Taoismus mit seiner Lehre vom Nichthandeln ein plausibler Weg heraus aus jeder Art von Schwierigkeit zu sein. Ich sagte «scheint», denn eine absolute, positive Aussage über den Nutzen des WEGES ist zwar möglich, aber sie hat eine Bedingung. Und diese lautet: Erkenntnis, Einsicht. Es gibt eine Geisteshaltung, in der sich dem Menschen des Tao die Wege öffnen, und eine andere, bei der ihm die Magie des metaphysischen Grundes verschlossen bleibt. Der Unterschied zwischen den beiden Haltungen hat in der Psychoanalyse seine Analogie: Ein Therapeut mag binnen weniger Wochen erkennen, woher die Störungen seines Patienten kommen. Aber er darf ihm das nicht sagen. Würde er es tun, geriete die Therapie in eine intellektuelle Schräglage. Denn der Patient bekäme dadurch zwar eine Information über sich, die er glauben oder ablehnen kann, aber der Zugang zur Tiefe der eigenen Vergangenheit bliebe ihm weiter verschlossen. Jemandem zu erklären, was ihm fehlt, ist zwecklos, solange der Betroffene nicht selbst die Ursache seines Leidens identifiziert. Wie in der Analyse ist auch der Mensch, der nach der Wahrheit über das Sein sucht, auf sich allein gestellt. Der Weise des Tao kann anderen nur den Weg weisen, sie auf die Spur zu sich selbst setzen. Aber den Namen seiner Blockaden, die seinen Weg zur Freiheit des Geistes versperren, muss jeder für sich allein entdecken.

Damit wären wir beim Rumpelstilzchen-Effekt angelangt. Der Kobold hat sich selbst zerstört, als er sich durchschaut sah. Daraus die Schlussfolgerung abzuleiten: «Also brauche ich nur zu meiner Erkenntnisbremse zu sagen: *Dein Name lautet Besserwissen*, und der Fehler in meinem Charakter bereitet sich selbst ein Ende», ist leider ein bisschen zu simpel. Es braucht ein Stück mehr Achtsamkeit, damit dieser Befreiungsschlag gelingt. Es ist erwiesen, dass eine Neurose sich auflöst, wenn ihr Besitzer nach langem Forschen ihren Namen entdeckt. Mit Namen meine ich natürlich mehr als die Überschrift über ein Leiden. In diesem Namen ist der ganze Komplex an Erleben enthalten, der einst zu den Verdrängungen geführt hat. Die Strukturen unserer Psyche sind nach Mustern entstanden, die sich nur in einem Punkt von Neurosen unterscheiden: Die kindlichen Erfahrungen und Lernprozesse sind bewusste Bausteine der Psyche geworden, wohingegen die Anteile Neurosen bildender Traumen unbewusst geblieben sind. Aber wenn wir einen der bewusst wirksamen Wesensanteile unserer Psyche loswerden wollen, ist die beste Methode, ihn wie eine Neurose zu behandeln. Der Rumpelstilzchen-Effekt setzt ein, wenn ich eine der Realisierung des WEGES hinderliche Charaktereigenschaft vollständig und vor allem als tatsächlich vorhanden durchschaue – und sie durch Nennung des endlich offenbarten Namens ihrer Anonymität entreiße. Der Charakterfehler verliert seine Wirkkraft, wenn er wie ein Trauma ans Tageslicht gezerrt wird.

Zum Verständnis der vorausgegangenen Betrachtungen möchte ich Ihnen ein Beispiel liefern: Jemand möchte das Rauchen aufgeben. Aber die Zigarette als Tröster und Beruhigungsmittel bei Stress und als Abschluss einer köstlichen Mahlzeit ist zu sehr Bestandteil des täglichen Rituals geworden, als dass eine leichte Trennung von der Gewohnheit möglich wäre. Teil eins der Radikalkur im Sinne Rumpelstilzchens wäre, dass der Raucher sich als Tatsache klarmacht, wie er langsamen Selbstmord begeht, der nur nicht so auffällig ist, weil kein Endtermin feststeht – und weil manche ungestraft davonkommen. Würde er sich Bilder von zerstörtem Lungengewebe jedes Mal vor Augen halten, wenn er sich eine ansteckt, und gleichzeitig realisieren, was er seinem Körper antut und wie hoch der Preis ist, den er für seine Tröster zahlt, dann bestünde Aussicht, dass er sein Suchtverlangen beherrscht, bis sein Körper den ersten Schock des Nikotinentzuges überwunden hat. (Das dauert laut der glaubwürdigen Aussage von Ärzten zum Glück selten länger als eine Woche!)

Der zweite Teil der Kur findet auf der psychischen Ebene statt. Der Raucher muss herausfinden, *warum* er das Nikotin braucht. Die Anfänge einer Sucht erscheinen meist harmlos: Man probiert aus purer Neugier, was den anderen Spaß macht. Man lernt die Lustgefühle kennen, die Nikotin auslöst, und – hier wird die Geschichte zur Gefahr – bemerkt, dass Rauchen eine Hilfe ist, wenn sich im Leben Probleme einstellen. Man greift zur Zigarette, wenn Streit ausbricht, es wird nach dem Lesen einer bösen Nachricht geraucht oder wenn Sorgen den Schlaf rauben. Die Zigarette ist zum Tröster geworden, zum beruhigenden Fluchtmittel vor der bösen Wirklichkeit. Der Weg zur Freiheit – und zugleich ein Schutz vor etwaigen Rückfällen – ist allein die Einsicht in die *Beweggründe*. Der Raucher muss begreifen, dass der Griff zur Zigarette nicht das Mittel zur Krisenbewältigung ist, dass Rauchen Flucht, aber keine Hilfe bedeutet. Diese Erkenntnisse, verbunden mit dem Aufhören, lassen den Ex-Raucher scheinbar allein und nunmehr ohne Halt zurück. Er fühlt sich einer Leere ausgesetzt, die ihn ängstigt und die er gerne mit Ersatzmitteln füllen würde. Aber genau diese Leere ist es, die zuzulassen ich jedem Menschen raten möchte, der die geistig-emotionalen Hindernisse zwischen sich und dem WEG beiseiteräumen will.

Analog zur Problematik des Rauchens berichten Leserinnen und Leser beinahe regelmäßig von den Schwierigkeiten, in ihrem Inneren die erwähnte Leere auszuleben, aus der heraus sie dem Grund der Dinge am nächsten wären. Sie ist in jedem Menschen vorhanden, diese Leere, aus ihr heraus ist ein weitaus intensiveres Erleben möglich als in dem üblichen Slalom fahrenden Geisteszustand. Dieser innere Freiraum ist nicht wirklich leer, er ist die

Tür zum Unbekannten, darum kann man seine Inhalte nicht beschreiben. Aus dieser scheinbaren Leere tritt auch das ungewohnte Gefühl einer sich auflösenden Identität hervor. Wenn Sie diese Leere als reales Faktum annehmen, spüren Sie, wie Ihre positiven ebenso wie Ihre negativen Gebundenheiten an Bedeutung verlieren. Es stellt sich ein Gefühl ein, als ob Sie in einem enormen freien Raum schweben würden, der sich aber in Ihnen drinnen befindet. Leider löst das Unverständnis dieser Erfahrung meistens den Gegenreflex aus, sich emotional nur noch fester an die Halt gebenden, vertrauten Bewusstseinsinhalte zu klammern. «Ich kann einfach nicht loslassen», lautet die nur zu verständliche Klage. Doch die Angstblockade würde sich auflösen wie Nebel im Wind, wenn sie als Gefahr für das Lebensglück ebenso klar benannt würde wie der Fluchtweg Nikotinsucht.

Der Rumpelstilzchen-Effekt löst Probleme, indem er ihren Charakter entlarvt. Das symbolische Nennen des Namens bedeutet, dass ein Problem *verstanden* wurde. Das macht den Unterschied aus: Sie müssen mit einem Ding, von dem Sie sich befreien wollen, nicht kämpfen und ringen – aber Sie müssen sich so lange damit befassen, bis Sie seine Problematik *identifizieren* können. Mehr braucht es nicht. Den Rest erledigt selbstreinigend das Immunsystem Ihres Geistes.

Fassen wir zusammen: Als ganz normal gestrickte, psychisch einigermaßen gesunde Charaktere haften uns Menschen des beginnenden dritten Jahrtausends eine Reihe von Eigenheiten an, die sich kontraproduktiv auf unser Lebensglück auswirken. Der Taoismus liefert uns mit dem Prinzip des Nichthandelns ein Lebensmodell, mit dem wir im Grunde ohne besondere Anstrengung, extreme Entbehrungen oder Disziplinen und Rituale diese Schwachstellen unseres Wesens wenn nicht eliminieren, so doch so weit mildern können, dass sie kein Hindernis bei der Realisierung unserer Visionen mehr sind. Glaubt man den östlichen Religionen, dann ist unser Ich der größte Felsbrocken, der den Weg zum Glück blockiert. Womit Sie vor dem Paradox stehen, dass Sie sich quasi selbst entsorgen müssten, um in den Genuss der Wonnen des neuen Lebensstils zu kommen. Das kann die Lösung also nicht sein. Egal, was die anderen sagen – ohne unser Ich geht nichts. Ich neige heute immer stärker dazu, die Verteufelung des Ego in den meisten östlichen Religionen nicht mehr ernst zu nehmen. Zumal in den taoistischen Schriften nichts dergleichen vorkommt, wenn man einmal davon absieht, dass Laotse sich bei der Charakterisierung des sogenannten Berufenen zu der vagen Äußerung entschloss: «Er stellt sein Selbst hintenan.» Was man auch eher als ein Zurücksetzen des Egoismus denn als ein Signal von Ichlosigkeit verstehen sollte.

Über diese Ichlosigkeit, also die esoterische Forderung, «ichlos» zu sein oder zu werden, beziehungsweise die intelligentere Lösung, ebendies nicht zu versuchen, wollen wir uns unterhalten. Ich weiß aus Gesprächen, wie unzufrieden viele Menschen mit sich selbst, also eben mit ihrem Ich sind und nichts sehnlicher wünschen, als sich zu ändern. Ich möchte Sie heute ermutigen, nichts dergleichen mehr zu unternehmen. Sie sollen im Gegenteil endlich Frieden mit sich selbst schließen und lernen, mit Ihrem eigenen Wesen, so wie es ist, zufrieden zu sein – freilich ohne dass dies in Selbstgefälligkeit umschlägt. Ihnen ist gewiss das Szenarium kränkelnder Liebesbeziehungen nicht unbekannt, wo der für die Krise verantwortliche Teil sich zu ändern gelobt, wo man (meistens der Mann) sich vornimmt, künftig seine negativen Charakterzüge besser zu kontrollieren. Und dies ist gewiss meistens ehrlich gemeint. Es ist verständlich, dass man sich eine Verbesserung des alten Ego wünscht und eine Methode sucht, dies zu erreichen. Denn die Reaktionen und Handlungen eines Menschen, besonders in Beziehungen, sind – genau besehen – das Resultat aller Eindrücke, die ihn seit der Kindheit geprägt haben. Auch der Mangel an spiritueller Erlebnisfähigkeit wird dem Ich zur Last gelegt, und wer an die entsprechenden Lehrer gerät, bekommt Anweisungen genug, wie er den trivialen Eigenheiten seines Selbst beizukommen hat.

Wollte man den Menschen umformen, damit er so gütig und selbstlos wird, wie es die Religionen predigen, dann müsste man ihm sein Stammhirn herausoperieren. Womit vermutlich auch wesentliche Anteile seines evolutionären Überlebenspotenzials verlorengingen. Ich möchte vorschlagen, dass Sie, statt mit Ihrem Ich zu ringen und etwas zu verändern suchen, das sich so wenig verändern lässt wie eine knorrige Eiche, einen Weg der Vernunft, ja der Versöhnung mit Ihrem Wesen finden. Unser Gehirn formt das Bild von uns – dem Freud den Namen Ich gab – als eine Maßnahme, uns intellektuell und emotional von den Vorgängen des Lebens zu distanzieren. Unsere Überzeugung, wir und die Außenwelt wären zweierlei, wurzelt in einem Denkmodell, das vermutlich bis in unsere Gene hineinreicht. Zu dem Spiel, das wir Leben nennen, gehört die Grundannahme: Gut, dass es einen Unterschied zwischen uns und unserer Welt gibt.

Nicht ganz zu Unrecht werden Sie mich fragen, wie denn ein anderes Selbstbild zustande kommen kann, wenn am Gewachsenen alles beim Alten bleiben und Sie jeden Versuch, sich zu ändern, unterlassen sollen. Nun, ganz einfach – Sie nehmen diesem Bild nichts weg, *Sie fügen etwas hinzu.* Unser Ich hat im Verlauf der Kindheit bis hin zur Individuation gewaltige Anteile an Substanz eingebüßt. Unter dem Einfluss von Erziehung, Ausbildung und erlerntem Wissen haben wir uns zwei fragwürdige Maximen angeeignet. Nämlich, erstens, dass unser Ich sich zu Recht von der Außenwelt absondert, weil es außerhalb der Haut aufhört, und zweitens, dass dieses Ich eine üble Sache ist, die unbedingt verändert werden muss – vorwiegend im Sinne fremd gesteuerter Ideale. Ich schlage vor, dass Sie versuchen, diese einst mit den Jahren verlorengegangene Substanz, dieses Mehr an Ich wiederzufinden. Worin dieses Mehr besteht, sagt Ihnen gerne Sigmund Freud[*]:

Ursprünglich enthält das Ich alles, später scheidet es eine Außenwelt von sich ab. Unser heutiges Ichgefühl ist also nur ein eingeschrumpfter Rest eines weit umfassenderen, ja – eines allumfassenden Gefühls, welches einer innigeren Verbundenheit des Ichs mit der Umwelt entsprach. Wenn wir annehmen dürfen, dass dieses primäre Ichgefühl sich im Seelenleben vieler Menschen – in größerem oder geringerem

[*] Sigmund Freud, Das Unbehagen in der Kultur, S. 67

*Ausmaße – erhalten hat, so würde es sich dem enger und schärfer um-
grenzten Ichgefühl der Reifezeit wie eine Art Gegenstück an die Seite
stellen, und die zu ihm passenden Vorstellungsinhalte wären gerade
die der Unbegrenztheit und der Verbundenheit mit dem All.*

Wie das geschehen soll, werden Sie nun fragen: Erweitern Sie Ihre
Vorstellung über Ihr Ich. Und zwar in dem Sinne, dass Sie als Arbeitshypothese unterstellen, Freuds primäres, umfassendes Ichgefühl wäre Ihnen erhalten geblieben. Es ist tatsächlich noch da. Da
Sie an Ihrem heutigen Ich-Gefühl nichts zu verändern brauchen,
bedeutet die verborgene Präsenz des umfassenden Ich auch nicht,
dass Sie dieses Gefühl mit Ihrem gewohnten verschmelzen müssten. Bereits Freud hat damals erkannt, dass so etwas nicht gelingt.
Aber Sie können, wie er betont, das Empfinden einer umfassenden
Identität Ihrem auf den Körper begrenzten Ich zur Seite stellen.
In Ihrem Inneren sind Sie dann zwei: das alte kleine Ich, an dem
Sie nicht herumoperieren müssen, weil das ohnedies nichts nützt,
und daneben das noch ältere, aber bisher überspielte große Ich, das
die Welt umschließt. Lassen Sie die Gefühle beider Ich-Zustände in
sich aufsteigen. Spielen Sie damit, Ihr altes Ego agieren zu lassen,
wie dies immer geschieht, zwischendurch aber, wenn Ihnen der
Sinn danach steht, das allumfassende Gefühl inniger Verbundenheit Ihres Ich mit der Umwelt so intensiv wie möglich zu spüren.
Weil dieses Urgefühl noch immer in Ihnen lebendig ist, sollte dieser
Vorsatz eigentlich keine Probleme bereiten. Wenn Sie es versuchen,
werden Sie bald Spaß daran finden, zwischen den zwei Identitäten,
der alten, ein wenig abgenutzten und der neuen, die so gewaltig ist,
nach Bedarf hin- und herzupendeln. Und nach und nach wird ohne
Ihr willentliches Zutun die größere Identität still und leise immer
mehr Raum in Ihrem Handeln einnehmen. Dann mag auch der
unkontrollierte Zwang auf sich selbst gerichteter Stellungnahmen
objektiver werden – weil in diesem Fall Ihr Geist aus der Position
des großen Doppel-Ich Stellung zu sich nimmt.

Ein neuer
Lebenshorizont

Ich möchte Ihnen zur Einstimmung auf die folgenden Ausführungen etwas von unserer Erfindung der Sonntagsidee erzählen. Ein richtiges Geheimnis ist die Sache mit der Sonntagsidee eigentlich nicht, aber Geheimnis klingt einfach schöner als andere Bezeichnungen für einen Geisteszustand, in dem sich wie von selbst kreative Ideen einstellen. Meine Frau und ich haben uns im Laufe der Jahre, die wir auf dem Land verbracht haben, angewöhnt, Überlegungen über die Lösung anstehender harmloser Probleme mit der Garten- oder Landschaftsgestaltung, aber auch über schwerwiegendere Herausforderungen hauptsächlich auf den Sonntag zu verlegen. Weil der Sonntag unser arbeitsfreier Tag ist und wir ihn zu Recht in dem Gefühl verbringen, für vierundzwanzig Stunden aller Pflichten ledig zu sein. Dieses Gefühl ist zwar eine kleine Selbsttäuschung, denn permanent vorhandene Verpflichtungen lassen sich nicht herab, einen Tag lang Ruhe zu geben, nur weil einst ein imaginärer Schöpfer dies angeordnet haben soll. Dennoch funktioniert die Geschichte. Der Sonntag wird via Willensakt zu dem Tag erklärt, an dem man sich von den Pflichten erholt. Die Routinen der Arbeitswoche mit ihrer verplanten und eingeteilten Zeit sind außer Kraft gesetzt, und daraus entsteht ein geistiges Milieu, das frei von jeder zwanghaften Konzentration auf eine bestimmte Frage ist. In dieser entspannten Gemütslage entfaltet sich nach meiner Erfahrung die geheime Magie der Sonntagsideen. Ohne dass man sich mit einem speziellen Thema befasst, einzig durch diesen vom Alltag losgelösten Zustand freigesetzt, rühren sich im Gehirn spontan Einfälle, wie einem bestimmten, bisher ungelösten Problem beizukommen ist. Dieser Geisteszustand ist keine Flucht vor der Realität – er ist die Gelassenheit des Ruhenden, der Friede eines Menschen, der die Dinge gerade sein lässt, wie das Sprichwort weise empfiehlt.

Ein treffendes Beispiel wäre die Geschichte von unserem alten Polo. Wir hatten ihn gebraucht gekauft, vor sechs Jahren hatte er bereits 85 000 Kilometer auf dem Buckel. Wir reisen nicht viel, aber es kamen dann doch im Laufe der Zeit weitere 40 000 Kilometer zusammen. Und ausgerechnet nach dem Winter, in dem das Dach unseres Fienile unter einer übergroßen Schneelast einstürzte und wir zusätzlich zur Leistung der Versicherung einige tausend Euro investieren mussten, geruhte der kleine Polo den Geist aufzugeben. Auf dem Nachhauseweg vom Einkaufen in dem kleinen Städtchen Dogliani begann es beim Bergauffahren aus der Motorhaube heraus zu qualmen, und der Motor gab seltsame Geräusche von sich, ehe er aussetzte. Vorbeifahrende Nachbarn schleppten uns ab, und die Leute von der Autowerkstatt holten ihn zwei Tage später zurück nach Dogliani, um nachzusehen, was an dem Ding noch zu retten war. Die Kosten für die Reparatur seien beträchtlich, erklärte man uns, und es gebe keine Garantie, dass der angeschlagene Motor hinterher tatsächlich für ein weiteres Jahr oder deren zwei durchhalten würde. Wir bekamen den Polo zunächst einmal provisorisch und preiswert wiederhergestellt zurück. Aber von da an lief er meist, und vor allem, wenn es bergauf ging, nur noch auf drei Zylindern. Und wenn der Motor Betriebstemperatur erreichte, setzte der Öldruck auf die Ventile aus. Wir konnten nur noch auf kurzen Strecken durch die Gegend schleichen. Also musste ein anderes Auto her, ebenfalls gebraucht, aber mit einer längeren Lebenserwartung als unseres. Wir überlegten, ob ein kleiner Panda 4 x 4 vielleicht die Lösung wäre, bei schneereichen Wintern das ideale Fahrzeug für glatte, steile Straßen. Aber die Gebrauchtwagen waren so unverschämt teuer, dass wir schleunigst wieder Abstand von unserer Idee nahmen. Wir verschoben das Grübeln auf den nächsten Sonntag. Und da stellte sich dann tatsächlich wieder einmal, eigentlich wie gewohnt, die richtige Idee ein. «Wie wäre es denn, wenn wir in unseren Polo einfach einen anderen Motor einbauen ließen, von einem Unfallwagen mit wenigen Kilometern?», überlegte ich. «Keine schlechte Idee, es käme darauf an, was das kostet», stimmte meine

Frau zu. Wir fragten montags gleich bei der Werkstatt an. Der Inhaber ist ein unbedingt ehrlicher und auch kompetenter Mann. Er fand die Idee auf der Stelle gut und versprach, sich umzuhören. Aber er konnte uns gleich versichern, dass dies die preiswerteste und probateste Lösung für den Übergang wäre. Er fand tatsächlich wenige Tage später einen gebrauchten Motor samt Getriebe für uns, er war ungefähr 60 000 Kilometer gelaufen. Wir stellten den Polo in die Werkstatt und bekamen ihn eine halbe Woche später mit einem transplantierten Herzen zurück. Damit läuft er jetzt ziemlich problemlos, und wir können uns mit der Neuanschaffung Zeit lassen.

Die Geschichte ist natürlich kein Dokument überströmenden Reichtums – aber auch wenn mir jemand unterstellt, mir erginge es wie dem Fuchs mit den Trauben, die ihm zu hoch hingen, ich bin mit unserem Status eines immer noch ein wenig abenteuerlichen und nicht unbedingt in allen Teilen abgesicherten Lebens durchaus zufrieden. Wahrscheinlich sind Sie selbst auch nicht allezeit auf Rosen gebettet, was Ihre materiellen Reserven angeht, also könnte bei fälligen Entscheidungen die Sache mit der Sonntagsidee doch auch für Sie ein Impuls sein, sich stärker dem Nichthandeln zu nähern – denn die Idee ist ja beinahe ein Symbol dafür. Ihr Teilhaben daran würde freilich voraussetzen, dass Sie Ihren wöchentlichen Ruhetag tatsächlich einhalten, und es sei vermerkt, dass trotz meiner auf den Sonntag festgelegten Bezeichnung auch jeder andere Wochentag für diesen Zweck herhalten kann, sofern Sie willens sind, 24 Stunden entspannt und frei vom Nonstop-Leistungswillen zu verbringen. Ich weiß ja nicht, wie Sie Ihre Wochenenden gestalten. Viele Menschen sehnen die freien Tage nach der wöchentlichen Fron herbei. Aber nicht, um endlich zwei Tage lang auszuruhen – bereits die Freitagabende sind mit den Vorbereitungen für das geplante Wochenendvergnügen ausgefüllt. Die Aktivitäten der freien Tage sind oft anstrengender als die Arbeit einer ganzen Woche. Doch nichts gegen exzessive Wochenenden. Es ist Ihr gutes Recht, sich an Ihren freien Tagen nach Herzenslust zu übernehmen. Unterscheiden sich die Wochenenden doch fundamental von der Arbeitszeit: Die Letztere ist ein Muss, während die Sonntage, Feiertage und natürlich die Ferien allein Ihnen gehören. Doch ganz gleich, wie Sie es damit halten – wenn sich Sonntagsideen einstellen sollen, dann empfiehlt sich ein echter Ruhetag (der Ihnen unabhängig von der Suche nach kreativen Einfällen auch sonst guttun dürfte).

Falls Sie diesen Text an einem Wochentag lesen, dann nehmen Sie sich für den kommenden Sonntag einmal nichts vor – absolut nichts. Folgen Sie vom Morgen nach dem Erwachen an Ihren Gefühlen. Tun Sie nur Dinge, die nicht anstrengen. Leisten Sie sich harmlose Vergnügen wie zum Beispiel ein Gabelfrühstück, das zehnmal so lange dauert wie der Tagesbeginn unter der Woche mit der hastig, bereits halb auf dem Weg zum Auto hinuntergeschütteten zweiten Tasse Kaffee. Nehmen Sie sich Zeit für Ihre Zimmerpflanzen oder die Blümchen im Garten, blättern Sie in Zeitschriften oder kritzeln Sie ein paar Wörter ins Kreuzworträtsel der Wochenendausgabe Ihrer Zeitung oder plaudern Sie einfach eine Weile mit Ihren Lieben. Mit anderen Worten: Beschäftigen Sie sich ausschließlich mit absolut harmlosen, unspektakulären Dingen. Das können tausend andere Tätigkeiten sein oder Untätigkeiten, wenn Sie einfach faul herumsitzen oder lesen oder sich ein Glas guten Wein einschenken. Aber vermeiden Sie es, sich mit irgendeinem Ihrer Probleme auseinanderzusetzen. Verdrängen Sie diese nicht, aber verweigern Sie sich der Beschäftigung mit ihnen. Gehen Sie die Sache lässig an, ohne Erfolgszwang. Sie gelingt, wenn Ihnen das Resultat völlig egal ist. Ich versuche hier mit dürren Worten, Sie zu einem Verhalten zu verleiten, das an einem arbeitsfreien Tag für ein paar Stunden Ihr unermüdlich arbeitendes Gehirn mit Hilfe anspruchsloser Aktionen in ruhigere Bahnen umleiten kann. Wenn Sie erst einmal Ihre geistige Verspannung auflösen und einen Tag – oder meinetwegen nur einen Vormittag lang – Ihre Wünsche ruhen lassen, dann werden Sie merken, wie sich in Ihrem Inneren ein Hauch von Lebensfreude rührt. Es meldet sich eine Heiterkeit zu Wort, die Ihnen das Gefühl des Siegers schenkt. Und während der Stunden, in denen Sie diese Stimmung erleben, kann oder wird es nach meiner Erfahrung wahrscheinlich geschehen, dass sich unversehens Ideen einstellen, nach denen Sie vorher vergebens gesucht haben. Plötzlich ist für eine Aufgabe oder ein Problem die Lösung da. Wie auf dem Silbertablett serviert, ohne dass Sie danach verlangt hätten.

Es wird gelingen, wenn Sie es entspannt genug probieren. Aber fragen Sie mich bitte nicht, wie es kommt, dass speziell in dieser losgelösten Geistesverfassung bestimmte Lösungen auftauchen, wenn gar keine Frage nach einer Antwort gestellt wurde. Ich müsste spekulieren, was sich hier in unserem Gehirn abspielt. Vielleicht könnte man es so erklären, dass aus den Tiefen des menschlichen Geistes im Grunde permanent Impulse für intelligente Lösungen ausgesendet werden. Sie werden nur infolge des Lärms, den unsere Alltagsroutinen erzeugen, nicht zur Kenntnis genommen. Erst in der Stille eines beinahe langweilig verbrachten Sonntagvormittags ist unser Sinn ruhig genug, diese Nachrichten aufzunehmen. Riskieren Sie den Versuch. Im Falle des Versagens stehen Sie kein bisschen schlechter als vorher da. Vielleicht mit dem Nutzeffekt, dass Sie am folgenden Montag deutlich munterer sind als sonst.

Mit den Gedanken zur Sonntagsidee habe ich mich bis zu einem gewissen Grad an den taoistischen Grundideen vorbeibewegt. Denn Laotse oder vor allem Chuang tzu würde mir unter Umständen vorwerfen, ich würde einen einzigen Wochentag zulasten aller anderen Tage favorisieren, um dem Geist den Freiraum für das Wirken der Magie des Tao zu verschaffen. Ich sollte doch bitte bedenken, dass zwar nicht alle Tage Sonntag ist, dass aber jeder Mensch bestimmen könne, was er aus den übrigen sechs macht, welche Möglichkeiten er ihnen zu geben willens und vor allem fähig ist. Was natürlich stimmt. Aber ich denke, wenn erst einmal mit einem einzigen ausgewählten Tag der Anfang gemacht ist, besteht die Chance, dass sich unmerklich diese leichtgängige Wesenhaftigkeit auch an den restlichen Tagen der Woche einstellt und Sie nach etlichen realisierten Sonntagsideen plötzlich gewahr werden, dass Ihr Bewusstsein sich verändert hat, wie viel intelligenter es auf Alltagsprobleme reagiert und wie fundamental Ihr Lebenshorizont sich erweitert hat. Besonders über den Letzteren möchte ich mich gerne eine Weile mit Ihnen unterhalten.

Was halten Sie von der Idee, sich einen neuen Lebenshorizont zu schenken? «Habe ich denn einen, der zu ersetzen wäre?», fragen Sie jetzt zurück. Sicher haben Sie einen. Oder Sie hatten einen, als Sie nach der Individuation Ihr Leben in die Hand zu nehmen begannen. Wie Ihre Ziele und Visionen einst beschaffen waren und wie viel davon heute noch übrig ist, können nur Sie allein beurteilen, und kein Mensch, am wenigsten ich, sollte Ihnen da hineinreden dürfen. Vielleicht sollte ich zuerst einmal erklären, was ich unter dem Begriff Lebenshorizont verstehe. In der Natur ist der Horizont die Linie in der Ferne, in der die optischen Fluchtpunkte unserer Perspektiven enden. In jedem Zeichenunterricht spielt er eine wichtige Rolle, der Pilot der Verkehrsmaschine braucht einen künstlichen, um seine Position zu bestimmen, und in den Ferien ist er am schönsten dort zu beobachten, wo Meer und Himmel sich berühren, wo das eine endet und das andere beginnt. Auf Ihr Leben übertragen, würde die Horizontlinie die Grenze zwischen dem, was Sie bisher erreicht haben, und Ihren unerfüllten Träumen und Visionen ziehen. Physikalisch verläuft der Horizont grundsätzlich auf der Höhe Ihrer Augen. Der reale Horizont ist eine gute Metapher für den geistigen. Auch hier bestimmt Ihr Standort die Höhe des Niveaus Ihrer Visionen. Je nach dem Grad Ihres Selbstvertrauens, das wiederum von Ihren Erfahrungen gestützt oder geschwächt wird, bestimmt Ihre geistige «Augenhöhe» in der Landschaft des Lebens die Trennlinie zwischen erreichbaren Zielen und jenen, von denen Sie nur träumen.

Das besondere Geschenk, zu dem ich Ihnen verhelfen möchte, basiert auf der Verbundenheit mit dem Tao. Die Beziehung zu begründen und auszuweiten wäre die Grundlage für einen Geist, der Sie Dinge leben und realisieren lässt, die Sie sich vorher nicht zutrauten. Ihr Standort, also das, was Sie glauben, was Sie an Überzeugungen besitzen, nach denen Sie denken, entscheiden und handeln, bestimmt Ihren gegenwärtigen Lebenshorizont. Sie erleben Ihren subjektiven Horizont ähnlich einem Wanderer in den Bergen. Drunten im Tal verweilend, empfinden Sie die zu überwindenden Höhen gewaltig. Aber in dem Maß, wie Ihnen der Aufstieg gelingt, verwandelt sich die Perspektive. Vieles, was von den Niederungen aus unerreichbar schien, beginnt in die Nähe des Möglichen zu rücken. In der Lebenspraxis verlassen Sie die Täler, in denen Ihnen mehr Visionen und Träume denn Erfüllungen beschieden waren, indem Sie sich auf den WEG machen. Der WEG ist ein uraltes Wort aus dem Taoismus und insofern ein Paradox, als die Philosophie sich und ihre Wahrheit als ein pfadloses Land bezeichnet. Den WEG gehen meint darum auch etwas völlig anderes als einen bestimmten Pfad einschlagen. Im Gegenteil: Der Mensch des WEGES hat eines Tages intuitiv verstanden, dass er selbst dieser Weg ist, der sich mit ihm bewegt, wohin er geht. (Wie in dem Koan, in dem Sie auf der Brücke über dem Fluss stehen: Die Brücke fließt, und der Fluss steht still.) Der WEG befindet sich immer am selben Ort. Die tiefe Einsicht, dass der WEG das Tao ist, öffnet Ihnen einen Lebenshorizont, der, an seinen Möglichkeiten gemessen, sehr hoch angelegt ist.

Und wie, bitte, sollen Sie jetzt an Ihren neuen Lebenshorizont herankommen? Nun, wie bei jedem anderen Geschenk auch: Packen Sie ihn aus! Ich werde mich nicht für den primitiven Vergleich entschuldigen, der jetzt folgt, denn genau so verhält es sich mit Ihren Möglichkeiten eines Wandels. Wie an Weihnachten oder an Ihrem Geburtstag lösen Sie die goldenen oder roten Schleifen, Sie wickeln sorgfältig das Papier von dem Päckchen, und dann öffnen Sie die Schachtel, voller Neugier, was darin ist. Sie holen das Geschenk heraus und betrachten es. Zum Schluss wickeln Sie das rote oder goldene Bändchen auf und falten das Papier zur etwaigen Wiederverwendung ordentlich zusammen. So, und wo bleibt hier der Lebenshorizont? Der liegt unbeachtet seit Jahren unter Ihrem Gabentisch. Er ist mehrmals verschnürt mit den Fesseln Ihrer Bindungen und darunter eingepackt in mehrere Lagen falscher Überzeugungen über Ihre Position in der Welt und über Ihre Chancen darin. Wenn Sie das alles herunterreißen und es nicht zur etwaigen Wiederverwendung aufbewahren, bleibt nur das Geschenk des Tao an Sie übrig: eine Freiheit, die sich an keinen Regeln, Vorschriften und Einschränkungen mehr orientiert. Ihr Geschenk wartet auf Sie. Es will entdeckt werden, ans Licht gebracht – und es will von Ihnen im Daseinskampf eingesetzt werden.

Der Mensch des WEGES hat wie jeder Mensch seine Träume und Visionen, aber dort, wo die anderen es beim Träumen belassen, fasst er Beschlüsse, trifft Entscheidungen und setzt sie durch. Er lässt seine alten Gewissheiten und Überzeugungen samt den Prägungen seines Charakters beiseite. Was im Sinne der praktischen Umsetzung meint, dass Sie nichts an Ihrem Wesen bekämpfen oder beseitigen müssten. Sie benutzen Ihre alten Werkzeuge einfach nicht mehr. Jene Werkzeuge, die Ihnen zwar allezeit Stoff zum Träumen lieferten, Sie aber schon mehr als einmal im Stich ließen, wenn es an die Realisierung ging. Während Sie den alten, verbrauchten Mustern Ihres Denkens Lebewohl sagen, findet in Ihrem Sinn eine Art Mutation statt: Sie spüren einen Augenblick lang, wie etwas Unendliches Sie berührt. Das Erleben des Kontaktes mit dem Grund der Dinge geschieht quasi, ohne dass Zeit im Spiel wäre. Er ist still, da explodiert kein Feuerwerk, auch keine phantastische Lichterscheinung macht die Nacht in Ihrem Gehirn zum Tag. Diese Berührung haben Sie gewiss in Ihrem Leben, wie die meisten Menschen, schon mehrmals erfahren. Jene kurzen Momente federleichten, grundlos auftretenden Glücksgefühls. Diese Begegnung mit dem Tao wird niemals ein Dauerzustand sein, aber Sie werden sie öfter erfahren, ja beinahe herbeizaubern können, wenn Ihr Geist sich dem Gefühl des Seins, wie es in diesem Augenblick stattfindet, vollkommen öffnet. Wer dieses Phänomen der Berührung ein einziges Mal bewusst und vor allem in Kenntnis seiner Bedeutung erlebt, und sei es nur für Sekundenbruchteile, ist dort angekommen, wo sein Weg aus der Talsohle der Niederlagen, des Misslingens und der Selbstzweifel heraus in die Höhe führt.

Der größere Überblick Ihres neuen Lebenshorizontes führt zu einem veränderten Denkmodell, in dem das Tao die Rolle der «Grauen Eminenz», des Ratgebers im Hintergrund, übernimmt. Dieses Denkmodell ist intelligent und liberal. Darum kennt es auch den üblichen esoterischen Konflikt zwischen Ich und Nicht-Ich nicht. In Ihrem neuen Denken sind die beiden keine Konkurrenten. Die drei Bereiche Ihrer Psyche, laut Sigmund Freud das Es, das Ich und das Über-Ich, haben ihre Wurzeln ebenso im schöpferischen Grund wie das Denken, das diese Teilpersönlichkeiten auseinanderdividiert. Im Sinne der erweiterten Intelligenz Ihres neuen Horizontes gibt es den Konflikt zwischen Tao und Ihrer individuell gelebten Identität nicht. Ihr Denken erweitert seinen Horizont und klammert Instinkte, Intuitionen und hellsichtige Ahnungen ebenfalls nicht mehr aus. Sie erkennen in Ihren Gaben und Fähigkeiten das Wirken des Tao. Und über die Weisheit Ihrer Entschlüsse brauchen Sie sich in Zukunft keine Sorgen mehr zu machen, vorausgesetzt, Sie haben das Procedere, wie man sich einen neuen Lebenshorizont schenkt, verstanden – und es realisiert.

Jedes Mal, wenn ich bei einem Kapitel etwa auf der Höhe eines gewissen Erkenntnisstandes angelangt bin, habe ich das Gefühl, jetzt könntest du eigentlich Schluss machen. Wer bis hierhin alles verstanden hat, braucht nicht weiterzulesen. (Und wer mit dem Verständnis Probleme hat, dem helfen fünfzig oder noch mehr beschriebene Seiten vielleicht auch nicht weiter.) Doch dann überwiegt das Bedürfnis, nach Möglichkeit noch deutlicher zu werden, Gesagtes zu wiederholen, es aber aus einem anderen Blickwinkel zu beleuchten. So geschieht es auch hier, wenn wir uns in Verbindung mit den Aussichten auf einen neuen, höher angesetzten Lebenshorizont noch eine oder anderthalb Seiten lang mit wahrer und unechter Klugheit beschäftigen.

■ ■

Die taoistischen Grundgedanken sind ihrer Natur nach Einsichten, die sich einem Menschen von innen heraus mitteilen, die in seinem Geist von allein wie aus dem Nichts auftauchen, sobald er sich nichts mehr vormacht und sich auch nichts mehr von anderen vormachen lässt. Der also völlig frei von jeder Beeinflussung, insbesondere frei von eigenen Meinungen und Vorurteilen auf seine Welt blickt. Ihm werden sich zwangsläufig die Informationen erschließen, in denen sich wirkliche Klugheit ausdrückt. Es ist immer wieder eine Herausforderung für mich, mir eine beliebige Philosophie, einen willkürlich herausgegriffenen Lehrer, wie Sloterdijk, Thoreau, Emerson, Schopenhauer oder Platon, vorzunehmen und aus ihren Werken Aussagen zu bestimmten Themen mit jenen der alten Taoisten zu vergleichen. Und immer wieder werden bei solchen Untersuchungen Übereinstimmungen zwischen den Aussagen westlicher Denker und jenen der alten Weisen des Ostens sichtbar. Es scheint über die Jahrtausende hinweg und unabhängig von Entfernungen und gegensätzlichen Kulturen immer wieder in den Gehirnen der Lehrer eine Selbstbefruchtung aus dem Potenzial des menschlichen Urwissens stattgefunden zu haben. Als Beispiel habe ich einen Text* von Ralph Waldo Emerson ausgewählt. Er schreibt:

Die unechte Klugheit, die die Sinne als endgültig ansieht, ist der Gott der Dummköpfe und Feiglinge und der Gegenstand aller Komödie. Sie ist der Scherz der Natur und darum Scherz der Literatur. Die wahre Klugheit begrenzt diesen Sensualismus durch das Eingeständnis einer inneren und realen Welt. Ist dies einmal anerkannt, wird die Ordnung der Welt und die Verteilung der Angelegenheiten und Zeiten studiert unter der gleichzeitigen Wahrnehmung ihres untergeordneten Ranges, so wird sie jeden Grad von Aufmerksamkeit belohnen. Denn unsere Existenz, die in der Natur derart offensichtlich mit der Sonne, dem wiederkehrenden Mond und den Perioden, die sie markieren, verbunden ist, die gegenüber dem Klima und Land so empfänglich ist, so achtsam auf so viel Gutes und Schlechtes, dem Glanz so zugetan und so empfindlich gegenüber Hunger, Kälte und Schulden ist, liest all ihren Anfangsunterricht aus diesen Büchern.

Um Aussagen westlicher Philosophen auf Übereinstimmungen mit dem Taoismus zu untersuchen, müssen wir halbwegs erraten, was so kluge Leute wie zum Beispiel Emerson einst mit ihrer wenig volkstümlichen Wortwahl sagen wollten. Dass bei einer derartigen Auslegung bereits eigene Interpretationen ins Spiel geraten, ist leider unvermeidlich – das war zu allen Zeiten schon so. Ich vermag aus den Worten des amerikanischen Philosophen Inhalte herauszulesen, die Laotse geschrieben haben könnte, aber das nur, weil ich meine eigenen Einsichten zum Maß nehme. Ich schreibe Emerson Erkenntnisse gut, die er entweder, siehe oben, in sich selbst

---

* Ralph Waldo Emerson, Essays, S. 175

fand oder aber vom *Tao te king* abgeschaut und so lange gedreht und gewendet hat, bis sie sich in sein Weltbild einfügten. Wie dem auch sei, wir behandeln mit dem Thema «Klugheit» einen Stoff, der hautnah Fragen unseres Wohlergehens und unserer Chancen berührt, dem Leben zunehmend mehr Glück und mehr Gelingen abzugewinnen. Die Alternative, das Gesagte entweder abzulehnen und gleich wieder zu vergessen oder zuzustimmen, weil Sie es glauben, wäre beides nicht im Sinne des Verfassers. Der intelligente Umgang mit Philosophien liegt in der Mitte, nämlich darin, dass Sie ihnen weder etwas glauben noch sie ablehnen. Philosophische Weisheiten gehören als Katalysator eingesetzt, der in Ihnen selbst das Erkenntnispotenzial der Menschheit erweckt.

Die unechte Klugheit, die die Sinne als endgültig ansieht, ist der Gott der Dummköpfe und Feiglinge und der Gegenstand aller Komödie. Ich würde das, was Emerson Klugheit tauft, Intelligenz nennen und die unechte, wie er es ausdrückt, als Intelligenzmangel definieren. Doch das alles sind bloß Worte, hinter denen der Sinn gefunden werden muss, damit die Aussagen in der Lebenspraxis anwendbar sind. Emerson kritisiert mit deftigen Worten jene Leute, insbesondere die Wissenschaftler, die die Sinne als alleiniges Instrument zur Realisierung menschlichen Wachstums und fortschreitender Erkenntnis in ihren Theorien anbeten. Darum nennt er die Paradigmen dieser Zunft den Gott der Dummköpfe und Feiglinge. Feiglinge deshalb, weil unter den Kritisierten keiner wagt, den Mund aufzumachen und kontroverse Einsichten zu verkünden, selbst wenn er solche besitzen würde. Lieber wird in der Liga der Materialisten ohne Rücksicht auf Verluste an Wahrheit das einmal inszenierte Theaterstück endlos wiederaufgeführt. Heute sind es die Neurologen – und leider auch eine Clique führender Psychologen –, die alle Aktivität des menschlichen Seins auf Gehirnfunktionen reduzieren. Geist ist in ihren Augen Hirnmasse, und Bewusstsein, zwar nach wie vor unerforscht, wird einfach als Nebenprodukt der Neuronen betrachtet, bis jemand Besseres zu bieten hat. Das Bessere freilich muss laut der Zunft der Komödianten unbedingt als physische Funktion analysierbar sein. *Sie ist der Scherz der Natur und darum Scherz der Literatur.* Ich bewundere

Emersons Scharfblick, wie er gut ein halbes Jahrhundert vor den kategorischen Behauptungen der Gen- und Hirnforscher deren zerebral-psychologischen Materialismus samt ihren Publikationen lächerlich machte.

Die wahre Klugheit begrenzt diesen Sensualismus durch das Eingeständnis einer inneren und realen Welt. Echte Intelligenz räumt dem Sinnenerleben seinen Platz ein, insbesondere da unsere fünf Sinne die Pforten der Aufmerksamkeit sind, durch die unser Geist seine Existenz erlebt, indem er synchron dazu an ihrem Stattfinden mitwirkt. Doch ohne das Eingeständnis des Vorhandenseins eines Bewusstseins, das quasi als Brücke zwischen der materiellen und der inneren, geistigen Welt operiert, das also sowohl über physische wie geistige Wesensmerkmale verfügt, ist Erkenntnis über die wirkliche Position des Menschen in seiner Welt gar nicht möglich. *Ist dies einmal anerkannt,* setzt Emerson fort, *wird die Ordnung der Welt und die Verteilung der Angelegenheiten und Zeiten studiert unter der gleichzeitigen Wahrnehmung ihres untergeordneten Ranges, so wird sie jeden Grad von Aufmerksamkeit belohnen.* Ein wahrhaft kluger Mensch studiert die Ordnung der Welt und die sich gegenseitig beeinflussenden Wechselwirkungen bei der Verteilung seiner Angelegenheiten. Diese Ordnung der Welt dürfte im Sinne unserer Betrachtungen mit dem Tao gleichzusetzen sein. Denn sie belohnt laut dem Philosophen jeden Grad von Aufmerksamkeit. Womit wir eine Analogie zum Taoismus hätten: die Achtsamkeit, mit der ein Mensch des WEGES seine Welt erlebt und sie damit gleichzeitig beeinflusst. Ohne den erkennenden Geist sind die Sinneswahrnehmungen nichts weiter als die Sensoren eines Körpers, der vor Jahren ungefragt in diese Welt hineingeboren wurde. Erst und einzig die Verschmelzung des Bewusstseins mit der Außenwelt stellt die Verbindung zwischen dem Individuum und dem Urgrund her.

Emersons abschließender, langer, wunderschön poetischer Satz schließt die scheinbare Kluft zwischen seiner Philosophie und jener der alten taoistischen Meister. Er zeichnet ein Individuum, in dessen Identität die Natur, die Sonne, der Mond, Land und Klima und alle äußeren wie inneren Lebenssituationen eingebunden sind. Der einzelne Mensch ist dies alles – und dies alles ist, weil es nichts gibt, was es nicht ist, das Tao. Der mysteriös anmutende Schluss des Satzes weist auf die Quelle hin, aus der ein Mensch seine Erkenntnis schöpft. Ich habe in dem relativ umfangreichen Aufsatz Emersons über Klugheit nach einer vorausgehenden Erwähnung der fraglichen Bücher gesucht, aber nichts dergleichen gefunden. Aus taoistischer Sicht würde ich das in jedem Lebewesen niedergelegte Buch mit der Geschichte der Menschheit mit den von Emerson genannten Büchern für den Anfangsunterricht gleichstellen. Der Grund der Dinge hat die ewigen Wahrheiten zum freien Gebrauch veröffentlicht. Wer sich dafür interessiert, wird sie im eigenen Inneren entdecken.

▪ ▪

Ein Thema führt zum anderen, als ob sie alle zusammenhängen würden. Was im Grunde stimmt, wenn man das geschriebene Wort nicht aus der Einheit der Dinge ausklammert. Die Sichtweise, die Geist auf Gehirnmasse reduziert und Bewusstsein entweder ebenso dazurechnet oder es als unerforscht vorläufig den Neuronen zuordnet, muss endlich grundlegend untersucht werden. Ich lade Sie ein, sich an dieser Untersuchung zu beteiligen.

Lassen Sie mich über das bis heute immer noch nicht vollständig erforschte Phänomen des Bewusstseins einige unorthodoxe Gedanken äußern. Descartes suggerierte mit seinem viel beachteten Zitat «Ich denke, also bin ich» etlichen Geistern der folgenden Generationen die Idee, mit diesem Satz Bewusstsein zu erklären. Von dieser Fakultät stammt die Auffassung, dass Denken und Bewusstsein ein und dasselbe sind, und damit Punkt – Problem gelöst. Doch das ist es eben nicht. Die Schwierigkeit einer Erklärung beginnt, wie bei vielen anderen Forschungsobjekten auch, mit der Sprache. Was wir über Bewusstsein aus Erfahrung wissen, sollten wir der Einfachheit halber auch so nennen. Dann gibt es aber die Menge des am Bewusstsein Unerklärbaren, und dabei handelt es sich um mehr als nur den unsichtbaren Teil des sprichwörtlichen Eisbergs. Dafür brauchten wir ein anderes Wort. Einen neu geschaffenen Begriff, der dem Sinngehalt des Komplexen, Unerforschten gerecht würde. *Menschsein* wäre eine Annäherung, aber sie würde das Ziel nicht treffen, weil Menschsein als Synonym für die unbekannten Bereiche des Bewusstseins ausdrücken würde, dass andere Lebewesen keines besitzen. Und mit Überheblichkeiten dieser Art ist unsere Existenzphilosophie bereits überreich gesegnet. Doch wie wäre es mit Wesenhaftigkeit? Es kommt aus dem Taoismus, vielleicht erinnern Sie sich an Chuang tzus Wesenhaften, den Burschen, der ständig mit den Taschen voller Geld herumläuft, aber nicht sagen kann, woher er es hat?

Um zumindest verbal zu belegen (beachten Sie bitte: Ich vermeide das Wort *beweisen*), dass Bewusstsein sowohl Bewusstsein als auch kein Bewusstsein, dafür aber Wesenhaftigkeit ist, sollten wir der Reihe nach vorgehen und uns als Erstes den Bereichen des menschlichen Geistes zuwenden, die keine weißen Felder auf unserer inneren Landkarte mehr sind. Und hier stehen in der Tat Descartes' Denken als Indiz des Seins und weiter unser Fühlen und natürlich unser Sinneserleben im Vordergrund. Hinzu käme noch das Körpergefühl – und damit könnte man Bewusstsein als die Summe dieser Wahrnehmungen definieren. Aber diese Definition hat den Schönheitsfehler, dass sie Bewusstsein auf eine reine Organfunktion reduziert. Denken macht uns die Sinneseindrücke bewusst, indem es diese rekapituliert, kommentiert und damit gewissermaßen erlebbar macht. Das Erleben löst Gefühle aus, die wiederum vom Gehirn als Gefühle erkannt und bewusst gemacht werden. Kurzum: Bei dieser Lesart erzeugt unser Gehirn aus einer Kombination von Gedächtnis und äußeren Einflüssen als rein physische Funktion das Bewusstsein. Die einzige metaphysische Schnittstelle bei dieser Auslegung des Begriffes ist die Tatsache, dass das Gehirn ein Gebilde ist, das außer winzigen tanzenden Teilchen hauptsächlich aus Zwischenräumen, folglich aus nichts besteht. Bewusstsein würde also unter dem Strich aus der Leere eines nichtsdestoweniger gewaltigen Energiefeldes geboren werden. Auf Körperfunktionen begrenzt, ist Bewusstsein im Wortsinn tatsächlich Bewusstsein, und wir wollen es so stehen lassen. Obgleich sich hier ein Fragezeichen meldet: Ist es ein unwillkürlicher Vorgang, oder spielt der menschliche Wille hinein? Ich denke an unsere Gewohnheit der selektiven Wahrnehmung. Wir treffen die

Auswahl, was wir von den Ereignissen unseres Lebens zur Kenntnis nehmen wollen und was uns nicht interessiert, außerdem sind wir der Fülle der Eindrücke insgesamt ohnedies nicht gewachsen. Und was unter den Sinneseindrücken nicht in unser Moralkonzept passt oder zu schmerzhaft für uns ist, wird ins Unbewusste verdrängt. Womit als Gegenpol der nächste Begriff, das Unbewusste, geboren wäre. Merken Sie etwas? Mit jedem Schritt hinein in die Tiefe des Problems treffen wir auf Verzweigungen, wo sich unsere Festlegungen spalten. Wir geraten immer tiefer in das Labyrinth unserer eigenen Erklärungen. Bewusstsein scheint sowohl etwas zu sein, das wir *mit*bekommen, wie auch etwas, das uns auf der unbewussten Ebene entgeht. Und, bitte, wer beobachtet den Vorgang des bewussten Erlebens? Ist es das Bewusstsein selbst, das sich als einzige Instanz beobachten kann? Oder ist es der vom Denken erzeugte Beobachter, der in der Zwickmühle steckt, ob er nun das beobachtende Subjekt ist oder das Objekt, das von der Bewusstseinsebene her selbst beobachtet wird? Ohne Zweifel wird eines klar: *Dieses* Bewusstsein ist individuell.

Sie haben sich inzwischen wohl nicht ganz zu Unrecht gefragt, warum man das überhaupt wissen muss. Was nützen Betrachtungen dieser Art? Wird Ihr Leben einfacher, wenn Sie sich mit der Bedeutung des Bewusstseins befassen? Zu dem bisher geschriebenen Text sei eingestanden, dass seine Inhalte weder Ihr Leben einfacher machen noch dass Sie etwas über diese Dinge wissen müssten. Aber Sie brauchen die in den vorausgegangenen Überlegungen enthaltenen Informationen, um die Schnittstelle zu verstehen, an der das subjektive Trivialbewusstsein das wesenhafte Bewusstsein berührt. Die Neurologen erkannten im Verlauf ihrer Entschlüsselungsversuche, dass Bewusstsein ein komplexes Gespinst aus materiellen *und* immateriellen Fäden ist und dass es über die physischen Funktionen hinaus die individuellen Grenzen sprengt und überindividuelle Wesenszüge aufweist. Aber weil Psychologen und Hirnforscher trotz dieser Ansätze von Erkenntnis ihre Untersuchungen nach wie vor auf ihre Probanden beschränken und in ihren Überlegungen keinen Platz für den hypothetischen Anteil eines kollektiven Bewusstseins im Individuum freihalten, wird unser Bewusstsein in seiner Tiefe wohl noch eine Weile unerforscht bleiben. Die metaphysischen Bewusstseinsfunktionen brauchten Laborversuche ähnlich der Teilchenphysik, wo man nachweisen konnte, dass Teilchen ohne Zeitbedarf und auf weiteste Entfernungen miteinander kommunizieren können. (In der Fakultät *Paranormale Phänomene* gab es in der Vergangenheit zwar sporadisch Feldversuche in dieser Richtung, aber sie wurden von der orthodoxen Forschung nicht sonderlich beachtet – und vermutlich hätten sie auch nicht in das vorhandene Denkmodell gepasst.)

Das Missing Link der Hirnforschung, die Schnittstelle vom organisch erzeugten Bewusstsein zur geistigen, nicht von den Gehirnzellen des Individuums abhängigen Wesenhaftigkeit, also zum Schöpferischen, besitzt keine sichtbaren Übergänge. Der Geist des Grundes fließt nahtlos in Ihr tägliches Erleben ein. Wesenhaftes Bewusstsein wird einzig durch einen Erkenntnisvorgang erfahrbar. Er stellt sich wie von Zauberhand ein, wenn Sie begreifen, dass der Verzicht auf Ihr Wissen über sich und Ihre Beziehung zur Welt Ihnen das Tor zu jener Bewusstseinsebene öffnet, die Denken und Fühlen nicht erreichen können. Auf diese Weise wird das Tao, oder wie Sie den Urgrund der Dinge nennen wollen, durch Sie sich seiner selbst als einem lebenden Wesen bewusst. Das Grundgefühl, dass Sie stattfinden und einzig durch Sie auch Ihre Welt, ist das Merkmal des wesenhaften Bewusstseins. Der Durchbruch, das plötzliche Begreifen des Unterschiedes zwischen Bewusstsein und Bewusstsein ist das Ereignis, das die Zen-Buddhisten Satori nennen. In den Momenten der Erkenntnis, dass Sie das universale Bewusstsein selbst sind, hat der Wandel in Ihrem Geist bereits stattgefunden.

Wir haben uns inzwischen ausführlich mit den Phänomenen auseinandergesetzt, die Ihnen jenen erhöhten Erkenntnisstandort anbieten, von dem aus – ohne dass dies jemand verhindern könnte – ein neuer Lebenshorizont erscheint. Darüber hinaus zu wissen, dass in Ihnen zwei Arten von Bewusstsein wohnen, das materielle, messbare und jenes geistige, unentdeckte, mag zwar ebenfalls Ihren

Horizont erweitern, aber es sind darin nirgendwo Ratschläge für die unmittelbare Bewältigung von Problemen zu entdecken, von denen Sie andauernd belästigt werden. Ich möchte deshalb das Kapitel nicht abschließen, ohne Ihnen zumindest einige Gedanken anzubieten, wie Sie aus dem Fundament eines Problems ein paar Steine herausbrechen können, damit dann, wie die Erfahrung zeigt, das ganze Gebäude seinen Halt verliert und einstürzt.

Die Idee, das Fundament eines Problems dadurch zum Wanken zu bringen, dass man es zu demolieren beginnt, ist kraftvoll genug, dass es sich lohnt, sie auszubauen. Was hiermit geschehen soll. Empfinden Sie nicht manchmal ein Lebensproblem verquer zu aller Logik? Da ist eine Situation, die so eindeutig festgelegt scheint, dass kein Mensch einen Weg sieht, sie zu ändern. Analog der Frage in dem Zen-Koan, welchen Ton eine einzelne Hand beim Zusammenschlagen abgibt. Eine Hand schallt nicht. Klar. Aber nur, wenn sie im leeren Raum nach der anderen sucht. Sonst aber kann sie gegen alles Mögliche schlagen, und je nach der Unterlage entsteht durchaus ein Ton. Unsere Suche nach Lösungen folgt gar nicht selten dem gleichen Muster. Weil wir die materiellen oder emotionalen Bestandteile einer Situation als unveränderlich eingestuft haben und sie entsprechend behandeln. Wenn Sie vor einer Herausforderung stehen, dann sollten Sie die Elemente, aus denen sich diese Herausforderung zusammensetzt, erst einmal genau anschauen, sie einzeln und nacheinander in Frage stellen, ehe Sie im schlimmsten Fall resignieren oder im Begriff stehen, einem Druck nachzugeben, gegen den Ihnen kein Gegenmittel einfällt. Ich habe die Erfahrung gemacht, dass die meisten Situationen, die uns Sorge und Kummer bereiten, selten so kompakt und eindeutig sind, dass man an ihren Fundamenten nicht den einen oder anderen Stein herausnehmen und das Problem so zum Wanken oder gar zum Einsturz bringen kann. Suchen Sie bei chronisch festgefahrenen Situationen die gewiss irgendwo vorhandenen Schwachstellen und setzen Sie dort den Hebel an. Dies wäre dann ein Handeln nach den Prinzipien der erhobenen einen Hand, die keine zweite zum Gewinnen braucht.

Sie, liebe Leserin, lieber Leser, wären die rühmliche Ausnahme und hätten als Rarität einen Platz im Völkerkundemuseum verdient, wenn es in Ihrem Leben kein chronisches Problem gäbe. Unter unseren Freunden und Bekannten kenne ich niemanden, bei dem nicht irgendwo ein Schönheitsfehler zeitweise die Freude am Dasein trübt. Häufig spielen sich Schwierigkeiten auf dem finanziellen Sektor ab, selbst wenn jemand genügend Geld verdient, ist es beinahe die Norm, dass die Pläne für die Zukunft mehr kosten als Einnahmen in Aussicht stehen. Nicht zu vergessen die vielfältigen Krisenherde im familiären Zusammenleben. Und bei der heutigen Arbeitsmarktlage gehören Konflikte im Beruf bedauerlicherweise ebenfalls zur Tagesordnung. Da übernimmt ein Konzern einen anderen, aber man ist nur an den Forschungsergebnissen und den Kunden des übernommenen interessiert, nicht am Personal, das anschließend mittels einer Methode «entsorgt» wird, für die es inzwischen recht hübsche Namen gibt. Die Aufzählung ließe sich beliebig fortsetzen. Enttäuschungen auf allen möglichen Gebieten gehören dazu und natürlich auch die Gesundheit. Die Lebenssituationen in unserer Zeit können krank machen, zum Beispiel, wenn jemand meint, kein Licht am Ende des Tunnels mehr zu sehen.

Die Maßnahme, die ich Ihnen ans Herz legen will, ist kein Allheilmittel gegen kollektive Zustände, die sich seit den Pharaonen, was die Mentalität der herrschenden Schicht betrifft, kaum geändert haben. Aber sie könnte Ihnen helfen, Ihre Nische zu finden, in der Sie im Geiste taoistischen Denkens in Ruhe und Frieden leben und wirken können. Wo Sie der Schuh drückt, wissen außer Ihnen meist nur wenige Menschen. Man verschweigt die eigenen Schwierigkeiten, um ja das Bild nicht zu beschädigen, das man nach außen allen Problemen zum Trotz eisern aufrechterhält. Der erste Schritt, am Fundament Ihres Lebensproblems zu rütteln, wäre die Öffnung nach außen. Geben Sie alles Bemühen auf, Ihrer Umwelt eine problemfreie Situation vorzuspielen, wenn diese gar nicht existiert. Ich halte es zum Beispiel für verkehrt, Geldmangel zu verschleiern, nur damit andere Leute nicht auf uns herabsehen. Wer uns um des Besitzes willen schätzt, mag uns gestohlen bleiben. Ihre Situation offenzulegen, Schluss mit aller Schönfärberei zu machen, schafft ungemeine Erleichterung. Zumal damit auch aller etwa vorhandene Selbsttäuschung die Basis entzogen wird. Wenn zum Beispiel Ihr Partner eine andere hat, dann ist das kein Grund, sich zu schämen. Er muss sich schämen, und das widerfährt ihm am ehesten, wenn alle Welt Ihrer Umgebung erfährt, was für ein Mensch er ist. Oder wenn Sie sehr unglücklich mit Ihrer Stellung sind. Wenn Sie darüber sprechen, sich outen, wie man heute sagt, dann gibt es eher Chancen, dass aus einer unerwarteten Ecke ein Rat kommt, der Ihnen aus den Schwierigkeiten hilft.

Das Problem nach außen dringen lassen wäre Stufe eins. Sie werden staunen, wie plötzlich der innere Druck nachlässt, wenn Sie das tun. Der nächste Schritt ist schwieriger, schwächt das Fundament Ihrer Lasten aber dafür deutlich kraftvoller. Er lautet: aufgeben oder modifizieren. Was heißt, dass Sie als ein Bauingenieur, der seit zwei Jahren ohne Stellung ist, aber immer noch darauf besteht, eine ähnliche Position wie die verlorene wiederzufinden, umdenken und sich Alternativen öffnen sollten. Oder dass Sie als eine permanent betrogene Frau endlich bereit sind, die Beziehung aufzugeben, statt immer noch auf Besserung zu hoffen. Oder wenn Sie auf sportlichem Gebiet um Meisterehren ringen, aber merken, dass Ihnen die Kräfte fehlen, die Konkurrenz hinter sich zu lassen, auf den Wahn vom Siegerpodest verzichten. Es gilt, in diesem Schritt zu erkennen, wann man verloren hat. Das ist die einzige Möglichkeit, sich neue, wahrscheinlich bessere Horizonte zu erschließen und damit das Fundament eines Problems ins Wanken zu bringen. Ich kenne etliche Menschen, die sich voller Sehnsucht wünschen, Schriftsteller zu werden. Aber: Einige kommen bereits über die erste Hürde, nämlich, ein vollständiges Manuskript zu schreiben, nicht hinaus. Es bleibt bei Notizen und Fragmenten. Andere schaffen das Manuskript, aber kein Mensch will es drucken. Schließlich fallen manche auf fragwürdige Angebote herein, auf eigene Kosten ihr Werk drucken zu lassen und bei der Druckerei einzulagern. Auch hier wäre der Abschied von einer lieb gewordenen Idee der richtige Schritt, dem Problem das Rückgrat zu brechen. Es gilt, bei diesem zweiten Schritt daran zu denken: Jedem Ende wohnt ein neuer Anfang inne.

Die zwei Schritte – offenlegen und aufgeben beziehungsweise

modifizieren – mögen Sie als allgemeine psychologische Ratschläge zur Lebenskunst empfinden. Was stimmt. Aber es gibt darüber hinaus noch ein Element, das nur der Mensch des WEGES zu erkennen vermag. Die Beobachtung Ihres Verhaltens beim Praktizieren der vorgeschlagenen Maßnahmen! Es ist Ihre Aufmerksamkeit, die jene Klarheit in Ihnen schafft, aus der heraus Ihr Geist die Kraft schöpft, aus einer unerträglichen Situation die Konsequenzen zu ziehen und Schluss zu machen. Wenn sich die Besserung des Status quo einstellen wird, verdanken Sie das der Energie, die Ihrer Beobachtung innewohnt. Sie können im Nachvollziehen der Vorschläge gar nicht anders als mit dieser intensiven Achtsamkeit auf Ihr Leben blicken. Und das wird sich relativ kurzfristig in einer spürbaren positiven Veränderung ausdrücken. Die Veränderung wird damit einsetzen, dass Sie mit den beiden Maßnahmen bereits emotionale Lasten abwerfen und einen Hauch von Freiheit zu spüren beginnen.

Signale

Er stellte sich bei unserer ersten Begegnung vor ungefähr neun Jahren als Giorgio Manfredi vor, als er uns unangemeldet an einem Samstagnachmittag in Begleitung seines Labrador Retrievers besuchte. Wir erfuhren, dass er von Beruf *avvocato* sei und für das Amt des Bürgermeisters kandidiere. Damals herrschten im Rathaus seltsame Zustände, die amtierende Bürgermeisterin ließ sich niemals sehen und wurde von einem mürrischen älteren Mann vertreten, dessen Namen ich heute noch nicht kenne. So war es für Giorgio ein Leichtes, die Wahl zu gewinnen. Während seiner Amtszeit wurde er uns zum guten, wohlwollenden Freund, und wir fanden mit unseren Belangen immer ein offenes Ohr bei ihm. So ließ er die kleine Straße zu unserem Haus asphaltieren und instand halten, obgleich die Kommune das nicht hätte machen müssen. Giorgio setzte auf Fortschritt und Kultur und machte sich leider damit bei der stockkonservativen Einwohnerschaft – Viehzüchtern, Weinbauern und Trüffelsammlern –, deren Durchschnittsalter zusammengerechnet ein paar tausend Jahre betragen mochte, nicht besonders beliebt. Der Termin seiner Wiederwahl rückte heran, und die Signale standen, wollte man der Buschtrommel glauben, auf Niederlage. Der Gegenkandidat faselte von der Erhaltung der Tradition und meinte damit quasi einen Rückfall in Sitten und Gebräuche aus dem vorigen Jahrhundert. Und gewann damit eine beträchtliche Anhängerschaft. Die Verbündeten Giorgios telefonierten herum und beschworen jeden, den sie erreichten, ihm doch ihre Stimme zu geben und die drohende Katastrophe zu verhindern. Wir sagten natürlich zu, aber am Wahltag wurden wir zwei Meter vor der Wahlurne nach Hause geschickt. Wir hatten aus Unkenntnis versäumt, uns eine Woche vorher ins Wählerverzeichnis eintragen zu lassen. Am entscheidenden Sonntagvormittag saß ich um elf Uhr auf dem Sofa und grübelte über die Konsequenzen nach, die ein Wahlsieg von Giorgios Konkurrenten für uns haben könnte. Meine Frau hatte Jahre vorher einen Töpfermarkt ins Leben gerufen, der in Fachkreisen zunehmend bekannter wurde und auch viel Publikum ins Dorf führte. Damit wäre es gewiss aus und vorbei gewesen. Auch so manche ziemlich saloppe Auslegung behördlicher Vorschriften wäre uns in Zukunft wohl nicht mehr so ohne weiteres verziehen worden. Ich ließ zu, dass diese Eindrücke mit ihrer ganzen Tragik auf mich einwirkten. Giorgio durfte nicht verlieren. Ich verbrachte mit diesem eindringlichen Blick auf das Problem nur wenige Minuten, aber es geschah mit der klaren Absicht, dem universalen Wesensteil in mir ein Signal, ja einen Hilferuf zu senden, und zwar genau in der Art und Weise, deren Wirkkraft ich aus vielen anderen Krisen bereits kannte. Dann wandte ich mich wieder anderen Dingen zu. Die Wahl war zu jenem Zeitpunkt bereits angelaufen und würde am Abend abgeschlossen sein. Wir erwarteten nichts und erhofften wenig. Doch dann erfuhren wir es Tage später: Giorgio war allem Protest zum Trotz in seinem Amt bestätigt worden. Unser Freund im Rathaus war uns erhalten geblieben. Ich möchte es Ihnen überlassen, welche Schlussfolgerungen Sie aus meinem Bericht ziehen. Aus meiner subjektiven Perspektive war ich wieder einmal zum Augenzeugen der Wirksamkeit taoistischer Lebenskunst geworden.

Ich erzähle diese kleine Geschichte in aller Bescheidenheit. Ich berichte von Vorgängen, die sich, wie bereits mehrfach betont, ebenso gut in Ihrem Leben abspielen können oder sich in ähnlicher Form in der Vergangenheit bereits ereignet haben. Meine Aufgabe als Autor eines Buches über Lebenshilfe im Geist des Tao empfinde ich ähnlich der Funktion einer Kompassnadel, die auf den magnetischen Nordpol weist, der symbolisch für die Impulse steht, die Ihrem Leben die Wende schenken können. Wir werden uns in diesem Kapitel mit der Wirkung von Signalen beschäftigen, den oft geschmähten Zufall zu Wort kommen lassen und uns mit geistigen Nebelwänden, Aberglauben und den im Menschen schlummernden Fähigkeiten zu einem gewissen Vorauswissen auseinandersetzen. Manches darunter wird weniger Interesse bei Ihnen finden, weil Sie nicht unmittelbar betroffen sind und das Thema nichts mit Ihren Wünschen oder Problemen zu tun hat. Hier bitte ich zu bedenken, dass vieles, das Ihnen nichts sagt (Ihnen vielleicht aber trotzdem von Nutzen ist), für andere wichtig sein kann. Ich weiß aus tausend Leserbriefen, dass es oft ein einziger Satz ist, der am Ende die Initialzündung auslöst. Wir wollen miteinander den Acker Ihres Daseins bis tief hinunter in seine Wurzeln umpflügen. Wenden wir uns also als Erstes den Signalen zu.

Die Natur lehrt es uns. Für die Zecke, die auf einem Strauch lauert, bedeutet die Ausstrahlung von Körperwärme, dass sich eine Beute nähert. Bleibt das Wärmesignal längere Zeit aus, lautet die Botschaft, dass es nichts zu saugen gibt. Sie reagiert darauf, indem sie ihren Standort ändert und ihn in die Nähe eines Wildwechsels (oder ins Gebüsch neben dem Kindergarten) verlegt. Ähnlich verhält es sich mit den unwillkürlichen Augenreflexen des Frosches oder einer Schlange. Beide erkennen eine Beute nur dann, wenn sie sich bewegt. So retten Menschen sich vor dem Biss einer Klapperschlange, indem sie kein Glied rühren und so verharren, bis das Tier abgelenkt wird und sie sich in Sicherheit bringen können. Der Unterschied zwischen Zecke und Schlange besteht darin, dass die Zecke keine Nahrungsquelle verpasst, wenn das Signal ausbleibt, weil tatsächlich nichts angeboten ist. Schlange und Frosch dagegen können hungernd einer Beute gegenüberstehen und die Chance, sich zu bedienen, trotzdem nicht erkennen, weil diese sich nicht rührt. Ähnlich funktioniert das auch bei uns Menschen, wenn wir nach Glück und Erfüllung suchen.

Das menschliche Gehirn ist viel höher entwickelt als das von Insekten und Reptilien. Allerdings schlummern in unserem Stammhirn über Jahrmillionen hinweg immer noch die Reflexe unserer animalischen Vorfahren. Das scheint einer der Gründe zu sein, weshalb wir uns in kritischen Situationen oft ähnlich stereotyp wie Insekten und Reptilien verhalten. Das glauben Sie nicht? Wo wir doch die «Krone der Schöpfung» sind und allem anderen

Leben auf Erden haushoch überlegen? Was macht denn der Spieler am Roulettetisch anderes als die Zecke, die vergebens auf den Anstieg ihrer Umgebungstemperatur wartet, wenn er sein letztes Geld immer wieder auf Schwarz setzt, weil er sicher ist, dass nach mehrfachem Rot endlich wieder Schwarz kommen muss? Beide Verhaltensmuster stimmen überein. Mit der einzigen hässlichen Einschränkung: Am Standort der Zecke kommt womöglich ein halbes Jahr kein Tier oder Mensch vorbei – und die Farbe Rot kann statistisch bis zu fünfzehn- oder sogar zwanzigmal hintereinander kommen, bis die Kugel wieder auf Schwarz fällt. Aber die Zecke ist fähig, monatelang zu hungern. Ob der Spieler seine unvernünftigen Verluste verkraftet oder irgendwann auf der Straße sitzt, ist die andere Frage. Er verhält sich bei der Beurteilung seiner Gewinnchancen nicht anders als unsere Zecke.

Im Geschäftsbereich gibt es ebenfalls Signale, die wir gerne ignorieren, weil sie uns Misslingen ankündigen. Mir ist das in früheren Jahren nicht selten passiert: Da verhandeln Sie mit einem Interessenten über einen Auftrag oder über die Verlängerung, Erweiterung einer Unternehmung, und Ihr Gegenüber weicht Ihnen ständig aus, wenn Sie die entscheidende Frage nach Ja oder Nein stellen. Sie spüren wohl sein Zaudern, aber Ihr Wunschdenken sorgt dafür, dass Sie lange nicht das Signal «Partie verloren» erkennen und auf eine andere Strategie umsteigen. Das Gleiche passiert Tausende Male täglich bei Auseinandersetzungen in Liebesdingen. Da stehen Männer in der leeren Wohnung, weil ihre Lebenspartnerin sie verlassen hat. Sie leiden und grübeln darüber, warum dies so plötzlich geschehen ist. Und hier liegt der Fehler: Es ist überhaupt nicht plötzlich geschehen. Die Frau hat viele Monate lang bestimmte Dinge reklamiert, um Änderung gebeten. Später folgten leise Andeutungen einer möglichen Trennung. Aber der Mann hat auf keines dieser Signale reagiert, weil ihm die Möglichkeit des Verlassenwerdens in seiner Selbstgefälligkeit gar nicht in den Sinn kam. Das kann selbstverständlich auch umgekehrt passieren, dass der Mann geht und die Partnerin viel zu spät im Vertrauen auf ihre Anziehungskraft die zunehmenden Signale der Entfremdung, ausgelöst durch eine Konkurrentin, übersehen hat. Oder ein Freund bleibt Ihnen die Antwort, einen Anruf oder eine Mail schuldig. Das Null-Signal ist trotz seines passiven Charakters eine Botschaft, vielleicht sogar ein stummer Hilfeschrei. Oder der Sprache eines geliebten Menschen fehlt seit einer Weile ein bestimmter Klang. Die Abwesenheit dieses Tons ist eine Nachricht für Sie. Es kann auch das Fehlen einer dynamischen Körperhaltung sein, die Ihnen etwas sagen möchte. Die Beispiele ließen sich unbegrenzt fortsetzen. (So fehlten im vorigen Jahr im Sortiment unserer Lieblingsgärtnerei bestimmte Pflanzen. Es brauchte eine Weile, bis wir etwas merkten: Die Inhaberin war nach der Enttäuschung mit einem potenziellen Käufer ihres Geschäftes müde geworden und nahm ihr Warenangebot Stufe um Stufe zurück. Wir mussten uns für den laufenden Bedarf nach einer anderen Firma umschauen.) Achten Sie künftig stärker darauf. Sie werden merken, dass es eine Menge Lebenssituationen gibt, wo ein plötzlich nicht mehr vorhandenes Signal Ihre Aufmerksamkeit verdient.

Auch in Glaubensdinge wirken die animalischen Reflexe unseres Stammhirnes hinein. In einem Dasein, dessen Ungewissheiten uns permanent begleiten, erscheint die Hinwendung zur Religion der richtige Schritt zu sein. Die Weltreligionen haben ihre Wunder und Mysterien, und wer daran glaubt, wird mit seiner Spiritualität keine Probleme haben. Sein Verstand wird normale Geschehnisse des täglichen Lebens als göttliche Signale deuten. Unerwartete Begegnungen, Geldeingänge, positive Zusagen in Berufs- oder Herzensangelegenheiten verleiten dazu, sie dankbar der Gnade des Höchsten zuzuschreiben. Was im tiefsten Innern der Vorgänge nicht falsch ist, lediglich die Gutschrift dafür müsste der Gläubige an sich selbst adressieren. Wir stehen vor mehr als einem Paradox, wenn wir verstehen wollen, wie Signale entstehen, welche Botschaft sie uns vermitteln und was in gewissen Fällen ihr Ausbleiben an Mitteilungen für uns bereithält. Hinzu kommt, dass wir selbst Signale aussenden, vielfach unbewusst oder unwillkürlich. Und wo bleibt in unserer Betrachtung das Tao? Sendet der Grund der Dinge Signale aus wie einst der Gott Israels, der laut den biblischen Überlieferungen den Propheten seinen Willen zur Weiterleitung an das ungehorsame Volk verkündete? So etwas ist vom Tao nicht zu erwarten. Weil es sich nicht bewegt. Laut Laotse tut das Tao nichts, und dennoch bleibt nichts ungetan. Krishnamurti nannte das schöpferische Prinzip den «unbewegten Beweger». Als ein Mensch, der sich der taoistischen Lebenskunst verschreibt, befinden Sie sich in der grotesken Situation, dass Nichthandeln in einer engen Verbindung mit den Impulsen stattfindet, die sich vom Urgrund in Ihnen rühren. Und diese Impulse, die ich hier Signale nenne, sind aber keinem fernen himmlischen Absender zu verdanken – sondern sie werden vom taoistischen Wesensanteil Ihres eigenen Bewusstseins erzeugt. Sie sind also in Ihrer Kommunion mit dem Unendlichen sowohl der Empfänger wie auch der Absender! In unserer Analyse der Signale lässt sich dennoch trotz der Unlogik Klarheit schaffen. Denn der Empfänger der Signale ist Materie, Ihr Gehirn nämlich samt seinen steinzeitlichen Rudimenten, während der Verursacher der Impulse rein geistige Substanz ist, Geist, der in Ihnen wohnt, aber darüber hinaus die Welt umfasst. Das nächste Paradox klärt sich aus dieser Sicht ebenfalls auf: Auch Ihre Umwelt sendet Signale aus, die Ihr Fühlen und Handeln inspirieren wollen. Aber da Sie und Ihre Welt unter der sichtbaren Oberfläche nicht getrennt voneinander sind, fließen die Identitäten von Signalgeber und -empfänger ebenfalls zu einer Einheit zusammen.

Der langen Rede kurzer Rat lautet wieder einmal: Achtsamkeit. Das Leben ist voller Signale, die ihre Botschaften durch Auftreten oder Ausbleiben bestimmter Ereignisse an Ihre werte Person loswerden wollen. Seien Sie sich bewusst, diese Hinweise haben ihre Wurzeln in jener Intelligenz, die in Ihnen wohnt, die aber dennoch nicht die Ihre, sondern die des Universums ist. Aus diesem Geist heraus wollen wir auch den nächsten Schritt tun und uns der Frage «Zufall oder ewiges Gesetz?» zuwenden.

◼ ◼

Ich möchte gerne mit Ihnen darüber diskutieren, ob und wie viel Zufall es gibt oder ob das Regelwerk unseres Lebens ausschließlich das Produkt sich gegenseitig beeinflussender Naturgesetze ist. Wie sprach der Weise? «Wenn ich den Finger hebe, bebt die Erde.»

Oder «Der Flügelschlag eines Schmetterlings kann ein Erdbeben auslösen» – diesmal hatte ein Physiker das Wort. Das klingt nach ewigen Gesetzmäßigkeiten, ein Ding löst im Dominoeffekt das nächste und alle weiteren aus. Wobei sich die Frage erhebt, welches Ding wann mit der Kettenreaktion angefangen hat. Zu behaupten, das Ding wäre jenes Meerestier gewesen, das an Land stieg, weil ihm Beine gewachsen waren, würde den Kern nicht treffen. Denn dann müsste ich weiter bohren und rückfragen, was es denn dann mit diesen Beinen für eine Bewandtnis habe. Etwas muss doch diese Mutation der sich plötzlich verformenden Flossen ausgelöst haben. Und noch früher dürfte sich das fragliche Wesen wohl aus einem Einzeller gebildet haben. Wer hat denn diesen veranlasst, kein Einzeller mehr sein zu wollen? Verbirgt sich hinter der Geschichte vom Beginn der Evolution irdischen Lebens ein Auftraggeber, ein himmlischer Genmanipulator, der irgendwo im All an einem geheim gehaltenen Ort sein Labor betreibt?

Ich erlebe immer wieder, wie Menschen sich vor Ablehnung beinahe schütteln, wenn vom Zufall und von seiner Wirkung auf unser Schicksal geredet wird. Die Vorstellung, das Gelingen seines Lebens würde von nichts anderem als einer Kette sich gegenseitig beeinflussender Zufälle abhängen, kann einen Menschen schon zum Glauben an die ewigen Gesetze bekehren. Die Krönung des Schreckens wäre wohl der Verdacht, der Grund der Dinge könnte selbst ein Zufallsprodukt sein, das aus einem Super-Nichts durch irgendwelche unerklärlichen Wirkungen entstanden ist oder sich gebildet hat. Das klingt in Ihren Ohren wie Häresie, das ist auch gewollt, um zu beweisen, wie weit Denken sich ins Absurde steigern kann. Freilich ist nicht ausgeschlossen, dass sich im Absurden das unvorstellbare Mögliche verbirgt. Krishnamurti schließt laut aufgezeichneten Gesprächen mit Professor David Bohm nicht aus, dass das schöpferische Prinzip sich ebenfalls durch Werden und Vergehen erneuern könnte und nicht diesen ewigen Bestand hat, den wir ihm zur eigenen Sicherheit zuschreiben. Man denkt nicht gerne an die Möglichkeit, die verursachenden Kräfte des Universums könnten womöglich selbst einem Wandel oder sogar der Zerstörung ausgesetzt sein. Die Furcht vor Einsichten, die bis zu einem gewissen Grad die Wirkkraft unseres freien Willens in Frage stellen, ist einer der Beweggründe, dass Menschen lieber eine bis ins Kleinste durchkonstruierte Ordnung der Dinge akzeptieren als das Chaos eines Zufallsgenerators. Wie sagte Schopenhauer sinngemäß? «Wenn ein fallender Stein Bewusstsein hätte, würde er die Gravitation für seinen Willen halten.» Ich verneine damit nicht die Frage, ob wir nun einen haben oder nicht – ich weise nur darauf hin, dass sie falsch formuliert ist. Sie müsste besser lauten, ob wir bei der Verfolgung unserer Ziele fähig sind, unsere Willensakte in Harmonie mit dem Lauf der Dinge abzustimmen.

Sie erwarten nach den vorausgegangenen Überlegungen sicher eine Antwort, wie sich die Philosophie des Tao zu diesem Themenkomplex stellt. Fragen wir doch Chuang tzu. Wie ich ihn aus seinen Schriften einschätze, wird er lächeln und weise sagen: *«Was macht ihr euch darüber Gedanken? Seid ihr bisher mit den Zufällen eures Lebens nicht ganz gut zurechtgekommen? Und habt ihr euch mit den Gesetzen der Natur nicht arrangiert und richtet euch danach? Ihr habt gelernt, wenn ihr mit hundert Sachen gegen eine Mauer rast, rächt sich die Natur, und wenn ihr vorher bremst, drückt euch die Fliehkraft gegen den Sicherheitsgurt. Merkt ihr denn nicht, dass Zufall und ewige Gesetze ein und dasselbe sind? Ihr könnt eine Abfolge von Ereignissen ebenso gut als Kausalkette wie auch als eine sich gegenseitig beeinflussende Serie von Zufällen definieren. Die Dinge beeinflussen sich gegenseitig, und man nennt das Wechselwirkungen. Es kommt allein auf den Standort an, von dem ihr auf euer Leben schaut.»* Was ich Chuang tzu hier in den Mund lege, lässt sich an einem primitiven Beispiel erklären. Ich habe es bei Seminaren früher schon benutzt, und manchen von Ihnen wird es irgendwie bekannt vorkommen. Es ist ein warmer Sommertag. Sie sitzen mit nackten, übereinander geschlagenen Beinen im Freien. Auf das Knie des oben befindlichen Beines legen Sie vorsichtig, sodass sie nicht sofort wieder herunterrollt, eine Murmel, vielleicht auch eine kleine verchromte Kugel. Sie verhalten sich völlig still. Jede noch so geringe Bewegung wird die Kugel vom Knie herunterrollen lassen. Natürlich halten Sie diese starre Position nicht lange durch. Es fragt sich nur, was die Veränderung auslöst. Denn davon hängt es ab, an welcher Seite die Kugel zu Boden fällt. Die Störung der Balance kann von Ihrem Willen ausgelöst werden, sie suchen eine bequemere Position, rücken ein winziges bisschen nach links, und die Kugel rollt in der Gegenrichtung hinab. Oder Sie halten ganz und gar still. Aber da gibt es eine Schnake. Sie kommt vom Nachbargrundstück herübergeflogen. Dort hat soeben der Postbote seinen Dienst versehen. Die Schnake war im Begriff, den Mann in den nackten Arm zu stechen, denn er hat die Ärmel hochgekrempelt. Aber da fallen ihm zwei Briefe herunter, er bückt sich, um sie aufzuheben – und die Schnake segelt, von der Störung irritiert, davon. Sie sucht ein anderes Beutewesen und findet Sie. Der Augenblick, da sie zusticht, löst Ihre Reaktion aus. Heftiger, als wenn Sie behutsam, damit die Kugel nicht fällt, Ihre Haltung verändert hätten. Sticht die Schnake Sie von links in die Wade, wird die Kugel auf ihrem Weg nach unten eine andere Richtung nehmen, als wenn die Schnake Sie rechts oben am Schenkel erwischt. Es gibt Dutzende von Möglichkeiten, wie durch den Schnakenstich die Kugel ihr Gleichgewicht verliert und zu Boden fällt. Hier wird die gegenseitige Beeinflussung von ewigen Gesetzen – nämlich jenen der Gravitation, der Dienstvorschriften der Bundespost, der physischen, die Muskelkontraktionen beeinflussenden, der biologischen im Schnakenhirn – mit jenen des Zufalls deutlich sichtbar.

So wirkt der Zufall auf zahllosen Ebenen in unser Leben hinein, ohne dass uns das besonders auffiele. Vielen Menschen ist die Idee von einem vorausbestimmten Schicksal lieber, denn damit haben sie eine Ausrede für das eigene Versagen. Wenn höhere Mächte, lange bevor jemand von Zielen träumt, bereits beschlossen haben, dass aus diesen Plänen nichts wird, kann der Betroffene allezeit voller Selbstmitleid Gott und der Welt, die nicht mit seinen Träumen kooperierte, die Schuld in die Schuhe schieben. Der Mensch des Tao dagegen sagt ja zum Zufall. Weil er begriffen hat, dass es genau die unvorhersehbaren, unkalkulierbaren Wirkungen sind, deren Verursacher zu einem wesentlichen Teil seine eigene Beobachtung der Dinge ist.

Sonne und Regen,
Schatten und Licht.
Alles ist Zufall
fürchte dich nicht.

■ ■

Während ich am Manuskript für dieses Buch schreibe, ist es November geworden, und es stellen sich in Anlehnung an die Erscheinungen dieses Monats und im Zusammenhang mit dem Leitthema dieses Kapitels Gedanken über die geistige Nebelwand ein, vor der wir manchmal stehen – und dies nicht nur ein paar herbstliche Wochen im Jahr. Scheinbar haben wir das Bedürfnis nach einem vollkommenen Durchblick in den Angelegenheiten unseres Lebens. Aber stimmt das wirklich? Ist es nicht eher so, dass da immer wieder Dinge auftauchen, Signale, die wir am liebsten ignorieren oder, wenn das nicht geht, mindestens nicht so genau besehen möchten? Das beginnt manchmal mit Zahnweh oder Schmerzen an irgendeiner Stelle des Körpers. Wir könnten die Sache rasch durch einen Besuch beim Zahnarzt oder Arzt klären, aber nein, das tun wir nicht. Lieber verstecken wir unsere heimliche Sorge hinter der Nebelwand der Ungewissheit. Es könnte sich ja etwas Schlimmes herausstellen – eine Kieferoperation oder ein Eingriff am Kniegelenk, wenn wir uns Gewissheit verschafften. Oder in unseren Beziehungen. Da merken wir, dass ein geliebter Mensch sich seit einiger Zeit uns gegenüber anders verhält, andere Signale aussendet, als wir es gewohnt sind. Doch statt in einem offenen Gespräch Klarheit über eine etwa veränderte oder sich verändernde emotionale Situation zu suchen, verstecken wir unsere Besorgnis hinter dieser geistigen Nebelwand. In der trügerischen Zuversicht, wenn wir uns keine Gewissheit verschafften, würde es auch die Krise nicht geben, die uns insgeheim so ängstigt. Die Beispiele von Anlässen, die uns zur Flucht in den Nebel verleiten, lassen sich auf alle Gebiete unseres Alltags übertragen, bis hin zum seltsamen Rumoren vom Unterboden unseres alten Autos her, dem wir nicht nachgehen, weil wir einen Totalschaden befürchten.

Ähnliches passiert auch auf der Ebene unseres Geistes. Es wäre unsinnig, wenn wir Tag für Tag und jede Stunde unseres Daseins im Gefühl der zeitlichen Begrenztheit dieses Lebens verbringen würden. Wahrscheinlich begleitet uns dieses Wissen unterschwellig ohnehin ständig, und bei vielen unserer Sorgen lauert im tiefsten Grund unseres Unbewussten die Angst, dass die letzte Konsequenz eines eskalierenden Problems unser Ende bedeuten könnte. Hier suchen wir ebenfalls Schutz hinter der geistigen Nebelwand. Auf der einen Seite neigen wir in unserer Besorgnis dazu, uns die Folgen selbst kleinerer Krisen, wie sie im Allgemeinen regelmäßig auftreten, in den schlimmstmöglichen Farben auszumalen – und auf der anderen Seite fliehen wir in den Nebel des Unwissens vor etwas, das es gar nicht gäbe, wenn wir keine so lebhafte Phantasie hätten. Es handelt sich also um einen selbst erzeugten Nebel, mit dem wir der Tatsache unserer Endlichkeit auszuweichen versuchen. Es wäre doch vernünftiger, sich mit den unverrückbaren Tatsachen zu verbünden und dafür mehr Abstand zu den Angstvisionen zu nehmen, die unsere Phantasie bei jedem mittelgroßen Problem zusammenbraut. Das alles wäre freilich leichter zu realisieren, wenn es da nicht obendrein die Ungewissheit gäbe, wie sehr das emotional und intellektuell akzeptierte Ende ein Ende ist – oder ob es danach eine Fortsetzung gibt.

Hier erhebt sich die nächste Nebelwand vor unserem Geist. Wir können nicht wissen, wie es weitergeht. Der Einwand, dass die vielen Religionen, Philosophien und Sekten uns darüber ausführlich Auskunft geben und mit Ratschlägen, wie man sich zu verhalten habe, wahrhaft nicht sparen, hilft hier nicht. Denn ebendiese beinahe unzähligen Lehren bilden ja die gewaltige Nebelwand vor dem geistigen Auge der Menschheit. Die Heilswege sind Spender von Lebensrichtlinien und im Grund der Fluchtweg aus der Furcht vor dem Ungewissen. Sie vermitteln scheinbar die Gewissheiten, die der Mensch braucht, um nicht ständig vor der Tatsache seiner begrenzten Lebenszeit davonlaufen zu müssen. Zwingen uns solche Betrachtungen nun, unsere Tage nackt und bloß und ungeschützt vor der hundsgemeinen Ungewissheit dieser begrenzten Existenz zu verbringen? Nein, ganz gewiss nicht. Die Nebelwand verschwindet, wenn wir damit beginnen, uns als Erstes den Tatsachen unseres alltäglichen Lebens zu stellen. Wenn wir bei jeder Schwierigkeit, die im materiellen Bereich auftaucht, leichten Gemütes hinschauen. Und wenn sich die üblichen kruden Ideen, was alles passieren könnte, einstellen – dann sollten wir in ein Gelächter ausbrechen, weil klar ist, dass wir die Dramen selbst erfinden, die uns Angst machen. Weiter wäre gut, auch auf den Schutz der metaphysischen Nebelwände zu verzichten. Seien wir doch zum Nichtwissen bereit. Und vor allem: Wir sollten hinter dem Nichtwissen nichts Schreckliches vermuten – denn damit würden wir Nichtwissen selbst wieder in Nebel verwandeln. Fragen Sie sich doch einmal, warum wir hinter den Nebeln immer nur Negatives vermuten. Drehen Sie den Spieß doch einmal um und probieren Sie etwas aus: Wenn Sie das nächste Mal merken, dass ein Problem in Ihrer Phantasie schrecklich eskaliert, dann denken Sie sich doch als das mögliche Ende ein wunderschönes Szenarium aus, in dem Ihnen die Wonnen des Nichtseins winken. Sie und Ihre Szenarien, die wirklichen wie die zusammenphantasierten, sind nicht getrennt voneinander. Und das, was von Ihrem Selbst eines unbekannten Tages übrig bleibt, wird noch immer Ihre heute schon vorhandene universale Identität sein. Überlegen Sie: Die Evolution hat mit dem menschlichen Organismus, mit dem Leben in der Natur und seinen Wundern doch äußerst komplizierte Mechanismen geschaffen, die keine noch so ausgereifte Technik mit der gleichen Selbstverständlichkeit nachbauen könnte. Jahrmilliarden der Entwicklung können nach den Gesetzen der Logik, sofern sie überhaupt gültig sind, nicht allein im sinnlosen Dahinschwinden von Leben im relativen Zeittakt von Eintagsfliegen eingesetzt worden sein. Diese vielschichtigen Organismen einschließlich des Menschen sind entstanden, damit sie etwas erleben. Ich halte es nicht für ausgeschlossen, dass dieses globale Erleben, wenn es zum Grund zurückkehrt, auch auf ihn einwirkt und ihn, wie weiter oben bereits erwähnt, vielleicht sogar verändert. Die Nebelwände, ob materiell oder geistig, lösen sich auf, wenn wir bereit zum Nichtwissen sind – und auf die unbekannten Felder der Zeit vor uns mit faszinierter Neugier, mit der heiteren Erwartung von etwas gänzlich Neuem blicken.

Eng mit der dunklen Jahreszeit verbunden sind Phänomene wie Mystik und Aberglauben, die auch heute noch in unser Leben hineinwirken. Lassen Sie uns darum im Sinne unserer Zielsetzung, Träume in gelebte Tatsachen zu verwandeln, eine kleine Weile bei ihnen verweilen. Während der dunklen Monate war der Kampf ums Überleben in alter Zeit mit dem Glauben an die Wirksamkeit von Bräuchen und Überlieferungen verbunden, der heute noch im Menschen schlummert. Die Mystik unserer Urvorfahren, ihr Vertrauen in die Wirksamkeit von Tänzen ums Feuer und vielen anderen Ritualen lebt in einer verborgenen Nische unserer Psyche weiter fort. Denken Sie an die Lichterketten, wo Hunderte brennender Kerzen den Menschen unbewusst das Gefühl geben, sie würden damit die Götter gnädig für ihr Anliegen stimmen. Oder an den im Volk weitverbreiteten Aberglauben, gegen den keiner von uns vollständig immun ist. Wir haben eine seltsame Scheu vor der Zahl 13, und wir klopfen auf Holz, wenn wir eine Hoffnung laut aussprechen, damit das Schicksal ausgesperrt wird, das sie zunichtemachen könnte. Bewegt Sie nicht beim Anblick einer Sternschnuppe das Verlangen, einen Wunsch auszusprechen, und sei es nur in einem blitzschnell formulierten Gedanken? Ich denke, da rührt sich etwas in uns, das auch ohne Aberglauben wirksam werden möchte. In uns wohnt über die Jahrtausende hinweg noch immer etwas Urtümliches, eine Wesenheit innerhalb unserer Psyche, die auf Signale der Natur oder der Außenwelt reagiert. Ein Wesen, das nach meinem Gefühl die Geheimnisse, das Unentdeckte im eigenen Leben insgeheim liebt und braucht – und das eines Tages in einer Sternstunde erkennt, dass es diese selbst erzeugt.

Die in uns aus dem Untergrund wirkende Mystik kann zum realen Nothelfer werden. Das verlangt freilich ein grundlegendes Umdenken in Bezug auf die Möglichkeiten, die uns zur Beeinflussung drohender oder zumindest vermuteter Gefahren zur Verfügung stehen. Die Rituale der Vorzeit hätten sich einst ohne die Erfahrung von Erfolgserlebnissen nicht Jahrhunderte überdauernd etablieren können. Der Intellekt der Menschen einst wusste nichts von der Einheit der Dinge, es gab keine philosophischen Strömungen mit dem Ziel einer Überwindung der Subjekt-Objekt-Beziehung zu den Dingen. Allerdings war das individuelle Bewusstsein nicht so stark ausgeprägt wie beim Menschen der Moderne. Man identifizierte sich sehr viel stärker als heute mit der Sippe, dem Stamm. Die positiven Auswirkungen des Aberglaubens wurden der Gemeinschaft und nicht dem Individuum gutgeschrieben. Dennoch zweifle ich nicht daran, dass die frühen Menschen instinktiv geistige Kräfte in Bewegung setzten, wie sie die Taoisten dem Chi, der Lebenskraft an sich, bescheinigten. Ich möchte Sie ermutigen, Ihre abergläubischen Regungen, diese aus dem Grund Ihrer Psyche wirkende Mystik zu bejahen und sie gezielter einzusetzen. Es gilt, mit ihr die dritte Säule der taoistischen Philosophie, die Lebensenergie des Chi, als einen Helfer in Notsituationen zum Zuge kommen zu lassen, wo die Urhorde um die Flammen tanzte und der Gläubige der Neuzeit sich ins Gebet versenkt, nachdem er eine geweihte Kerze angezündet hat. Dabei ist es gleichgültig, ob es sich um Nöte der Psyche handelt, um Blockaden beim Ringen um Erkenntnis, um versagte Lebensinhalte oder profane materielle Dinge wie zum Beispiel die Notwendigkeit, die nicht vorhandenen Mittel für ein dringend benötigtes Auto durch ein kleines Wunder aufzutreiben.

Etwa an dieser Stelle müssten Sie eigentlich rückfragen, wie Sie es anstellen sollen, um aus den mystischen Regungen Ihrer Tiefe mehr als ein paar gelegentliche Anfälle von Aberglauben zu machen. Zumal Sie Ihre «Abergläubeleien» aus Verstandesgründen selten ernst nehmen. Wobei allerdings zu vermerken wäre, dass Sie unterhalb der Verstandesschwelle durchaus heimliche Hoffnungen oder Ängste damit verbinden, die nicht unbedingt rational sind. Erinnern Sie sich? Der Magie, die Sie spürten, wenn Sie einer abergläubischen Regung nachgaben, wohnte etwas Heiteres inne, sie war auf stille Art etwas zum Genießen. Es stellte sich ein unbewusstes Wohlbehagen ein, wenn Sie die geheimnisvollen Geister der Natur beschworen, Ihnen zu Diensten zu sein. Sie hatten ein Problem, einen Wunsch, ein Anliegen ans Schicksal und griffen unbewusst auf ein Mittel der Vorzeit zurück, das Ihren Urvorfahren einst über gefährliche Situationen hinweggeholfen hat. Das Tao war damals wie heute unverändert wirksam. Richtiger: Es ist seit ewigen Zeiten still und unbewegt und dennoch erfüllt von der Magie gigantischer

Kräfte. Erfüllt von einer Kraft, die sich aus dem Nichts in einer Natur manifestiert, die für die frühen Menschen der Wohnsitz der Götter war. Seit zweitausend Jahren verlagert der christliche Glaube diese Energie himmelwärts nach der Formel: «… und die Kraft und die Herrlichkeit in Ewigkeit …» Es gibt keinen Grund, diese Kraft zu verleugnen. Der tragische Irrtum der leidenden Menschheit wurzelt in dem Mangel an Erkenntnis, dass diese Kraft sich zwar in der Natur manifestiert, aber dass sie, um sich zu realisieren, ein Medium braucht, das sie wahrnimmt, sie erlebt und sich zu Diensten macht. Dieses Medium sind Sie! Ihr Verstand mag den großen Zusammenhang nicht zu durchschauen, aber Sie sind durchaus imstande, den Einfluss Ihres Geistes auf die Natur der Dinge zu erahnen. Gestatten Sie dieser Ahnung Ihrer Macht über die Natur Ihres Daseins, sich auszubreiten. Spüren Sie die Magie Ihrer Beziehung zum Grund der Dinge intensiver als je zuvor. Fühlen Sie die fröhlichen, beglückenden, unbeschwerten Impulse, die Ihr scheinbarer Aberglaube Ihnen schenkt. Sie brauchen nicht auf Holz zu klopfen oder auf eine Sternschnuppe zu warten, der Zauber des Tao ist allezeit einsatzbereit, wenn Sie in dieses Gefühl hineinfinden und die Kraft der Natur zu spüren beginnen, die sich in Ihnen manifestiert.

■ ■

Da wir nun schon so weit in mystische Bereiche vorgedrungen sind, möchte ich, selbst auf die Gefahr hin, dass Sie mich für einen esoterischen Spinner halten, der an Wahrsager und Sterndeuter glaubt, es wagen, noch einen Schritt weiterzugehen. Bei dem Vorschlag, den ich Ihnen machen möchte, bin ich mir nicht sicher, ob Sie überhaupt wissen wollen, was Sie an speziellen, vorhersehbaren Ereignissen demnächst erwartet. Mehr oder weniger sicher bin ich mir hingegen, dass in Ihnen wie in jedem Menschen seit der Steinzeit diese Fähigkeit, Dinge vorherzusehen, vorhanden ist. Früher sprach man von weisen Frauen mit dem «Zweiten Gesicht», und heute machen seriöse Wahrsagerinnen keine schlechten Geschäfte, wenn sie ihre Klientel nicht mit Prophezeiungen täuschen, von denen sie annehmen, dass die Betroffenen es gerne hören möchten.

Ich bin mir auch einigermaßen sicher, dass der berühmte Hellseher Hanussen, der sogar in den allgemeinen Wortschatz eingegangen ist, indem man jemanden, der mit der Zukunft spekulierte, spottend einen Kleinen Hanussen nannte, gewiss über ein wohltrainiertes Organ für seine Vorhersagen verfügte. Apropos Organ: Unter Neurologen gilt es, wie ich in einem anderen Kapitel schon ausführlicher beschrieben habe, bereits als feststehende Tatsache, dass unser Gehirn Zellverbände besitzt, mit deren Hilfe wir zu spüren vermögen, was andere Menschen denken, fühlen oder vorhaben. Es gibt Forscher, die einen Schritt weitergehen und unterstellen, dass die Reichweite dieser Zellverbände über das körperliche Umfeld hinausgeht und auch aus der Ferne zu wirken imstande ist. Jeder von uns hat schon Erfahrungen gemacht, die in solche Theorien hineinpassen würden: Wir wussten spontan, was sich in Kürze ereignen würde. Fähigkeiten, die Rupert Sheldrake in seinen Werken bevorzugt Tieren zuspricht, scheinen auch im Menschen angelegt zu sein. Sie spüren im Voraus, ob Tante Emma unangekündigt zu Besuch kommt, oder es stellt sich eine Ahnung, ein Unbehagen ein, dass bestimmte, klar definierte Probleme ins Haus stehen. Natürlich spielen in solche Ahnungen auch Informationen hinein, die wir bewusst oder unbewusst bereits besitzen. Ich kann im Kopf eine Sturmwarnung spüren, aber es sind eher meine laienhaften meteorologischen Kenntnisse, die mich die Signale am Himmel richtig interpretieren lassen. Wo die Grenze zwischen Gedächtnisinhalten, aus denen wir Prognosen ableiten, und tatsächlichen augenblicklichen Eingebungen verläuft, ist vermutlich individuell verschieden. Die Grenze zwischen einer Erfahrung des «Zweiten Gesichtes» und einer intellektuellen Prognose zu finden erscheint schwierig, sie ist bei der Arbeitsweise unseres Gehirns wahrscheinlich sogar unmöglich. Im Allgemeinen dürften Fälle spontanen Vorauswissens durch das Zusammenwirken des ahnenden Instinktes mit vorhandenen Informationen zustande kommen. Unter dem Strich spielt es eine untergeordnete Rolle, ob es organische oder geistige Funktionen sind, die uns Dinge erfahren lassen, die bei ihrer Beobachtung erst als Tendenzen von Ereignissen existieren, die in den Startlöchern zum Stattfinden stehen. Ob daran die Spiegelneuronen beteiligt sind oder es in unserem Oberstübchen noch weitere, bisher unentdeckte Zellfunktionen gibt, spielt für die Umsetzung meiner nachfolgenden Anregung keine Rolle. Es geht nicht darum, wie eine Vorausschau zustande kommt – sondern darum, dass Sie im Selbstversuch herausfinden, ob Sie willentlich dazu fähig sind.

Ich schätze, dass diese – ich möchte sagen animalischen Fähigkeiten, die einst dem Menschen der Vorzeit überleben halfen, bei den Urvölkern der Gegenwart noch aktiv sind. Und aus eigenem Erleben bin ich ziemlich sicher, dass sie auch in Ihnen nach wie vor schlummern. Machen Sie einen unverbindlichen Versuch, dies herauszufinden, und wenn Ihnen der Sinn nicht danach steht, etwas über die Dinge zu erfahren, die zu geschehen sich vorbereiten, dann ist es Ihr gutes Recht, es bei diesem einmaligen Ansatz bewenden zu lassen. Mein nachfolgender Vorschlag liefert Ihnen, falls seine Umsetzung gelingt, auf jeden Fall das Wissen, dass Sie im Notfall über ein Werkzeug verfügen, das eine Situation besser durchleuchtet, als Ihre Erfahrung es vermag. Selbst wenn Sie lediglich zur Unterstützung Ihrer intellektuellen Prognosen den Reifegrad sich anbahnender Ereignisse erspüren wollten, wäre das doch ein guter Weg heraus aus vereinzelten belastenden Ungewissheiten. Wir reden von Einzelfällen. Das ganze Spektrum des Lebens zu überschauen ist uns zum Glück nicht gegeben, und das ist gut so. Falls Sie die Sache als zu sehr dem New Age entsprungen empfinden, möchte ich Ihnen versichern, dass genau das Gegenteil der Fall ist: Sie sind aufgefordert, eine Regung in sich wiederzubeleben, die wahrscheinlich näher an Ihrem Stammhirn wohnt als am Neocortex, der jüngsten Zone Ihrer Gehirnrinde.

Eine Hilfe für die Realisierung unseres Vorhabens wäre ein Blick zurück auf Ihr Leben. Gab es da nicht hin und wieder Momente, da Sie wie aus dem Nichts die Information über ein Ereignis anwehte, das sich zu realisieren im Begriff war? Wo Ihnen zum Beispiel der Gedanke an ein nahestehendes Ehepaar kam und Sie plötzlich zu wissen glaubten, dass die Freunde unter Schwierigkeiten litten? Sie griffen zum Telefon, um zu fragen, wie es denn so gehe. Und bekamen zur Antwort: «Wir lassen uns scheiden.» Oder Sie erahnten einen Sachverhalt, der schon länger beschlossen war. Sie wussten unversehens, dass der kleine Laden an der Ecke bald für immer geschlossen bleiben würde, obwohl nichts darauf hindeutete. Hier kann natürlich Ihr Wissen um die erdrückende Macht der Supermärkte an Ihrer Vorausschau beteiligt gewesen sein. Meine Anregung zielt gar nicht so sehr darauf ab, dass Sie auf der Stelle einen Akt des Vorauswissens erfahren. Es geht mehr darum, in Ihrem Sinn einen Zustand der Empfangsbereitschaft für die Signale dieser Gehirnregion, oder woher die Information immer kommen mag, herzustellen. Lassen Sie Ihre emotionalen Fühler in die Richtung einer sich gegenwärtig anbahnenden Situation ausschweifen. Dabei kann es sich durchaus um ein Ereignis handeln, das bereits stattgefunden hat, ohne dass Sie Kenntnis davon haben. Im Grunde ist unser Denken nebenher ständig mit Überlegungen beschäftigt, was als Nächstes oder Übernächstes geschehen könnte. Wir verhalten uns wie ein Unterseeboot, das via Echolot nach Untiefen und Gefahrstellen sucht. Die Schwachstelle bei der Sache sind nicht die Überlegungen an sich – die Schwäche liegt in unserer überschäumenden Phantasie. Wir übermalen Ereignisse, die nur als vage Möglichkeit existieren, mit den Farben des Schreckens und leiden dann unter unserer eigenen negativen Kreativität.

Habe ich Sie inzwischen genug irritiert, dass Sie zu lesen aufhören oder zum nächsten Kapitel umblättern? Das wäre schade. Denn im Sinne des Nichthandelns ist die Umsetzung meiner Anregungen nicht kompliziert. Sie sollen sich ja nicht für 5000 Euro zum Hellseher ausbilden lassen, dies ist auch kein Seminar für Kartenlegen oder Lesen aus dem Kaffeesatz. Hier wäre die eigentliche Aufgabe für Sie: Sie lässt sich leider nicht so präzise formulieren wie ein Rezept für Russischen Salat, denn alles, was Sie dabei sollen, ist, eine andere Art von Innenschau zu praktizieren. Horchen Sie dort hin, wo die Gabe eines eingeschränkten Vorauswissens wohnt – in Ihrem Gehirn! Sie sollen die Impulse, die sich aus dem Potenzial der jetzt vorhandenen ungeborenen Ereignisse regen, *zur Kenntnis nehmen. Beachten Sie diese, statt sie wie gewohnt zu ignorieren oder zu verdrängen.*

Erleben Sie in der Selbstbeobachtung die Pointe der Geschichte. Entdecken Sie, dass das verborgene Wissen um bereits eingetretene oder sich anbahnende Geschehnisse, die für Ihr Wohlergehen und Ihr Glück relevant sind, sich mit schöner Regelmäßigkeit Ihrem Bewusstsein mitzuteilen versucht. Es klopft leise an und wartet auf das «Hereinspaziert!», aber die Tür bleibt meistens zu, weil Sie sich lieber Sorgen oder Hoffnungen machen, als dass Sie sich Tatsachen stellen.

Die Kunst der Vorausschau ist lernbar, und zwar dadurch, dass Sie sich gegen diese Hinweise, die aus einem Land kommen, in dem es Zeit nicht gibt, nicht länger sperren. Riskieren Sie den Versuch. Sie werden überrascht sein, wie harmonisch es sich leben lässt, wenn Sie die Signale der beschriebenen Art willkommen heißen und sie für ein glückliches und erfülltes Leben nutzen.

■ Lebenskrisen

Der Retter aus der größten Krise meines Lebens kam aus Brasilien. Dorthin war er von seinem Vater, dem Chef eines in unserer Kreisstadt ansässigen Industrieunternehmens, verbannt worden, weil er unstandesgemäß eine Wiener Tänzerin geheiratet hatte. Er leitete in Südamerika den Zweigbetrieb, bis der Vater einen Herzinfarkt erlitt und man dem Sohn spontan seinen Fehltritt verzieh, wenn er heimkehrte und die Leitung des Konzerns übernähme. Er kam und verlangte sofort einen Landsitz, wie er ihn von Brasilien her gewöhnt war. Und genau diesen besaßen wir gerade eben noch, bevor die Gläubiger ihn uns unter dem Hintern wegpfändeten. Er kam, sah und kaufte. Dies war das Ende einer Leidensgeschichte, die mit unserem Traum vom Leben auf dem Lande sieben Jahre vorher begonnen hatte. Meine Frau und ich hatten beinahe gleichzeitig beschlossen, unsere ausgeübten Berufe auslaufen zu lassen und uns frei nach John Seymour von der eignen Scholle zu ernähren. Wir fanden eine 600 Jahre alte Mühle mit anderthalb Hektar Land. Sie stand unter Denkmalschutz, besaß einen eigenen Bach, ein Mühlwehr samt Turbinenhaus und umbauten Raum, der für ein Sanatorium gereicht hätte. Der Kaufpreis war geradezu niedrig, wir hatten kein Problem, den ganzen Betrag von der Bank zu leihen. Hinzu kam, dass das Landesdenkmalamt zusagte, bei der Renovierung die Maßnahmen mit 50 Prozent der Kosten zu finanzieren. Wir renovierten – wieder fremdfinanziert – wild drauflos, und die Zinsbelastungen nebst Tilgungen überschritten ziemlich bald die Einkünfte. Ich hatte beim Schweinezuchtverband um eine Lizenz für Hybridkreuzungen nachgesucht – und sie überraschend auch problemlos erhalten. Wir hielten die Tiere im Freigelände und hatten unter anderem drei ausgewachsene Eber diverser Rassen mit zu versorgen. Meine Frau züchtete Ziegen und machte Ziegenkäse und Kefir, des Weiteren baute sie eine Rassekatzenzucht auf, für die sie bald auf Ausstellungen Schönheitspreise gewann. So weit, so gut. Vielmehr, nicht so gut. Denn wo speziell ich früher bei zwölf Arbeitsstunden täglich sechsstellige Summen verdient hatte, waren inzwischen sechzehn Stunden täglich daraus geworden, während die Einkünfte sich immer mehr der Nullsumme näherten. Obgleich wir alle möglichen Landesprodukte erzeugten, einschließlich Dauerwurstwaren und Hausmacher-Konserven, und diese Woche für Woche auf etlichen Märkten feilboten, liefen die Geschäfte äußerst schlecht. Die Defizite wurden von Monat zu Monat größer. Nur merkten wir es nicht gleich, weil wir Selbstversorger waren und die Banken uns nach den Investitionen immer noch weitere Kredite zuschoben. Bis dann im siebten Jahr der Crash eintrat: Die Banken verlangten ihr Geld zurück, drohten mit Zwangsversteigerung und leiteten diese auch in die Wege. Währenddessen waren wir allen möglichen anderen Leuten Gelder schuldig geblieben: dem Futtermittellieferanten, einigen Handwerkern und den Autohändlern – denn wir fuhren längst kein bezahltes Auto mehr. Die Krankenkasse warf uns hinaus und pfändete mit. Zum Schluss verging kaum eine Woche, in der nicht via Zustellungsurkunde neue Beitritte von Gläubigern zur Zwangsversteigerung eintrafen.

Eine Situation, um sich ins Schwert zu stürzen. Die Aussichten für die Zukunft bestanden aus einem endlos verschuldeten, mittellosen Dasein. Dies war die Phase, in der ich mich nach einer Unterbrechung von dreißig Jahren noch einmal mit Spiritualität zu beschäftigen begann und überlegte, ob es denn wirklich kein Mittel gab, keine Macht im Himmel, die eingreifen und meine Fehler glatt bügeln würde. Ich grübelte und grübelte, kam aber am Ende immer wieder zum gleichen Ergebnis wie drei Jahrzehnte zuvor: Es gab niemanden, an den ich Bittgebete richten konnte. Also gab ich auf. Ich wurde so ruhig wie vielleicht noch nie zuvor in meinem Leben. Und in dieser Ruhe begann sich in mir etwas zu rühren. Etwas, das keine Worte und keine Bilder hatte, es waren Regungen aus einer mir unbekannten Welt, die ich nicht definieren konnte und es auch nicht versuchte. Aber wie aus dem Nichts wuchs in mir eine Zuversicht, dass alles gut werden würde. Die Woge der totalen wirtschaftlichen Vernichtung rollte immer näher auf uns zu. Wir hatten die Mühle zum Verkauf ausgeschrieben, aber außer einigen Aasgeiern, die sich an der Pleite bereichern wollten, hatte sich niemand gemeldet. Doch dann stand der eingangs beschriebene Mann plötzlich auf unserem Hof. Er sah sich alles an, dann versuchte er ein wenig zu handeln, stimmte aber dem Preis zu, als ich keinen Pfennig von unserer Forderung abwich. Im Rückblick muss ich immer wieder staunen, wie ich damals angesichts der Situation die Nerven hatte, nicht mit mir handeln zu lassen. Wir bekamen einen Preis, der ausreichte, alle Verbindlichkeiten abzudecken – und zusätzlich blieb noch so viel übrig, dass wir uns dafür gegen Barzahlung einen Bauernhof in den Vogesen kaufen konnten.

In der Abwicklungsphase ereigneten sich weitere kleine Wunder. Ich hatte zuletzt eine Schweinerasse namens Duroc favorisiert, aber kaum Ferkel verkaufen können. Bis sich herumsprach, dass wir aufhörten. Dann kamen etliche Bauern und wollten ein paar Läufer kaufen. Der offizielle Kurs der Ferkelpreise betrug pro Stück damals 70 bis 80 Mark. Ich verlangte 400 – und bekam sie! Wir kauften uns außerdem ein gebrauchtes Auto, das unseren alten, schweren Viehanhänger zog. Und damit wickelten wir in den folgenden Monaten unseren Exodus ab. Der langen Erzählung kurzer Sinn: Das war die entscheidende Phase für eine Wende in unserem gemeinsamen Leben. Ein Jahr später schrieb ich die von eigenem Erleben geprägten Sätze ins Manuskript meines ersten Buches *Wu wei, die Lebenskunst des Tao*:

Wer je im Leben eine tiefgehende Existenzkrise durchlebt hat, erinnert sich vielleicht: Die Wende zum Besseren trat just in jener Phase ein, da er, zu erschöpft zum Weiterkämpfen, sich vollständig aufgegeben hatte. Aufhören mit Kämpfen, leben ohne Anstrengung im Strom der eigenen unendlichen Identität – das meint Wu wei.

In Ihrer Vergangenheit wird es ebenfalls Phasen geben, an denen das Schicksal seine Schatten auf Ihren Lebensweg warf. Die Konturen unseres Wesens werden so unkenntlich wie unser Spiegelbild, wenn wir es in der Schaufensterscheibe eines leeren, nachtdunklen Ladens betrachten. Unsere Welt starrt uns so undurchdringlich entgegen, wie sie uns selbst zu zeichnen scheint. Da treten Gefühle auf wie einst in der Kindheit, als Dunkelheit uns ängstigte und wir hinter jeder Ecke ein Ungeheuer vermuteten, das sich auf uns stürzen wollte. An hellen Tagen fällt es dem Menschen des WEGES leicht, zur Welt draußen «Das bin ich» zu sagen. Doch wenn die Ereignisse dunkle Schatten auf unseren Lebenspfad werfen, wird die Welt außerhalb von uns fremd und unergründlich, und wir treten ihr gegenüber, als ob wir nicht zu ihr gehörten.

Wie verhält es sich in diesen Tagen mit Ihrer gefühlten Position in der Welt? Ist die Außenwelt der Spiegel für Sie, in dem Sie sich allezeit wiedererkennen? Oder gibt es da einen Unterschied zwischen der gefühlten und der tatsächlichen Position? Erkennen Sie Ihr Leben als den Spiegel, der Sie selbst abbildet? Als ein in seiner Grundstruktur schwer durchschaubarer Mensch formen Sie ein bestimmtes Bild von sich, das Sie angepasst an die Tagesereignisse fortschreiben. Doch selbst in den Momenten, da Sie sich eins mit dem Universum fühlen, bleiben Sie als der am schwierigsten zu verstehende Teil darin übrig. Der Psychologe Carl Gustav Jung* nimmt treffend Stellung dazu:

Die großen Lebensprobleme sind nie auf immer gelöst. Sind sie es einmal anscheinend, so ist es immer ein Verlust. Ihr Sinn und Zweck scheint nicht in ihrer Lösung zu liegen, sondern darin, dass wir unablässig an ihnen arbeiten. Das allein bewahrt uns vor Verdummung und Versteinerung.

Für den Psychologen haben Worte wie *Lebensprobleme* oder *unablässig an ihnen arbeiten* eine andere Bedeutung als für Sie oder mich. Für uns ist eine chronische Krankheit, schrumpfendes Einkommen, die Zerrüttung einer Liebesbeziehung ein Lebensproblem. Für Jung sind es wahrscheinlich mehr die fehlenden Antworten auf die Sinnfrage, die Sorge, eine Lebensphilosophie, die uns

---

* C. G. Jung, Gesammelte Werke, Band 8, S. 450

Halt zu geben verspricht, könne sich als Lüge erweisen, oder ganz allgemein die Unsicherheit unserer Psyche in ihrem Fühlen und Denken. In Jungs Spätwerk kommt seine Verbundenheit mit dem Taoismus unmissverständlich zum Ausdruck. Das erklärt seine Schlussfolgerung, dass das spirituelle Problem nicht gelöst werden kann. Wenn jemand glaubt, eine Lösung gefunden zu haben, ist das wie bei lange gehegten und endlich erfüllten Wünschen mit einem Gefühl von Verlust verbunden. Weil es dann nichts mehr zu erforschen gibt. Man weiß jetzt um seine untrennbare Identität mit der Außenwelt inklusive des Stroms des Tagesgeschehens. Wer sich intellektuell und emotional vollkommen in dieses Bild versenkt, wird irgendwann voller Unbehagen merken, dass anscheinend von seinem eigenen inneren Selbst nichts mehr übrig bleibt. Dieses Gefühl einer verloren gehenden individuellen Identität wird zum neuen Problem.

Unser Gehirn ist darauf trainiert, Probleme zu lösen. Doch bevor wir zur Suche nach der Lösung aufbrechen, wird eine Situation erst einmal zum Problem erklärt. Das entsprechende Szenarium erscheint dann – um in der Metapher zu bleiben – im dunkler werdenden Spiegel. Wenn aber die Welt der Spiegel ist, in dem ich die Hauptrolle spiele – dann habe ich mit meiner Beurteilung des Szenariums mich selbst zum Problem gemacht! Viel paradoxer kann eine emotionale Situation kaum noch werden. Die taoistische Lebenskunst löst den Knoten: Sie lassen alles Grübeln sein, Sie versuchen kein Problem zu lösen – aber Sie wollen es verstehen. Verstehen heißt in diesem Fall, dass Sie auf der einen Seite Ihre Welt sind, die Ereignisse darin und ergo auch der symbolische Spiegel, der diese Welt für Sie ist. Aber – das große Aber: Sie sind ebenso Sie selbst, Sie sind Ihre Erfahrung, Ihr Wissen, Ihr Besitz, kurzum: Sie sind das Freudsche Es, Ich, und Sie sind natürlich auch Ihr höchst individuelles Über-Ich. Zwischen dem einen und dem anderen eine Trennung zu konstruieren ist völlig sinnlos. Beides sind Tatsachen, an denen es nichts zu rütteln gibt. Lassen Sie alles so stehen, wie es ist. Ich habe bewusst ein paar komplizierte Gedanken bei Ihnen in Bewegung gesetzt. Aber einzig zu dem Zweck, Ihnen am eigenen Leib die Sinnlosigkeit aller Versuche vor Augen zu führen, dem

Tatsächlichen zu entkommen. Sie müssen im Grunde nichts von dem wissen, was wir hier besprochen haben. Sie können außer *zu sein*, einfach nur *zu sein*, nichts weiter tun, um dem SINN gerecht zu werden. Die Arbeit am Selbst ist ein kontinuierliches Nichtstun, Ihr Geist wird in dem Maß intelligenter reagieren, wie Sie das Prinzip Ihrer doppelten Staatsbürgerschaft im Universum (der universellen und der individuellen) einfach als vorhanden ansehen und in keiner Richtung etwas unternehmen, um daran etwas zu verbessern. Und wie Sie Ihre Lebensprobleme angehen, ist gleichfalls kein Staatsgeheimnis: beobachten, die Impulse wahrnehmen – und zur Tat schreiten.

Ich möchte zum Schluss dieses Abschnittes C. G. Jung[*] noch einmal das Wort erteilen:

Man muss die Dinge geschehen lassen können. Ich habe vom Osten das gelernt, was mit dem Ausdruck Wu wei gemeint ist, nämlich: Nicht-Tun, Sein lassen, das etwas ganz anderes ist als Nichtstun … Der Bereich des Dunklen, in das man fällt, ist nicht leer. Es ist die ernährende Mutter Laotses, es enthält die Bilder und den Keim. Ist die Oberfläche geklärt, können die Dinge aus der Tiefe wachsen. Die Leute nehmen immer an, dass sie vom richtigen Weg abgekommen sind, wenn sie diesen Tiefen des Erlebens begegnen. Doch wenn sie nicht wissen, wie es weitergeht, dann lautet die einzige Antwort, der einzige Ratschlag, der sinnvoll ist: Warte ab, was das Unbewusste zu dieser Situation zu sagen hat. Ein Weg ist nur dann der WEG, wenn man ihn selbst findet und ihm selbst folgt. Es gibt keine allgemeingültige Vorschrift dafür, wie man es machen sollte.

Aufgeben, wie ich es in meinem Bericht beschrieben habe, ist ein innerer Vorgang, der dem alten Werkzeug des Handelns, mit dem wir so oft in die Irre gehen, das Vertrauen entzieht und damit erst den Raum, das Vakuum schafft, dass von tief innen heraus andere Kräfte in Aktion treten und die Dinge in Bewegung setzen kön-

---

[*] C. G. Jung, The Integration of Personality, Rinehart, New York, 1939, S. 31/32

nen. Für die kommenden, nicht eben leichten Zeiten möchte ich Ihnen deshalb einen alten indischen Spruch an die Hand geben und ihn im Sinne des taoistischen Denkens gemeinsam mit Ihnen betrachten: *Wenn dein Bogen zerbrochen ist und du hast keine Pfeile mehr, dann schieße! Schieße mit deinem ganzen Sein.* Er klingt wie ein Kriegsruf, die Walstatt selbst nach einer verlorenen Schlacht noch bis zur letzten Patrone und dann mit Zähnen und Klauen zu verteidigen. Gut, so lässt er sich auslegen, und ein kämpferisches Gemüt wird darauf bestehen, dass er so auch gemeint ist. Bis zu einem gewissen Grad mag das ja stimmen, aber es gibt auch noch eine andere Lesart.

Die über Ihrem Haupt schwebenden Gewitterwolken werden Ihnen nichts anhaben können, wenn Sie sich dazu entschließen, die Grundsätze des taoistischen Denkens bei der Lösung Ihrer Existenzprobleme einzusetzen. Der Sturm wird an Ihnen und Ihren Lieben vorüberziehen, ohne dass irreparable Schäden zurückbleiben. Allerdings bleibt die Forderung bestehen, dass Sie mit Ihrem ganzen Sein bei der Sache sind. Sie müssen der Krise mit jeder Faser Ihres Wesens, mit Herz, Verstand, Gefühl und allem, was in Ihnen ist, begegnen. Nicht kämpfend, aber hellwach und ohne Fluchtreflexe auf Ihre Lebenssituation blickend. Die Materie, die uns immer wieder Anlass zu Sorgen und Nöten gibt, ist nicht die feste Substanz, als die wir sie erleben. Vergessen Sie nicht: Unsere Welt setzt sich aus tanzenden Teilchen zusammen, so winzig, dass sie nicht mehr gemessen werden können. Der Rest der Materie besteht aus leerem Raum. Nur weil wir selbst aus diesem Stoff gemacht sind, empfinden wir eine Ziegelmauer als undurchdringlich. Unserer mechanischen Abwehrwaffen gegen eine Welt beraubt, die scheinbar keine Gnade kennt, wäre es nicht verkehrt, die Materie, aus der sie beschaffen zu sein scheint, einmal als das zu sehen, was die physische Welt in Wahrheit ist: die Illusion einer Scheibe, die aber nur von einem schnellen Propeller erzeugt wird.

Übrig bleibt der Geist, wenn der Bogen zerbrochen und der letzte Pfeil verschossen ist. Es ist unsere Beobachtung der Szenen, auf die unser Geist einzig durch dieses Hinschauen Einfluss nimmt. Unter dieser Beobachtung entsteht ein Zustand, in der Materie sich biegen und verändern lässt. Die beobachteten Szenen spielen auf einer Bühne des Lebens, die zu hundert Prozent Materie ist, also aus unzähligen Teilchen und einem übergroßen leeren Raum erzeugt wird. Unser Gefühl der Ohnmacht gegenüber materiellen Zuständen und Bewegungen sollten wir als Irrglauben entlarven. Wir wissen nicht genau, wie unsere beobachtende Konzentration auf Szenarien einwirkt. Trotzdem hat unser Geist Einfluss auf materielle Zustände, und der Einsatz dieses Instrumentes verlangt kein Spezialwissen. Materie verändert sich unter Beobachtung, das sollten wir als Tatsache anerkennen und damit arbeiten. Bei unseren Problemen geht es allerdings kaum darum, wie wir einen tonnenschweren Baumstamm, den der Sturm vor unsere Einfahrt geschleudert hat, beiseiteschaffen können. Es handelt sich bei unseren Schwierigkeiten meist um Situationen, in die fremder menschlicher Wille hineinspielt, und auf den muss unsere Betrachtung einer Situation Einfluss nehmen. Ich bin nicht in der Lage, Ihnen eine Wegverbindung zu zeichnen, wie Ihre intensive Aufmerksamkeit materielle Zustände verändert. Weil die Dinge zu stark miteinander vernetzt sind, weil jedes Element eines Problems mit allen anderen zusammenhängt, nichts vom Rest der Welt getrennt existiert. Wir müssen akzeptieren, dass unsere Beobachtung sich zwar auf einen sichtbaren Punkt zu konzentrieren vermag, aber dieser Punkt nur das Mittelstück einer unendlichen Ausdehnung von Wechselwirkungen ist.

Wie Nichthandeln Materie in einen biegsamen Stoff verwandelt, wird wohl ein Geheimnis bleiben. Das Prinzip ist nicht erklärbar – aber mit zunehmender Praxis wächst sogar beim Intellekt das Vertrauen in das Potenzial eines beobachtenden Geistes und in dessen Fähigkeit, materielle Zustände bis in die Gehirne der beteiligter Personen hinein zu beeinflussen.

Bringen Sie das Gesagte in Ihr tägliches Leben ein – und ein neues Lebensgefühl wird sich wie aus dem Nichts geboren einstellen. Das Medium nämlich, durch das der metaphysische Urgrund sein Werk vollbringt, sind Sie. Es ist das Erleben des Vorhandenseins an sich, in dem bereits der schöpferische Prozess zum Ausdruck kommt. Sobald es Ihnen gelingt, dieses Sein so leicht und schwerelos wie eine Flaumfeder zu erleben, wird allein dadurch bereits der Kontakt mit Ihrer schöpferischen Identität wirksam. Ein stiller Geist, der alle Furcht abgelegt hat, orientiert sein Wollen und seine Visionen an keiner irgendwie gearteten Methode, weil er inzwischen begriffen hat, dass er die Realität der Dinge, die ihm zufließen sollen, selbst erzeugt. Und zwar einfach dadurch, dass er die Dimension seiner wirklichen Identität im Alltag intelligent umsetzt. Wer sich ernsthaft mit der taoistischen Philosophie befasst, weiß um die Stärke einer veränderten Geisteshaltung und findet in diese unmittelbare Beziehung zum Grund der Dinge hinein.

In jedem Menschen wohnt seit der frühesten Kindheit ein Lebensgefühl, das unberührbar von den Problemen ist, die wie die Flut an Cornwalls Steilküsten in regelmäßigen Intervallen an sein Gemüt anbranden. Dieses fundamentale Lebensgefühl wohnt unterhalb der Bewusstseinsschicht, mit der wir das Tagesgeschehen wahrnehmen. Ich sage «Gefühl» dazu, weil unsere Sprache keinen anderen Namen dafür hat. Doch es ist mit keinem unserer «normalen» Gefühle wie Freude oder Zorn vergleichbar. Unsere gewöhnlichen Gefühle werden von Situationen ausgelöst. Sie schwingen wie ein Glockenton zu ihrem Höhepunkt auf und verklingen dann wieder. Diese alltäglichen Gefühle sind starken Schwankungen unterworfen. Phasen von Zufriedenheit, ja sogar von Begeisterung werden regelmäßig abgelöst von Zeitabschnitten, in denen wir missmutig sind. Wir bekommen Jahr für Jahr, das wir an Alter (und hoffentlich an Weisheit) zunehmen, die Wechselwirkungen von Yin und Yang zu spüren. Das Lebensgefühl, mit dem ich Sie bekannt machen möchte, ist dagegen immer da – und es ist immer das Gleiche. Wenn Sie es erst entdeckt haben, werden Sie etwas Faszinierendes bemerken: *In diesem Grundgefühl ist ein Hauch von Glücklichsein enthalten.* Ein Glücklichsein, das kein spezielles Ereignis als Ursache braucht – es sei denn, Sie würden es als das Glückgefühl eines Lebewesens bezeichnen, das sich über seine bloße Existenz freut. Und es ist ein Grundempfinden, das Ihnen in ernsthaften Krisen, unter schwierigsten Umständen, leise zuraunt,

«Es wird alles gut werden.» Ich bin mir fast sicher, Sie erinnern sich beim Lesen dieser Worte daran, ab und zu für Augenblicke diesem magischen Gefühl begegnet zu sein. Dann wurde es vom Getöse Ihrer Gedanken und von den gewöhnlichen Eruptionen Ihres Gefühlshaushaltes wieder übertönt. Finden Sie dieses Grundgefühl wieder, entdecken Sie es neu, werden Sie so vertraut mit ihm, dass Sie es jederzeit hervorrufen können.

Sie können den beschriebenen Geisteszustand in jeglicher Situation herstellen, beim Autofahren, während eines Gespräches, beim Anblick einer schönen Landschaft, in einer kurzen Verschnaufpause bei der Arbeit – oder in Phasen des Nichtstuns. Damit sollten Sie die Freundschaft mit Ihrem ursprünglichen Wesen beginnen. Beobachten Sie kurz, aber intensiv Ihr Innenleben, Ihre Wünsche, Ängste, Pläne, Gefühle und Gedanken. Machen Sie sich Ihren augenblicklichen inneren Zustand ehrlich bewusst. Und dann hören Sie für ein paar Minuten auf, etwas zu wollen. Seien Sie einfach da und spüren Sie sich als einen lebendigen Menschen. Nichts weiter. Lassen Sie die Erfahrung Ihrer leibhaftigen Existenz als einziges Gefühl übrig. Denken Sie meinetwegen unterstützend über das Rätsel Ihres Vorhandenseins, des Lebens an sich nach, das Ihnen trotz seiner Endlichkeit so selbstverständlich erscheint. Mit anderen Worten: Tun Sie gar nichts. Seien Sie da und schöpfen Sie aus der Tatsache Ihres puren Vorhandenseins die Energie, die dafür sorgt, dass die Teilchen am Tanzen bleiben, die Ihren Körper gemäß dem genetischen Code getreulich nachbilden, sodass immer das gleiche individuelle Abbild bestehen bleibt. In diesem Nichtstun, das nur sich selbst gewahrt, sind Sie der Magie des Tao so nahe, wie es ein Mensch überhaupt sein kann.

Ist er einmal gefunden, können Sie diesen Zustand jederzeit herstellen, indem Sie einfach für eine kleine Zeit niemand mehr sind und nichts wollen. Das ist auch die geistige Position, von der aus ein Mensch des WEGES auf seine Probleme, auf die Lebenskrisen, aber insbesondere auch auf seine Träume blickt. Lassen Sie die Dinge ohne die Gegenwehr eigenen Wollens auf sich einwirken – damit beeinflussen Sie diese am kraftvollsten. Je häufiger Sie in das pure, unbeeinflusste Sein eintauchen und es wirken lassen, desto mehr werden Sie auch die Heiterkeit spüren, die sich in Ihrem Gemüt ausbreitet. Sie werden nach wie vor zu großer Freude und heftigem Zorn fähig sein, aber je weniger inneren Widerstand Sie dem alltäglichen Geschehen entgegensetzen, umso empfänglicher werden Sie für das, was aus dem Daseinsgrund in Ihnen aufsteigt.

Spontaneität
und Bauchgefühl

An einem frühen Donnerstagvormittag verabschiedeten wir uns von Freunden aus Deutschland, die nach einigen Tagen auf La Costa zurück in ihre Heimat reisten. Meine Frau und ich ahnten nicht, dass wir nur eine Stunde später beide in verschiedenen Krankenhäusern liegen würden. Wo dem Menschen des Tao so etwas doch nicht passieren dürfte. Oder doch? Urteilen Sie selbst. Wir machten uns gegen 9 Uhr auf den Weg in das 30 Kilometer entfernte Fossano, wo es einen deutschen Supermarkt gibt, den wir einzig wegen seiner sonst nicht zu bekommenden heimischen Spezialitäten alle paar Wochen einmal aufsuchten. Ich saß am Steuer unseres Astra und lenkte den Wagen in eine dreispurige Vorfahrtsstraße ein. Zuvor hatte mich ein schneller Blick davon überzeugt, dass keine Gefahr drohte, die Straße war bis auf ein von links kommendes, 200 Meter entferntes Auto leer. Ich bog also links ein und merkte leider zu spät, mit welchem Wahnsinnstempo der graue Mercedes auf der Spur für Linksabbieger, also mitten auf der Straße, auf mich zuraste. Ich schaffte es nicht mehr zur anderen Seite. Als wir mit nur wenigen Metern Abstand aufeinander zufuhren, sah ich, wie der Fahrer des anderen Autos, ein älterer Mann, verschlafen die Augen öffnete. Jetzt bremst er, dachte ich, doch dann raste er bereits in unser Auto hinein, sodass es sich, sich mehrmals um die eigene Achse drehend, zwanzig Meter rückwärts bewegte und als Trümmerhaufen zum Stehen kam. Die Beifahrertür war aufgesprungen, auf meiner Seite ging die eingeknickte Tür nicht mehr auf. Andere Autofahrer zogen meine Frau aus dem Wagen und legten sie daneben auf den Boden. Sie war bewusstlos, und auf ihrer Brust bildete sich eine Blutlache. Ich schob mich auf den linken Sitz, der offenen Tür zu, doch mein linkes Bein war eingeklemmt, und ich hatte ziemliche Schmerzen an der Hüfte. Überraschend schnell war ein Hubschrauber da und nahm meine Frau mit. Sie wurde auf der Stelle operiert – Magenruptur, Milzriss, fünf Rippenbrüche, Jochbeinbruch und eine gebrochene Nase. Sie lag drei Tage im Koma, und es war lange nicht sicher, ob sie überleben würde. Ich blieb im Auto zurück, bis die Feuerwehr mich herausgeschnitten hatte. Als die hydraulische Schere die Karosserie zerlegte, begriff ich erst, dass unser Wagen unrettbar verloren war. Man schaffte mich mit der Ambulanz in eine andere Klinik, wo die Röntgenaufnahmen ein zerstörtes Hüftgelenk, sechs Rippenbrüche und einen gebrochenen Rückenwirbel zeigten. Ich wurde nach dem Abschwellen der Verletzungen einige Tage später operiert – und bekam ein neues Hüftgelenk implantiert. Das alte war nicht nur durch den Unfall kaputt, die Gelenkkugel war kaum noch vorhanden, und das erklärte die Schmerzen, die ich vor dem Unfall schon eine ganze Weile beim Gehen und Arbeiten gehabt hatte.

Wir waren jeder allein in einem anderen Krankenhaus gelandet. Und hier begannen unsere ungemein positiven Erfahrungen: Die Familienmitglieder anderer Patienten der jeweiligen Klinik nahmen sich unser an, als ob wir zu ihnen gehörten. In Italien sieht das Gesundheitssystem vor, dass bei Krankenhausaufenthalten die Familien sich um ihre Angehörigen kümmern, es bestand daher auch Tag und Nacht freier Zugang zu den Patienten. In das Zimmer, in dem ich allein lag, wurde in der nächsten Nacht ein 90-jähriger Bauer eingeliefert, der im Stall gestürzt war und ebenfalls ein neues Hüftgelenk brauchte. Seine Familie hat mich die ganze Zeit meines Aufenthaltes dort mitversorgt, einschließlich der Nachtwachen. Drei Tage nach der Operation musste ich aufstehen und die ersten Gehversuche unternehmen. Als der alte Bauer an der Reihe zum Aufstehen war, protestierte er: «Der junge Kerl dort drüben» – damit meinte er mich mit meinen 70 – «kann das noch leicht machen, aber ich doch nicht!»

Während ich im Krankenhaus lag, hatte ich genug Zeit zum Grübeln. Wie würde wohl die Rechtslage des Unfalls interpretiert werden – ich hatte die Vorfahrt verletzt, aber mein Unfallgegner war auf der falschen Spur gefahren, auf der richtigen wäre gar nichts passiert, weil ich die breite Straße beinahe schon überquert gehabt hatte. Wie hoch waren in diesem Land die Strafen für Kollisionen mit Personenschaden, der Fahrer des Mercedes hatte sich ein Bein gebrochen, was ich allerdings zu jenem Zeitpunkt nicht wusste. Und natürlich war ich bestürzt, dass mir mit meiner Geisteshaltung etwas Derartiges überhaupt passieren konnte. Kein Schwein hatte seine schützende Hand über mich und meine Liebste gehalten. Trotz alledem fühlte ich in den teilweise schlaflosen Nächten eine Geborgenheit. Es war das Empfinden eines ständig präsenten Jetzt, einer Gegenwart voller Frieden, die sich Tag für Tag fortpflanzte. Meine Frau wurde einige Tage vor mir entlassen und besuchte mich gemeinsam mit einer Freundin in meinem Krankenzimmer, das voller Besucher des alten Bauern war. Als ich erklärte, dass dies meine Frau sei, klatschten die Menschen im Raum spontan Beifall. Es war ein erhebendes Erlebnis, das ich nie vergessen werde und das mich mit diesem Land und seinen Menschen stärker als bisher verbunden sein ließ.

Die faszinierende Pointe des Geschehens zeigte sich erst etliche Zeit später. Als Beschuldigtem stellte mir der Staat eine Pflichtverteidigerin zur Verfügung, die in der Strafsache, die sich fünf oder sechs Jahre hinzog, nicht viel zu tun hatte. Man konnte sich, da ich von der Polizei auf dem Beifahrersitz angetroffen worden war, nicht einigen, wer von uns beiden gefahren war – und am Ende gab es damit keinen, den man hätte bestrafen können. Bei einem der Gerichtstermine musste der Feuerwehrkommandant aussagen. Ich lernte ihn im Flur des Gebäudes kennen. Er erklärte, an mich könne er sich nicht mehr erinnern, sehr wohl aber an unseren Dackel. Der saß zu meinen Füßen im Auto und ließ keinen der Sanitäter an mich heran, die mich hatten retten wollen. Die Feuerwehr musste her und den Hund entfernen. Es gab also keinen Strafzettel. Die Anwältin war uns dagegen in Sachen Versicherung eine große Hilfe. Sie erreichte, dass am Ende, nach der alten Währung gerechnet, in zwei Schüben rund 100 000 Mark an uns gezahlt wurden. Mit einem Mal bekam der Unfall einen anderen Sinn: Wir hatten bei der Renovierung des Anwesens das älteste Gebäude, das ursprüngliche kleine Bauernhaus, ausgeklammert, weil es erstens ziemlich kaputt war und zweitens die damaligen Mittel dafür auch nicht mehr gereicht hätten. Und nun hatten wir plötzlich das Geld zur Verfügung. Das Häuschen bekam eine neue Decke, eine neue Treppe, neuen Verputz, neue Stromleitungen, zwei Bäder, eine Zentralheizung und auf beiden Stockwerken eine komplette Wohnungseinrichtung! Synchron mit diesen Vorgängen reifte bei uns auch der Entschluss, keine Seminare mehr abzuhalten. Den Ausschlag hatte ein Herbstseminar gegeben, zu dem sich zwölf Teilnehmer angemeldet hatten. Meine Frau bestellte bei den mit uns zusammenarbeitenden Pensionen die Zimmer für das Wochenende, wir kauften eine Menge Lebensmittel für die Mahlzeiten der zweieinhalb Tage ein – und es kamen ganze vier Leute schließlich zum Seminar. Die anderen blieben einfach fort, ohne Nachricht, ohne Entschuldigung. Wir gaben niemandem die Schuld an der Sache, wir werteten das Vorkommnis als ein deutliches Signal, die Weichen zu stellen, und genau das taten wir. So hat sich bei allem Schatten die Magie des Tao doch noch äußerst konstruktiv ausgewirkt.

Was es zu diesem Erlebnis im Sinne der Kapitelüberschrift noch zu vermerken gibt, werde ich im Folgenden jeweils an der Stelle einflechten, an der es hineinpasst. Wir wollen beim Lernen der Kunst, seine Träume zu leben, einen Schritt weiter vorangehen und uns als Nächstes mit Spontaneität beschäftigen und die Frage zu klären versuchen, ob spontan und unüberlegt womöglich das Gleiche meinen.

Welch ein schönes Wort: Spon-ta-ne-i-tät. Da wird es einem richtig warm ums Herz, wenn man sich in die Vision vom spontan gelebten Leben hineinträumt. Die Frage, ob spontan gleich unüberlegt bedeutet, ja, ob Unüberlegtheit eine fundamentale Forderung spontanen Handelns ist, lässt sich so oder so beantworten. Wir verbinden mit spontan Adjektive wie impulsiv, emotional, leichtfertig – und eben auch unüberlegt. Esoteriker bekommen glänzende Augen, wenn das Wort erklingt. Die spontane Tat ist die Realisierung der intuitiven Eingebung. Das «Höhere Selbst» flüstert dir zu, was du tun musst – und dein spontan gewordenes Wesen führt es gehorsam aus. Sie merken, ich gehe die Sache nicht gerade mit der nötigen Ehrfurcht an. Für mich ist Spontaneität erst einmal nichts weiter als ein Wort, nicht anders als Unüberlegtheit oder Leichtsinn. Und alle drei sind menschliche Charaktereigenschaften. Im Alltag fällen wir unsere Entscheidungen in vielen, vor allem kleinen Dingen, ohne weiter nachzudenken. Wir grübeln nicht darüber nach, ob wir zum Beispiel zu Fuß eine Strecke zurücklegen, uns ein Taxi rufen, mit dem eigenen Auto oder einem öffentlichen Verkehrsmittel fahren. Die Entscheidung fällt ohne weiteres Nachdenken, sie ist im dialektischen Sinne ebenso unüberlegt wie spontan. Sie hat, außer vielleicht im Rahmen eines Zeitplanes, keine weitere Bedeutung. Der Einfluss auf die Lebensqualität ist gering, Schaden kann höchstens entstehen, wenn ich unüberlegt entscheide, in die U-Bahn zu steigen, und die Wagen bleiben infolge eines Stromausfalls für Stunden im Untergrund stecken. Den Umgang mit unseren Routinen deshalb spontan zu nennen würde dem Wortsinn nicht gerecht werden. Obwohl wir in Gedanken mehr oder weniger andauernd mit Überlegungen beschäftigt sind, was zu tun oder zu lassen ist, und uns mit fiktiven Ereignissen auseinandersetzen, sind uns die anscheinend permanent wiederkehrenden Vorgänge unseres Lebens kaum einer Überlegung wert, wir reagieren, wie gesagt, automatisch auf sie.

Es wird kein Nutzen sichtbar, wenn man Spontaneität von Unüberlegtheit trennt. Wir rauben freilich dem Spontanen seinen Zauber, wenn wir es auf Leichtsinn reduzieren. Doch allen Worten zum Trotz ist Spontaneität eine wichtige Facette unserer Lebensäußerungen, und die Beschäftigung mit ihr könnte sich lohnen. Wir sollten klären, ob eine spontane Tat auch immer eine intelligente Tat ist. Dem stressgeplagten Menschen unseres Kulturkreises wird bereits wohler, wenn er in Seminaren, Selbsthilfegruppen oder in Büchern ermutigt wird, spontan zu handeln und weniger verkrampft auf die Bewegungen des Lebens zu reagieren. Die Wirkung hält erfahrungsgemäß nur wenige Wochen an, dann merken die Betroffenen, wie sich unmerklich ihr gewohntes Verhalten zurückgeschlichen hat. Auch wird die Umsetzung oft durch die Angst, das Opfer eigener Schnapsideen zu werden, vereitelt. Menschen auf der Suche nach einer produktiven, intelligenten Spontaneität finden sich einer gar nicht so kleinen Gruppe von Leuten gegenüber, deren zur Schau getragene Nonchalance nichts weiter als ein abschreckendes Beispiel ist: Sie leben leichtsinnig in den Tag hinein – cool, wie die Jungen sagen würden. Sie sind absolut und bedenkenlos von der Richtigkeit ihres Tuns überzeugt und scheren sich keinen Deut um die Auswirkungen ihrer spontanen Einfälle. Schuld an den Folgen ihrer Fehler haben immer die anderen, ihr Versagen wird dem Schicksal zur Last gelegt. Diese Spontaneität ist esoterische Falschmünzerei, ein Alibi für angewandte Gewissenlosigkeit.

Sie sehen, Spontaneität hat viele Gesichter. Die Betrachtungen scheinen zu belegen, dass es Spontaneität als eine festen Regeln oder gar Gesetzen unterworfene Disziplin in diesem Sinne gar nicht gibt. Dass es sich genau so wie mit der Wahrheit verhält, von der Zyniker behaupten, sie sei Sache des subjektiven Geschmacks. Glauben Sie das auch? Oder vernehmen Sie aus dem Hintergrund Ihres Bewusstseins ein anderes Signal? Das Ihnen zuraunt, es müsse eine Spontaneität geben, die nichts mit all den falschen Etiketten gemein hat, welche die Menschen ihr verpassen? Es gibt sie. Sie finden sie in den Lehren eines Laotse und Chuang tzu. Spontaneität ist ein Wesensmerkmal des Nichthandelns. Es setzt voraus, dass Erfahrung sich nicht am Entscheidungsprozess beteiligt, sondern die Situation selbst es ist, die eine Tat gestaltet. Aus meiner heutigen Sicht ist Denken an diesem Prozess der Einsicht beteiligt und wird dafür auch gebraucht. Allerdings mit einem fundamentalen Unterschied: Dieses Denken enthält sich jeglichen Versuchs, einer Sache die eigenen Vorurteile überzustülpen und zu bestimmen, wie sie beschaffen ist. Die Erfahrung, der Wein in den alten Schläuchen der Erinnerung bleibt dort drinnen. Spontaneität im taoistischen Geist hat nichts mit Unüberlegtheit zu tun. Das Denken des Menschen des WEGES *harmoniert* mit den intuitiven Gaben, der Denkprozess stellt eine Übereinstimmung zwischen sich und dem Impuls zu einer spontanen Tat her.

Dennoch ist Spontaneität ein schwer definierbares Phänomen.

Am Ende unserer Betrachtung bleibt eine Schlussfolgerung übrig: Vergessen Sie die Worte, mit denen ein Ding zu beschreiben versucht wurde, das sich seiner Natur nach weigert, beschrieben zu werden. «Spontaneität» bleibt ein leeres Wort, eine Illusion, ein Alibi für Leichtsinn, wenn sie nicht als ganzheitliches Lebenskonzept realisiert wird. In einem Denkmodell, das für Signale intuitiver Einsicht in Situationen mit Handlungsbedarf offen ist und bei deren Umsetzung in Taten kooperiert, ist sie eine gelebte Tatsache, die keine weiteren Erklärungen braucht.

Unsere damalige Entscheidung, keine Seminare in der bisherigen Form mehr zu veranstalten, war allmählich aus dem Gefühl heraus entstanden, dass ein Wandel in der Luft lag. Man könnte die sich anbahnende Veränderung als eine Reaktion auf unser Bauchgefühl bewerten – der endgültige, abrupte Beschluss hingegen erfolgte nach der Pleite mit den nur vier übrig gebliebenen Teilnehmern unbedingt spontan, ohne weiteres Nachdenken. Setzen wir unsere Untersuchung mit Überlegungen fort, was «aus seiner Mitte heraus leben» für unser Ziel bedeutet, ein erfülltes und glückliches Leben zu führen.

Es ist nun Ihr gutes Recht, zu fragen, wo sich in Ihrem Inneren das Potenzial verbirgt, aus dem heraus Ihre Beobachtung Einfluss auf die Realisierung Ihrer Träume nimmt. Ich darf die Antwort mit einer Reihe von Gegenfragen beginnen, deren erste lautet, ob Sie bei allem, was Sie unternehmen, fähig sind, aus Ihrer Mitte heraus zu leben? Vielleicht stutzen Sie und überlegen, was ich meine, wenn ich von Mitte rede. In meinem Buch *Wu wei* stehen ein paar hübsche Sätze darüber, und die Vorstellung, mitten heraus aus sich zu handeln oder nicht zu handeln, erzeugt wohlige Gefühle. Aber was ist das, unsere Mitte? Wie definiert man sie, physiologisch, psychologisch, philosophisch? Unsere körperliche Mitte, die Leibesmitte, ist eigentlich der Bauch. Lebe ich nun aus meiner Mitte, wenn ich aus dem Bauch heraus lebe, wenn ich bei vielen Dingen, die zu entscheiden sind, meinem Bauchgefühl folge? Wie treffsicher handle ich, wenn mein Handeln sich an den Regungen aus meinem Bauch orientiert? Bin ich überhaupt fähig, Schnapsideen von intuitiven Eingebungen zu unterscheiden? Ist Bauchgefühl tatsächlich eine physische Angelegenheit, weil wir es mit Hilfe sprachlicher Begriffsbestimmung in die Gegend des Solarplexus verlegt haben? Das sind eine Menge Fragen, hinter denen ein kleines Problem schlummert.

Das Problem ist unser Wunschdenken. Wir sind doch andauernd irgendwie damit beschäftigt, etwas haben oder nicht haben oder anders haben zu wollen. Wir schwanken beim Erleben unseres Alltags ständig zwischen Zustimmung, Ablehnung und langen Phasen der Gleichgültigkeit, in denen freilich der Apparat des gedanklichen Korrigierens keine Sekunde wirklich Pause macht. Selbst wenn es in uns scheinbar still ist, schlummert unser chronisches Verlangen nach Verbesserungen, jederzeit und beim geringsten Anlass bereit, aktiv zu werden. Das lässt sich mit der Beobachtung des Sternenhimmels vergleichen. Am klarsten ist er weitab von irdischen Lichtquellen zu sehen. Inmitten einer Großstadt verblassen die Myriaden Sterne, übrig bleiben gerade noch die hellsten Sonnen der bekannten Sternbilder. Ähnlich verhält es sich mit unseren Eingebungen. Im Hintergrund unseres Bauchgefühls agieren nonstop unsere Wünsche, es ist fast unvermeidlich, dass unsere Empfindungen von unserem Wollen und Streben beeinflusst werden. Eingebungen bleiben wie die meisten Sterne bei Großstadtlichtern entweder ganz unsichtbar – oder ihre Muster werden verfälscht. Daher rühren die Risiken, wenn in uns Reflexe wirken, die alle intuitiven Regungen in Richtung unseres Wollens und Strebens beeinflussen. Dieses Phänomen könnte der Grund sein, warum Laotse in einigen Sprüchen seinen Berufenen als einen Menschen beschreibt, der frei von Wünschen ist. Nicht etwa, dass die taoistische Philosophie Wünsche ablehnt – aber sie empfiehlt einen Umgang mit ihnen, der verhindert, dass sie zum Störfeuer unserer intuitiven Impulse werden und damit jene Signale verfälschen, die aus dem metaphysischen Grund im Menschen aufsteigen.

Dem Bauchgefühl zu vertrauen wäre durchaus der Schritt hin zu einem Leben aus der eigenen Mitte und hin zur Verwirklichung unserer Visionen und Lebensträume. Den Störfunk unseres Wollens von intuitiven Eingebungen zu trennen ist allerdings nicht einfach, das sei zugegeben. Es verlangt eine andere Grundeinstellung zu unseren Wünschen. Das beginnt mit dem Eingeständnis, dass wir nicht alles bekommen werden, was wir haben wollen. Der Berufene verfolgt seine Wünsche nicht mit der Brechstange, er weiß um die Wirkkraft der Polarität und den zwischen Yin und Yang pendelnden Ereignissen seines Lebens. Sie würden sich betrogen fühlen, wenn Sie die Gewissheit bekämen, alle Ihre Wünsche würden sich erfüllen. Der Reiz liegt im Unbekannten, in der Frage: «Womit überrascht mich das Leben diesmal?» Gäbe es da die Garantie totalen Gelingens, würde dies eine sofortige Verarmung Ihres Erlebnishorizontes bedeuten. Das Fremde, das in der Zukunft liegt, macht doch den Reiz aus. Und wie im Roman erwarten den Helden immer Aufgaben, die er lösen muss, Krisen, die es auszustehen gilt, bis am Ende der Lohn winkt, das Ziel, um das sich die ganze Handlung aufbaut. Finden Sie zu einer Geisteshaltung, die Ihr Wunschdenken als Phantasiegebilde ohne Anspruch auf Erfüllung identifiziert – dann wird sich auch die Fähigkeit Ihres Geistes stabilisieren, Eingebungen von Schnapsideen zu trennen.

So viel zum Bauchgefühl. Es allein zur Mitte zu erheben, mit diesem Flair des Unendlichen, wäre trotz seiner positiven Eigenschaften übertrieben. Ihre Mitte ist etwas Geistiges, sie hat keinen biologischen Ort, es ist weder das Herz noch Ihr Gehirn, noch das Gewebe des Sonnengeflechtes. Da ist kein leuchtendes Etwas mit dem Durchmesser eines Tennisballs in Ihnen, Ihre Mitte hat kein Maß, aus kosmischer Sicht ist sie winzig klein, besitzt aber gleichzeitig einen unendlichen Durchmesser. Ihr Bewusstsein ist die Hülle, aus deren Zentrum die Welt Ihrer Erfahrung entspringt. Diese Mitte ist der Ausgangspunkt Ihres ganzen Lebens, sie ist der magische Ruhepunkt eines Pendels, das bis in den Kosmos hinaus ausschlägt. Suchen Sie nicht nach ihr. Sie nehmen sie wahr, wenn Sie ohne alles Wollen in sich hineinlauschen. Dort werden Sie ein Gefühl von Weite spüren, und ein leerer Raum tut sich auf, in dem alles vorhanden ist, was Sie sich jemals wünschen oder ersehnen können. Der Mensch des Tao empfängt, ungestört von seinem Wollen und Wünschen, aus dem innersten Kern seines Bewusstseins die Impulse für sein Handeln. Die Dinge fließen ihm zu. Mit einer kleinen Einschränkung freilich, die ich hier abschließend und allen schönen Worten zum Trotz noch anfügen darf: Dieses Zufließen der begehrten Dinge findet statt. Aber nicht wie im Schlaraffenland, wo man nur auf der faulen Haut liegt und wartet, bis einem die gebratenen Krammetsvögel in den offenen Mund fliegen. Der WEG sieht, wie bereits gesagt, für seine Teilnehmer eine gehörige Portion Selbstbeteiligung vor. Das Handeln im Nichthandeln realisiert sich in produktivem Tätigsein, durch die aktiv in Taten umgesetzte Kooperation mit den Signalen aus der eigenen Mitte. Um die Magie des Tao umzusetzen, wird kein besonderer heiliger Ort gebraucht. Das unsichtbare Zentrum Ihres Seins ist diese mit Worten so schwer bestimmbare innere Mitte.

Gestatten Sie mir in diesem Zusammenhang noch einige Gedanken zum Problem, das Tao als eine Dimension seines Selbst zu spüren. Wir kennen den Grund der Dinge nicht, wir können ihn nicht kennen, also woher wollen wir dann wissen, welche Gefühle damit verbunden sind, wenn sein Wirken uns berührt? Unserem Intellekt stellt sich das Tao äußerst vage dar, es ist unbestimmbar, weil es unbestimmt *ist*. Primär gilt es einzusehen, dass unser alltägliches Lebensgefühl, das Empfinden unseres Vorhandenseins, bereits das Gefühl des Tao ist. Es sind unsere dualen Denkkategorien, die den Konflikt zwischen uns und den Ereignissen unseres Lebens erzeugen. Was bleibt dann zu tun übrig? Sie brauchen nichts Besonderes zu tun, im Gegenteil – die Zauberkraft des Tao wirkt im Nichtstun. Ihr Geist nimmt das Wesen des Tao an, wenn der Lärm Ihrer Selbstdarstellung in den Hintergrund tritt: undefinierbar und unbestimmbar. Wenn Sie den Dingen auf den Grund gehen, nachdenkend, fühlend, stoßen Sie auf dieses außerordentlich Vage, Unbestimmbare. Sie spüren in sich einen Wesenskern, der nicht greifbar ist. Aber genau dieser Kern, der da war, ehe Ihre Psyche sich organisierte, macht das Leben aus. Das ist schwer zu fassen, dennoch ist es so. Sie begegnen ihm, wenn Sie sich dieser Unbestimmbarkeit als markantem Wesenszug des Grundes stellen, statt ihn aus Unbehagen zu überspielen.

In den westlichen Kulturen wird dem Menschen eine hohe,

schwer erreichbare spirituelle Ebene als erstrebenswert dargestellt. Doch keine dieser klar vorgeschriebenen Disziplinen, deren Ziel eine Begegnung mit dem Göttlichen ist, berücksichtigt den Umstand, dass das unbekannte Tao keine der Charakteristika aufweist, die ein suchender Mensch sich vorzustellen vermag. Ergo ist auch der Augenblick einer Begegnung mit dem Grund nicht definierbar. Am ehesten entsprechen dem Tao Gefühle der Unschärfe, die paradoxerweise dennoch außerordentlich glücklich und außerordentlich kraftvoll sind. Im Grund der Dinge wohnt nicht nur das Lamm, er hat auch das Wesen des Tigers und die gigantischen Eruptionen der Geburt von Sternen oder des Untergangs von Galaxien in sich.

Das Kaleidoskop unseres Lebens hat zahllose Facetten, die wir zumindest kennen und verstehen sollten, wenn wir uns auf unsere Ziele zubewegen. Eine dieser Facetten habe ich Ihnen als Störfaktor des Stroms unserer intuitiven oder auch instinktiven Reaktionen auf unerwartet auftretende Probleme vorgestellt, nämlich unsere Denkmuster, die selbst kleinste alltägliche Vorgänge kritisieren und verändern wollen. Im Gegensatz dazu haben wir bei Dingen, die uns viel bedeuten, umso mehr den Wunsch nach ihrem Fortbestand. In uns wohnt die Sehnsucht nach Dauerhaftigkeit, wir verweigern uns manchmal selbst in Situationen, in denen dringend eine Veränderung fällig wäre, den entsprechenden Einsichten und blockieren damit das eigene geistige Wachstum. Schauen wir uns die Sache mit der Dauerhaftigkeit einmal vom taoistischen Standpunkt aus an.

Die Welt ist so beschaffen, dass sie einem ständigen Wandel ausgesetzt ist. Die Szenarien unseres Lebens verändern sich täglich, meist fast unmerklich. Wie ein junger Baum, dessen Wachstum kaum zu registrieren ist, wenn man ihn ständig vor Augen hat. Inmitten dieser unaufhörlichen Bewegung klammern wir uns an erfreuliche Umstände und wünschen uns, dass sie so lange wie möglich, am liebsten für immer, erhalten bleiben. Alles Negative hingegen möchten wir uns ebenso konsequent vom Leibe halten.

Schöne Augenblicke sollen bleiben, die hässlichen entweder auf der Stelle verschwinden oder – noch besser – gar nicht erst auftauchen. Genau betrachtet, verlangt unser unvernünftiger Verstand nach einem Dasein ohne Kontrastprogramm. Darum wird es Zeit, dass wir uns an dieser Stelle einmal damit auseinandersetzen. Denn wenn Sie die Schönheit, die sich im Prinzip der Gegensätze verbirgt, erst verstanden haben, dann wünschen Sie sich nichts weniger als Kontinuität. Ein Mensch des Tao würde der guten Märchenfee einen Korb geben, wenn sie ihm erschiene und er sich ewiges Leben auf Erden wünschen dürfte. Weil er längst verstanden hat, dass ohne Veränderungen auch Glück nicht möglich ist.

Ich wünsche Ihnen, dass Sie das Kontrastprogramm Ihres Lebens bejahen lernen, dass Sie dem Yin zustimmen, wenn Sie im Zustand des Yang sind und umgekehrt. Dass Sie also ja zu Veränderungen sagen und nicht bei jedem Hauch einer Störung der Ordnung in Panik geraten. Die Sicherheit unveränderter Zustände trägt ein ziemliches Potenzial an Langeweile in sich. Sie verlangen nach Beständigkeit, aber wenn Sie diese auf der ganzen Linie bekommen, langweilen Sie sich bald. Bejahen Sie doch den Wandel, stimmen Sie zu, wenn Dinge sich verändern oder vollständig vergehen. Ich kann mir eigentlich im Hinblick auf das unbekannte Tao nicht vorstellen, dass es sich beim Grund der Dinge um etwas handelt, das sich niemals verändert. Die Christen verehren Gott als unvergängliches Wesen, das auf endlose Zeiten seinem Charakter treu bleibt. Wenn aber unsere wandelbare Welt, dieses Universum, in dem Sterne geboren werden und Galaxien sich auflösen, den Charakter ihres Verursachers repräsentieren, dann sollten wir eigentlich auch dem Tao zugestehen, dass es nicht endlos so bleibt, wie es vielleicht zu Zeiten des Urknalls beschaffen war. Lassen Sie uns ja sagen zum Wandel. Bei aller Veränderung freilich wünsche ich mir und Ihnen allen das eine: dass die universale Liebe unvergänglich ist und auch bleibt. Es ist nicht ausgeschlossen, dass es sich so verhält. Vertrauen Sie sich ihr als dem Beständigen in Ihrem Leben an, lassen Sie ihre Flamme im Herzen niemals verlöschen.

■ Wie macht man das?

Zwei Jahre nach ihrer Pflanzung in Yvoux waren unsere historischen Rosen zum ersten Mal zu ihrer vollen Größe herangewachsen und brachten eine Überfülle herrlicher Blüten hervor. Die vier schönsten Sorten hatte ich dummerweise nur ein paar Meter von zwei uralten Pflaumenbäumen entfernt gepflanzt, die zwar keine Früchte mehr brachten, aber weit ausladende, flache Kronen besaßen, wie ich sie aus Bildern von afrikanischen Schirmplatanen kannte. Eines Tages stand ich wieder einmal mit einem gewissen Frust vor meinen Rosen, denen dank meiner schlechten Planung die alten Bäume einen großen Teil der lebensnotwendigen Sonne wegnahmen. Die ehrwürdigen Baumgreise zu fällen hätte ich nicht fertiggebracht. Der Frust über meine Fehlleistung machte mir aber doch gründlich zu schaffen, als ich die Misere erkannte. In der folgenden Nacht gab es einen Sturm, und am anderen Morgen schauten wir fassungslos auf das Szenarium: Die Pflaumenbäume lagen beide am Boden, die gewaltigen Wurzelballen wie zum Vorwurf gespreizte Riesenfinger gen Himmel gereckt. Ich würde mir niemals anmaßen, meine ambivalenten Gefühle vom Vortag hätten via Magie des Tao etwas Derartiges ausgelöst. Aber nachdenklich stimmte mich die Geschichte doch. Ich hatte hinterher immerhin ein schlechtes Gewissen, und es war mir eine Warnung, einem geliebten Menschen gegenüber mit ähnlich destruktiven Gefühlen zu begegnen, wie ich es bei den vom Sturm dahingerafften Bäumen getan hatte. Zumal die Wirkungen, die eine bestimmte Art von Beobachtung auslöst, vom Beobachter eigentlich auch nicht kontrolliert werden können. Die Wirkung des Nichthandelns steht in keinem Rezeptbuch mit der Formel «Man nehme 100 Gramm Aufmerksamkeit, ein Kilo Frustration und 1000 Kilo Wunschdenken».

Es funktioniert, aber niemand kann wissen, welche Prozesse im Hintergrund unseres bewussten Wahrnehmens ablaufen. Schauen wir uns das Szenarium dennoch einmal näher an.

■ ■

Wir sind intelligente Lebewesen. Die Evolution unserer technischen Fähigkeiten schreitet im Eiltempo voran. Um das Jahr 1970 herum habe ich bei einem Klienten einen Computer von General Electric mit einer Festplatte von zwei mal 90 Megabyte eingerichtet. Das Plattenlaufwerk hatte die Grundfläche eines Geschirrspülers, war doppelt so hoch und brauchte ein klimatisiertes staubfreies Milieu, um zu funktionieren. Heute liegt bei mir zu Hause in einer Schublade für die Datensicherung eine mobile Festplatte von der Größe eines Taschenkalenders. Ihr Fassungsvolumen beträgt 120 Gigabyte. Der Entdecker dieser Mikro-Speichertechnik bekam neulich vom Bundespräsidenten einen Preis verliehen. Der Mann sieht aus wie jedermanns liebenswerter Großvater, und wer ihn nicht kennt, käme nie auf die Idee, dass ihm die Revolution der Datenspeicherung gelungen ist. Das Gehirn eines Menschen mit überdurchschnittlichen Leistungen ist kein bisschen anders gebaut als das von Leuten, die gerade einmal lesen und schreiben können. Natürlich unterscheidet sich der virtuelle Bereich im Kopf jedes Individuums von allen anderen, weil die Zellverbände je nach dem Grad seiner Lebenserfahrung und seines Wissens unterschiedliche Verknüpfungen aufweisen. Es beginnt natürlich – wie so vieles in unserem Leben – in der Kindheit. Wer sehr früh fördernde Impulse bekam, hat einen anderen Start als ein geistig vernachlässigtes Kind. Aber solche frühen Versäumnisse lassen sich bis zu einem gewissen Grad nachholen (Einstein war angeblich auch kein exzellenter Schüler). Die anfänglichen Chancen mögen verschieden sein, und Lernschwierigkeiten sind entschuldbar, solange sie in einer Phase auftreten, in der ein heranwachsender Mensch in seinem sozialen Milieu behindernden Einflüssen ausgesetzt ist. Aber dann kommt der Augenblick, in dem er für seine weitere geistige Entwicklung die Verantwortung und vor allem die Initiative übernehmen muss. Und diese Umschaltstation wird leider in sehr vielen Fällen übersehen. Die Möglichkeiten, die das Leben dem allezeit empfänglichen Gehirn anbietet, bleiben ungenutzt oder werden nur halbherzig wahrgenommen.

Wir alle hätten – geniale Begabungen wie die eines Mozart einmal ausgenommen – von der Beschaffenheit unseres Gehirns her durchaus das Rüstzeug zu einer intelligenten individuellen Evolution im Oberstübchen. Es mag sich nach Misserfolgen eine gewisse Resignation einstellen, die spontane Lernimpulse ausbremst. Man sagt sich: «Du begreifst das sowieso nicht, also lass es sein», und bleibt dadurch auf dem Niveau seines nur unvollständig entwickelten Verständnisses des eigenen Lebens stehen. Das wäre nicht nötig. Nach dem Polaritätsprinzip sind Misserfolge unvermeidbar und gehören zu den Reizen, die den menschlichen Fortschritt antreiben. Ein gesundes Gehirn lernt kontinuierlich dazu. Im taoistischen Sinne ist es ein Lernen, dessen Schwergewicht nicht die weitere Ansammlung von Wissen ist – es ist ein Lernen, das permanent mehr Erkenntnis gewinnt. Sich diesem Wachstum an Erkenntnis zu verweigern, aus Resignation, Frust oder Trägheit, ist die am weitesten verbreitete Sünde an unserem Lebensglück.

Eine Voraussetzung für Glücklichsein ist das leidenschaftliche Interesse am Leben. Eine Facette dieses Interesses ist das Bedürfnis, immer aufs Neue zu lernen und zu verstehen. Das beginnt mit den kleinen Dingen. Das Muster eines Erkenntnisvorgangs macht zwischen kleinen und großen bis gewaltigen Einsichten keinen Unterschied. Denn in jedem menschlichen Gehirn ist die Fähigkeit angelegt, intuitiv aus dem Potenzial der Menschheit zu schöpfen. Drahtlos – man sagt heute «wireless» – erschließt sich das geheime Wissen des Universums demjenigen, der zuzuhören bereit ist. Eine Kopie des Buches der Menschheit samt allen Einsichten ist in jedem von uns angelegt. Aber statt uns selbst an der eigenen geheimen Fülle zu bedienen, stellen wir endlos Fragen nach dem Woher und Wohin, und wir suchen möglichst bequeme Methoden, um höhere Mächte gnädig zu stimmen, damit sie uns vom Übel eines leidgeprüften Daseins erlösen. Misserfolg hat in diesem Zusammenhang eine gar nicht geheime Formel. Sie lautet: «Wie macht man das?» Wir wollen von anderen, die es wahrscheinlich ebenso wenig wissen, erfahren, wie die Rezepte für ein gelungenes Leben lauten. Und wir sind mit Pauschalauskünften niemals zufrieden. Wir wollen es genau von anderen wissen, und dies, obwohl wir es aus eigenem Vermögen unmittelbar erfahren könnten.

Sollte Ihnen öfter als notwendig der Satz «Wie macht man das?» auf der Zunge liegen, dann leiden Sie an diesem Syndrom. Ein Beispiel: Sie lassen sich eine Waschmaschine vorführen. Der Verkäufer erklärt Ihnen, wie sie bedient wird. Man macht die Tür auf, tut die Wäsche hinein, schließt die Tür, gibt oben in den Schacht Waschmittel dazu und wählt schließlich unter drei oder vier angebotenen Möglichkeiten die Wärmestufe des Waschganges aus. Also wären alle wissenswerten Punkte geklärt. Und dann kommt Ihr Leiden, alles noch genauer, ja genauestens wissen zu wollen, zum Ausbruch. Sie fragen: «Und wie macht man das?,» und dem Verkäufer verschlägt es die Sprache. Die Waschmaschine verwende ich als Symbol. Ich könnte als Beispiel auch *Aufgeben* nehmen. Wenn jemand den Rat bekommt, sich selbst aufzugeben, dieses verkrampfte Anklammern an sich aufzulösen, ist es unmöglich, diesen Vorgang Schritt für Schritt zu erklären, weil es kein Rezept dafür gibt. Aber wenn Sie eine Krise hinter sich haben, in der Sie bis zur Erschöpfung gekämpft und mit sich gerungen haben, bis schließlich ein Zustand eintrat, in dem Sie sich nicht mehr spürten und auch nicht mehr weitermachen wollten, dann wissen Sie, was mit diesem Sichaufgeben gemeint ist. Zu fordern, diesen Vorgang ähnlich einem Kochrezept schrittweise zu beschreiben, ist sinnlos. Der Mensch hat seine Fähigkeiten. Weil er sie hat, soll er sie bitte auch nutzen und nicht erwarten, dass andere Leute ihm Ratschläge erteilen, die schwerer zu formulieren sind, als ein Gehirn sie aus dem eigenen Potenzial schöpfen könnte. Fragen Sie also bitte nach Möglichkeit so selten wie möglich: «Wie macht man das?»

Sie spüren vielleicht während der Lektüre dieses Textes, wie Ihr Gehirn die Inhalte verarbeitet und sich markante Punkte zu merken sucht. Das ist nicht unmöglich, es gibt sogar im Zusammenhang mit Techniken des Gedächtnistrainings gewisse Kniffe, wie sich

Gedankenketten durch bildhafte Vorstellungen herstellen lassen. Aber bei der Realisierung taoistischer Prinzipien haben Sie keinerlei Gedächtnisakrobatik nötig. Lassen Sie einfach das Gesagte in den Momenten auf sich einwirken, da es Ihren Sinn erreicht. Und dann lassen Sie los, lassen Sie zu, dass es wieder ins Vergessen versinkt. Ich möchte Ihnen damit die Einsicht ans Herz legen, dass die Weisheit des Tao in dem Augenblick zu wirken beginnt, wo Sie diese erfahren. Es ist ein Vorgang, der eigentlich keine Zeit kennt. Sie verstehen etwas, und zwar jetzt. Ich möchte Ihnen darum zum Kapitelschluss ein paar Tipps mitgeben, wie Sie abnehmen können – nicht an Körpergewicht, ich meine, wie Sie Ihren Geist im Sinne Laotses abspecken, der vom wesenhaften Menschen sagt: *Er vermindert und vermindert.*

Unser Körper neigt seit der Steinzeit dazu, sich für Notzeiten einen Nahrungsvorrat in Gestalt von Fettpolstern zuzulegen. Ähnlich verhält sich auch unsere Psyche. Sie sammelt Verhaltensmuster für alle möglichen Krisenfälle, vor denen sie sich fürchtet. Darum halten wir auch ständig Ausschau nach Kniffen und Tricks, die sich bei echten oder vermeintlichen Gefahren – wobei die eingebildeten den Löwenanteil stellen – erfolgreich anwenden lassen. Wir bewahren in unserem Gedächtnis Reaktionsmuster auf, die uns schon einmal geholfen haben. Oder wir merken uns Fälle von Versagen infolge der verkehrten Reaktion, damit wir beim nächsten ähnlichen Ereignis den Fehler vermeiden. Im Laufe der Jahre entsteht auf diese Weise die Musterkollektion unseres Reaktionsrepertoires. Je häufiger wir diese Reaktionsmuster aufrufen und abspielen, desto mehr verstärkt unser Gehirn die entsprechenden Zellverbände. Mit den Jahren verfestigt sich unsere Grundausstattung an Handlungsmustern. Je älter wir werden, desto starrer – und leider auch desto weniger kreativ oder spontan werden unsere Reaktionen auf die Außenwelt. Ich kenne etliche Menschen, bei denen ich beim Auftreten einer Reizsituation oder nur eines einzigen Reizwortes wetten könnte, was sie als Nächstes tun. Unsere Handlungsmuster sind unser emotionaler Bauchspeck, der Rettungsring um die Hüften. Das Wissen um die angesammelte Kollektion gibt uns Sicherheit, wir sind auf viele Varianten von Herausforderungen vorbereitet. Und jedes Mal, wenn wir mit dem gleichen Kniff wieder Erfolg haben, stärkt dies auch unser Gefühl von Sicherheit.

Wo liegt nun der Nachteil einer solchen Handlungskollektion? Das lässt sich leicht aufzählen: Wir reagieren auf bewährte Weise auf einen bestimmten Typ von Szene grundsätzlich gleich, und das Ergebnis befriedigt uns. Aber wir denken nie daran, dass unter Umständen das Resultat weit mehr als befriedigend ausfallen könnte, wenn wir kreativer wären. Ich hatte einmal einen Klienten, er war ziemlich geizig, der hatte seinen Einkäufern befohlen, grundsätzlich auf den alten Preisen zu bestehen, wenn sie neue Waren bestellten. Ich sah einem der Einkäufer über die Schulter, und er sagte grinsend: «Die Lieferanten kennen das Spielchen schon und machen mit.» Ich bat ihn, mir einen Lieferanten auszusuchen, mit dem er nicht arbeitete. Dann rief ich dort den Verkaufsleiter an und ließ mir telefonisch ein Angebot für die fraglichen Artikel machen. Der Einkäufer staunte nicht schlecht, als ich ihn informierte, dass bei der anderen Firma die Sachen bei den angefragten Mengen um mehr als ein Drittel billiger waren. Der Klient hatte also mit seiner Anweisung, bewährte Muster zu wiederholen, ein Eigentor geschossen. Verstehen Sie, was ich meine? Es gibt auf dieser Welt keine Situation, die sich eins zu eins original gleich wiederholt. Bereits ein anderes Datum kann eine Situation gravierend verändern. Eine weitere Schwäche der Kollektion besteht darin, dass wir auch bei Szenarien, die nur ähnlich sind oder gerade eben noch in unser Muster passen, mit unseren eingefahrenen Handlungen reagieren. Und weil wir immerzu automatisch auf unsere bewährten Kniffe und Tricks zurückgreifen, passiert es eben dann doch einmal, dass wir einem Problem gegenüberstehen, für das in keiner unserer Schubladen ein Mittelchen bereitliegt. Dann steht man da und macht ein dummes Gesicht, dreht sich rotierend um die eigene Achse, beginnt zu verzweifeln und rennt davon, um Rat zu suchen.

Das Abspecken des Geistes beginnt damit, dass Sie sich über diesen Tatbestand klar werden. Nehmen Sie sich Ihre Sammlung an bewährten Reaktionen vor. Sie brauchen sie nicht fortzuwerfen – hin und wieder ist sie sicher nützlich –, aber verbannen Sie

sie in den hintersten Winkel Ihres Gedächtnisspeichers. Das ist so ähnlich, als wenn wir endlich beim Entrümpeln Gegenstände auf den Speicher oder in den Keller schaffen, die uns zu schade für den Sperrmüll, aber nicht mehr gut genug für die Wohnung sind. Und wie weiter? Wie werden Sie Routinen los, die wie von selbst auf bestimmte Umweltreize reagieren? Die Geheimformel für das Abspecken heißt Achtsamkeit. Sie achten darauf, was sich aus Ihrer Trickkiste erhebt, wenn die Außenwelt Sie fordert. Versuchen Sie, fortan so selten wie möglich nach Rezept zu handeln. Achten Sie auf Ihre Reaktionen. Diese gaukeln Ihnen vor, unabänderlich zu sein, aber das sind sie nicht. Ihre Reaktionen basieren vielmehr auf einer Kombination von Erinnerung und Willen. Und so reaktionsschnell, wie Ihnen Ihre Antworten auf Herausforderungen oft erscheinen, sind sie ebenfalls nicht. Da liegt immer noch die Schrecksekunde, meistens sogar eine halbe «Schreckminute» dazwischen. Und es findet jedes Mal, wenn Sie auf eine Bewegung Ihrer Außenwelt reagieren, ein Entschluss statt. Doch den können Sie allezeit ändern. Beim Abspecken erkennen Sie Ihr Verhalten und Ihre, ja, ich möchte *Sucht* sagen, routinemäßig auf Ihre Muster zurückzugreifen. Diesen Zugriff können Sie unterlassen. Er zwingt sich Ihnen ohne Ihr Einverständnis nicht auf, Sie sind frei, zu entscheiden, wie Sie handeln wollen.

In der Praxis verlangt die Umstellung eigentlich nichts als guten Willen und natürlich Interesse daran, sich selbst besser kennenzulernen. Ihre familiäre Umgebung, Ihre Freunde und guten Bekannten wissen wahrscheinlich schon lange Bescheid, wie Sie allgemein reagieren und wo Ihre Vorlieben und Abneigungen liegen. Es ist schade, dass unser Sicherheitsbedürfnis uns diese vorsehbaren Routinen aufnötigt. Nichtsdestoweniger kann das Abbauen automatischer Reaktionen ohne Schwierigkeit gelingen. Unser Alltag bietet einfache, risikolose Gelegenheiten, die ausgetretenen Pfade unserer Reflexe unter die Lupe zu nehmen und sie von Fall zu Fall zugunsten kreativer Impulse außer Kraft zu setzen. Lassen Sie mich ein einziges Beispiel unter den Tausenden Möglichkeiten stereotypen Verhaltens anführen: Ihre Reaktion auf Anschuldigungen. Sind Sie auf der Stelle gekränkt, reagieren Sie beleidigt, egal, ob

Sie zu Recht oder Unrecht angegriffen werden? Diese automatische Reaktion ist quasi in der ganzen Zivilisation anzutreffen, und ich kenne nur ganz wenige Menschen, die Kritik nicht auf die Palme bringt. Testen Sie Ihr Verhalten. Das ist relativ einfach, weil Sie aus Erfahrung wissen, wie Kritik auf Sie wirkt. Und wenn Sie wieder einmal jemand beschuldigt, dann halten Sie bitte still und betrachten nur die Verhaltensschablone, die für diesen Anlass in Ihrem psychischen Werkzeugkasten bereitliegt. Und verbieten Sie sich, wie gewohnt zu reagieren. Halten Sie still und lauschen Sie auf das Nichts, das dieser Verweigerung des Bekannten folgt. Das braucht so gut wie keine Zeit. Sie lehnen augenblicklich die alten Reflexe ab. Und dann dürfen Sie erleben, wie tief aus Ihrem Inneren die Antwort aufsteigt, was zu tun oder zu lassen ist. Der neue Impuls, auf eine Kränkung zu reagieren, ist taufrisch und wird niemals zu einer Schablone werden. Er ist zum einmaligen Gebrauch bestimmt, und Ihr Gehirn zeichnet ihn nicht auf. Auf diese Weise bauen sich die alten Zellverbände mangels Benutzung Zug um Zug ab. Machen Sie sich auch in allen anderen Fällen, wo Ihre Erfahrung zum Handeln schreiten will, jedes Mal bewusst, dass es eine Alternative gibt, jene innere Stimme nämlich, die nicht aus der Vergangenheit schöpft, wenn sie Ihnen einen Rat gibt, wie Sie sich verhalten sollen.

Mit dem Verändern Ihrer alten Verhaltensweisen geht synchron auch Ihr Glauben an die Unfehlbarkeit Ihrer Kollektion an Reaktionsmustern verloren. Weinen Sie ihm nicht nach. Sie können nur gewinnen, wenn das in Ihnen bisher verschüttete kreative, spontane Potenzial zum Leben erwacht und Ihr Denken und Handeln beflügelt. Ob Sie mit dem Tausch *Schablone gegen Intuition* richtig liegen, wird Ihr Gefühl Ihnen sagen: Da stellt sich sanft wie ein Frühlingswind die Ahnung von Richtigkeit ein. Versuchen Sie es. Wenn Ihnen die Verminderung Ihrer psychischen Speckwülste gelingt, wird Ihr Handeln schlanker, agiler und garantiert kreativer werden.

Vergangenheit und der Modus des Erinnerns

Der Advent 2008 wird mir lange in Erinnerung bleiben. Ende November war in diesem Jahr bereits der erste Schnee gefallen, und in der Woche vor Weihnachten legte uns der Winter eine mehr als einen Meter hohe weiße Pracht auf die Dächer. Das mittlere Gebäude unseres Anwesens ist der *Fienile*, die im Obergeschoss nach vorne offene ehemalige Scheune. Er beherbergt in den unteren Räumen Sabines Werkstatt samt den zwei Brennöfen und darüber die Keramik-Ausstellung. Während die Dächer der zwei anderen Wohngebäude stabil waren und gut aussahen, ließ das Dach des *Fienile* mit seinen offen liegenden Balken eine Menge zu wünschen übrig. Es war einst aus roh behauenen Baumstämmen gezimmert worden. Man hatte wahllos genommen, was damals wohl gerade verfügbar war, sodass das Holz des Dachgebälkes krumm und bucklig war und selbst die Ziegelflächen wie Meereswellen abwechselnd höher und tiefer verliefen. Wir waren nicht glücklich über diesen Schandfleck oberhalb der schön gestalteten Ausstellung, aber eine Renovierung hätte unsere Mittel weit überschritten. Und dann kam der 18. Dezember. Es schneite pausenlos. Die Temperaturen lagen über dem Gefrierpunkt, das Thermometer zeigte selbst in der Nacht noch gute drei Grad Wärme an. In dieser Nacht gab das Dach des *Fienile* unter der Last des pappigen Schnees nach. Zuerst stürzte der Kamin ein und zerstörte den oberen Teil des ersten der drei zum Hof hin liegenden Pilaster. Das raubte der mittleren Balkenkonstruktion den vorderen Halt und löste eine Kettenreaktion aus. Im Laufe dieser einen Nacht hörten wir vom Schlafzimmer aus, wie nach und nach das ganze Dach einstürzte und die übrigen quadratischen Säulen, auf denen es auf der einen Seite Halt gefunden hatte, mit in die Tiefe riss. Obendrein setzte Regen ein, und die schmelzende Schneelast auf den Trümmern des Daches verwandelte sich ein Dutzend Rinnsale, die bis in die darunter liegende Werkstatt alles unter Wasser setzten. Wir riefen den Bauunternehmer, der einst das Anwesen renoviert hatte, zur Hilfe. Er kam sofort, stützte alles, was noch stand, so gut es ging, ab, und wir fingen mit allen verfügbaren Gefäßen das Wasser auf, damit es weiter unten keinen Schaden an den empfindlichen Brennöfen mehr anrichten konnte.

Ich will Sie nicht mit dem weiteren Procedere langweilen. Wir waren zum Glück versichert. Ein Blick in die gleich am Morgen hervorgeholte Police bestätigte uns, dass der Schaden bis zu einem gewissen Grad gedeckt war. Zweimal kam der Gutachter der Versicherung, unser Muratore brachte einen Architekten bei, der bestätigen musste, dass das Dach vor dem Einsturz der Norm entsprechend belastungsfähig gewesen war – und dann hatten wir ein Blatt Papier in der Hand, auf dem stand, dass etwa 90 Prozent des Schadens bezahlt würden. Da es immer weiter schneite, konnten die Reparaturarbeiten erst im Februar begonnen werden. Es gelang dann immerhin, das neue Dach, eine Woche bevor im April unsere ersten Feriengäste kamen, fertigzustellen. Wir ließen auch den bisher nur roh betonierten Boden des *Fienile* kacheln, und das Resultat war ein wunderschöner neuer Ausstellungsraum. Das Dach ist eine Augenweide mit seinen naturbelassenen Kastanienbalken und der kühnen, selbsttragenden offenen Konstruktion. Ohne den Unwetterschaden hätten wir es wahrscheinlich niemals geschafft, die Kosten für eine derartig aufwendige Leistung aufzubringen. Wieder einmal hatte sich das scheinbare Unglück ins Positive verwandelt.

Wenn es im Land wieder Herbst geworden ist, bleibt die Erinnerung an den viel zu schnell vergangenen Sommer zurück. Wie endlos waren einst in der Kindheit die Sommer, aber mit zunehmendem Lebensalter scheint die Zeit ein anderes Tempo anzunehmen. Was hat sich in unserem Bewusstsein seit den Kindertagen verändert, dass in unserem Erleben alles schneller geworden ist? Ich fürchte, uns ist die Intensität verloren gegangen, mit der wir einst auf die Bewegung des Lebens geschaut haben. Der Blick des Erwachsenen ist von der Gegenwart fort voraus in die Zukunft gerichtet. Und das ist zugleich unser Leiden: Wir suchen in der Zukunft fortwährend unbewusst unsere Vergangenheit. Es ist eine nach vorne gerichtete Suche nach der verlorenen Zeit. Denn damals, als unsere Vergangenheit Gegenwart war, haben wir uns ihr durch mangelnde Aufmerksamkeit ebenso entfremdet, wie wir es heute noch immer tun. Vorsorglich hat unser Gehirn vieles vom Versäumten aufgezeichnet. Mit der fatalen Konsequenz, dass uns Aufzeichnungen über längst Vollbrachtes wichtiger erscheinen als die Gegenwart und unser Geist mehr Gewicht auf die vergangenen Erfahrungen legt und darum immer weniger Raum für das Handeln im Jetzt übrig bleibt. Erkennen Sie, dass es so ist? Höchstwahrscheinlich. Sie wissen schon lange um diese unseligen Reflexe, die Sie im Wahn, in die Zukunft zu blicken, in Wahrheit in den Rückspiegel schauen lassen. Ist unter den weisen Lehren des Ostens ein Kraut zu finden, das dieses suchtartige Anklammern an die Vergangenheit heilen könnte? Die Antwort auf die Frage ist ein Paradox: Es gibt ein Mittel, aber dieses Mittel ist kein Mittel, und dadurch, dass es kein Mittel ist, wird es zum Mittel. Verstanden? Nein? Das Mittel, das kein Mittel ist, entstammt der Zen-Praxis, es entspricht in seinem Wesen aber durchaus dem taoistischen Denken. Es ist die Therapie, die der Meister seinen Schülern verpasst, wenn sie etwas begreifen sollen, was nicht in ihren Kopf hineinwill. Er klärt die Betroffenen über ihre falschen Grundannahmen über sich und ihre Welt auf. Doch er stellt nicht die Forderung an sie, sich von diesen Annahmen zu trennen und zu anderen, möglicherweise wahren Glaubensgrundsätzen zu konvertieren. Der Meister fordert seine Schüler im Gegenteil auf, trotz des Wissens um die neuen Informationen, die ihre bisherigen Überzeugungen in Frage stellen, ihr falsches Verhalten konsequent fortzusetzen. Und zwar quasi bis zum bitteren Ende, was heißt, bis zu dem Punkt, an dem der Einzelne aus selbst gewonnener Erkenntnis seine Fehler einsieht. Diese Einsicht bewirkt eine Veränderung in den Zellverbänden des Gehirns. Sein Besitzer wird nach dieser Erfahrung keine Willensakte brauchen, um sein Denken und Verhalten zu ändern – was ihm vor dem Blitz der Selbsterkenntnis ja schließlich auch nie geglückt ist. Die Zen-Meister verlassen sich aus langer Erfahrung und den daraus gewonnenen Einblicken in die menschliche Psyche auf die sich selbst organisierende Heilkraft spontaner Einsichten.

Das Nichtmittel, mit dem alten verkehrten Verhalten weiterzumachen, nachdem in der Vergangenheit sämtliche Versuche, die Aufmerksamkeit stärker auf die Gegenwart zu richten, gescheitert sind, lässt sich analog auf unser Problem mit der Zeit anwenden. Sie hatten sich zum Beispiel nach der Lektüre meines Buches *Wu wei* vorgenommen, in Zukunft mit allen Sinnen so weit wie möglich in der Gegenwart zu leben. Die Texte haben Sie davon überzeugt, dass es ein Fehler ist, zu intensiv und ausdauernd nur in die Vergangenheit zu schauen, Sie haben den Wahn, es wäre der Blick in die Zukunft, erkannt und sich entschieden, etwas dagegen zu unternehmen. Doch dann mussten Sie zu Ihrem Leidwesen nach jedem neuen Anlauf feststellen, dass Sie sich ziemlich bald im alten Muster wiederfanden. Sosehr Sie Ihr Denken unter Kontrolle zu halten suchten, sobald Sie in Ihren Bemühungen nachließen, entglitten Ihnen Ihre Gedanken wieder und taten, was sie Ihr Leben lang schon immer getan hatten. Zu Ihrem Trost sei gesagt, Sie haben mit diesen ehrenwerten Versuchen, in der Gegenwart zu verweilen, keine falsche Entscheidung getroffen. Sie haben nur etwas Unmögliches versucht. Das Kernproblem bei der Geschichte ist nämlich der Umstand, dass die Person, die Sie als sich selbst erleben, selbst ein Gebilde ist, das zu hundert Prozent aus Vergangenheit besteht. Jeder seriöse Psychologe kann Ihnen eine Zeichnung davon machen, wie in Ihrem Bewusstsein diese Anteile von Es, Ich und Über-Ich entstehen und fortwirken. Daran soll und braucht auch nichts geändert zu werden.

Dennoch kann in diesem Dilemma das Rezept der Zen-Meister helfen. Ihnen ist klar geworden, dass Sie ständig in der Vergangenheit weilen, wenn Sie Ihren geistigen Blick vorauswerfen, dass Sie nichts, absolut nichts tun können, um diese außerhalb Ihres Willens ablaufenden Reflexe zu beeinflussen, geschweige denn, sie zu einer Umkehr in Richtung Hier und Jetzt zu bewegen. Also machen

Sie im alten Stil weiter. Nur mit dem feinen, aber fundamentalen Unterschied: Sie leben jetzt aus dem Rückspiegel, im Wissen, dass Sie damit einen Fehler begehen, dass Sie sich um das prickelnde, einzig jetzt stattfindende Leben betrügen. Ihr Selbst, das Produkt der Vergangenheit, erkennt voller Sehnsucht und vielleicht auch Entsagung die Konstellation. Während Sie zum Beispiel von einem künftig zu erwerbenden Bauernhaus träumen, erscheint das Bild eines solchen vor Ihrem geistigen Auge. Und jetzt, das ist der Trick des Zen-Meisters, machen Sie sich klar, dass dieses für die Zukunft gewünschte Haus ein Foto aus Ihrem Gedächtnis ist, das Sie irgendwann in der Vergangenheit einmal dort gespeichert haben. Wiederholen Sie das bei allen möglichen Anlässen. Realisieren Sie also einfach den Vorgang, blicken Sie Ihrem Denken über die Schulter, beobachten Sie, wie es vergangene Bilder und altes Wissen auf den Projektor zaubert, der Ihr Blick in die Zukunft ist. Und machen Sie sich noch etwas klar: Sie können nichts gegen Ihr Denken unternehmen. Das sollen und brauchen Sie auch nicht. Aber klären Sie einen anderen Punkt: Alle diese Gedanken können nur an einem einzigen Punkt in Ihrem Leben stattfinden: jetzt! Wachen Sie auf, wenn Sie im Zoo am Wegrand einen blühenden Fliederstrauch sehen und seinen Duft einatmen. Sofort zerrt Ihre Erinnerung an andere Fliederbüsche und andere, verwandte Düfte Sie wieder zurück zu irgendeinem Tag in Ihrer Lebensgeschichte. Wehren Sie sich nicht gegen Erinnerungen. Erkennen Sie nur, wie es ist, gewinnen Sie eine klare Sicht auf das, was tatsächlich in Ihnen geschieht. Bei dieser Art, weiter dem Falschen zuzustimmen, indem Sie es praktizieren, reift in Ihrem Geist die Erkenntnis Ihrer Ohnmacht heran, etwas daran zu ändern. Und diese Erkenntnis wird es schließlich sein, die Ihr Denken umstimmt. Sie werden es sicher nicht auf der Stelle merken, dass sich bei Ihnen etwas geändert hat. Denn eine totale Präsenz im Hier und Jetzt wird es auch dann nicht geben – weil das niemals nötig ist! Aber eine andere Veränderung hat sich eingestellt, und die ist eines Menschen des WEGES würdig: In Ihrem täglichen Erleben beginnen Sie zu spüren, dass Zeit als Messlatte für Vergangenheit, Gegenwart und Zukunft an Bedeutung verloren hat. Ihr Geist begegnet dem Phänomen Zeit in einem

Zustand unverkrampfter Aufmerksamkeit, Ihr Denken beschäftigt sich weiter mit Ihren Plänen und Träumen, aber Sie spüren mit allen Fasern Ihres Seins, dass dies alles *jetzt* geschieht. Das theoretische Gerüst unserer Zeiteinteilung ist damit nicht abgeschafft, aber Ihr eignes tägliches Erleben spielt sich in einem inneren Raum ab, der zeitlos ist.

Es gibt in der Lehre Laotses keine Vorschriften, die uns vor der Betrachtung vergangener Geschehnisse warnen oder sie gar verbieten würden. Die taoistische Philosophie kennt einen Modus des Erinnerns, mit dem ich Sie hier gerne bekannt machen möchte. Jahr für Jahr treiben wir über die Monate hinweg dem Jahresende und anschließend einem neuen kalendarischen Zeitabschnitt entgegen, in dem Ereignisse stattfinden werden, die wir oft für die Wiederholung vergangener halten. Doch dieser Eindruck täuscht – die Vorgänge eines abgelaufenen Jahres im Leben eines Individuums, unabhängig, ob man einen Geburtstag, ein Jubiläum oder ebendas Jahresende betrachtet, sind allesamt einmalig und nicht wiederholbar. Das Erleben eines 365 Tage währenden Zyklus hinterlässt seine Spuren in der Psyche, manchmal bleiben die Narben erst kürzlich verheilter Wunden zurück. Freudige Ereignisse, Dinge, die uns beglückten, die uns Mut, Kraft und Zuversicht gegeben haben, sind ebenfalls zu Vergangenheit geworden. Wir spüren aber, dass wir, im Gegensatz zu den Verletzungen, die positiven Inhalte der verflossenen Zeit emotional nur stark verdünnt aus der Erinnerung heraufbeschwören können. Das Verhältnis zwischen Freude und Kummer ist unausgewogen. Unser Gefühlshaushalt verhält sich gegen alle Logik so ähnlich, wie wir bei einem wundervollen Abendessen im Freien, im Zustand völliger Gesundheit, auf einen Schnakenstich im Nacken reagieren. Plötzlich konzentriert sich unser Sinn wie hypnotisiert auf die juckende Stelle, und das kleine Übel vergällt uns heimtückisch den Genuss des abendlichen Festmahls. Oft verhalten sich unsere Erinnerungen ähnlich, wie wir Temperaturen bei eisigem Wind fühlen: Sie werden kälter empfunden, als das Thermometer anzeigt. Ich erwähne dieses Phänomen unseres Gefühlslebens, um Ihnen einen Modus des Zurückblickens nahezubringen, der nicht nur die roten Zahlen in Ihrem Erlebnishaushalt registriert. Dass das menschliche Gehirn so pessimistisch mit seinen Erinnerungen hantiert, ist nicht angeboren. Wir lernen es im Laufe unserer Entwicklung. Solange wir denken können, werden wir vor Unglück und Verlust gewarnt – aber, seien wir ehrlich, noch nie ist uns jemand mit einer Glückswarnung begegnet. Wir sind auf der Hut vor Gefahren für unsere Sicherheit, und die rechnen wir bei unseren Zwischenbilanzen auch grundsätzlich auf, aber dass wir unser gewiss vorhandenes Glückserleben gleichwertig dagegenstellen, kommt nur selten vor. Gewiss haben wir unsere Träume und Ziele, aber im tiefsten Herzensgrund sind wir Pessimisten. Ein neuer kalendarischer Lebensabschnitt ist doch *die* Gelegenheit, daran etwas zu ändern. Ein guter Anfang wäre, zu überlegen, ob es nicht stimmt, dass Sie einen Mückenstich wie den Tritt eines Nashorns empfinden, aber als positives Gegengewicht mindestens eine goldene Uhr nötig wäre, um das Ungemach emotional aufzuwiegen. Versuchen Sie doch probehalber einmal, die positiven Ereignisse eines Zeitabschnittes ebenso stark oder, besser, stärker zu fühlen als die weniger guten. Beginnen Sie im vollen Bewusstsein des Vorhabens gezielt damit, ein Optimist zu werden. Ihre uneingestandenen Ohnmachtsgefühle machen erst einen Pessimisten aus Ihnen. Ein Geist, der sich von den Überzeugungen seiner Getrenntheit von den Prozessen des Lebens verabschiedet hat, wird auch keinen Empfindungen des Ausgeliefertseins mehr ausgesetzt sein. Erkennen Sie: Die stattgefundenen Ereignisse *sind* Sie! Sie blicken in Ihrer Rückschau auf die veränderlichen Konturen Ihrer Identität zurück, mit einem Bewusstsein, das mit dem Bewusstsein des Grundes stärker verbunden ist, als Sie auch nur ahnen können.

Der Modus des Erinnerns besteht also aus zwei Elementen. Einmal, dass Sie von jetzt an die negativen Gedächtnisinhalte nicht mehr doppelt oder dreimal so hoch bewerten wie die positiven. (Ein Geschäftsmann, der sich bei der Bewertung seines Warenlagers so verhielte, würde sich der Bilanzfälschung schuldig machen.) Und zum Zweiten, dass Sie sich bei jedem einigermaßen bedeutsamen Erinnerungsvorgang bewusst machen, dass Sie diese Erinnerungen nicht bloß *haben* – sondern dass Sie diese *sind!* Zur Erleichterung der Identifikation Ihres Selbst mit Ihrem Erleben als einer geschlossenen Einheit möchte ich Ihnen abschließend noch einige Gedanken über Autosuggestion mit auf den Weg geben.

Vermutlich ist Ihnen die magische Formel der Autosuggestion *«Es geht mir mit jedem Tag in jeder Hinsicht immer besser und besser»* bereits einmal begegnet, oder Sie haben sich ihrer mit dem gleichen oder ähnlichem Wortlaut schon bedient. Angeblich soll es helfen, wenn man sich diesen Satz täglich nach dem Erwachen und vor dem Schlafen etwa zwanzigmal halblaut (damit er über den Gehörsinn im Unbewussten verankert wird) vorspricht. Dabei ist es gleichgültig, ob man daran glaubt oder nicht; auch spielt es keine Rolle, was man bewusst dabei denkt, solange die Lippen den Satz laut genug formen, damit er über die Ohren wieder zurückwirken kann. Es wird empfohlen, den Text möglichst kindlich und unangestrengt ähnlich einem Mantra zu sprechen, ohne den Willen zu bemühen. Bei akuten Schmerzen oder Beschwerden, gleich ob körperlicher oder psychischer Natur, gab Emile Coué, der Erfinder dieser Methode, den Rat, die Hand auf die schmerzende Stelle oder die Stirn zu legen und möglichst schnell zu wiederholen: *«Es geht vorbei. Es geht vorbei. Es geht vorbei …»*

Ich weiß aus persönlicher Erfahrung um die Wirkung der Autosuggestion. Vor ungefähr dreißig Jahren bekam ich beim Zerlegen eines Mühlsteines mit Hilfe eines Keils und eines Vorschlaghammers einen linsengroßen flachen Metallsplitter ab. Er steckte irgendwo in der Kniescheibe. Nach dem Abklingen der Schwellung war keine Gehbehinderung mehr da. Der Arzt wies mich auf das Risiko eines steifen Knies nach der Operation hin, und ich entschloss mich, darauf zu verzichten. Das Stückchen Eisen trage ich heute noch mit mir herum. Manchmal bewegt es sich, wandert einige Millimeter im Knie herum und tut dann auch wieder weh. Es klingt verrückt: Ich befehle dem Schmerz dann, sofort aufzuhören, und, Sie werden es nicht glauben – er verschwindet auf der Stelle wieder. Ich hatte das beim ersten Mal, als der Schmerz erneut auftrat, ohne nachzudenken probiert, es funktionierte, und seitdem halte ich es so. Zum Glück sind die Intervalle, in denen der kleine metallene Fremdkörper sich bewegt, ziemlich groß, es passiert nur alle paar Jahre einmal. Im negativen Sinn kann ich ebenfalls Zeugnis für die Macht der Autosuggestion ablegen: Wenn ich etwas Falsches gegessen habe und mir einbilde, ich würde Magenschmerzen davon bekommen, und in mich hineinhorche, stellen sich die erwarteten Schmerzen beinahe sicher ein. Freilich vergehen sie auch rasch wieder, wenn ich mir suggeriere, sie würden sich auflösen. Überhaupt scheint mir Hypochondrie eine der kraftvollsten Triebkräfte negativer Autosuggestion zu sein.

Ich will Sie auf keinen Fall dazu verleiten, in Zukunft täglich zwanzigmal «Es geht mir besser und besser» zu sagen. Es geht mir mehr um Ihr Verständnis für die in Ihnen schlummernden Wirkkräfte des Unbewussten und deren Einfluss auf Ihr körperliches und geistiges Befinden. Unsere Stimmungen hängen stark von unbewussten Strömungen ab. Äußere Vorkommnisse lösen bei uns gute oder üble Laune aus. Das ist logisch und braucht nicht diskutiert zu werden. Wir wollen entdecken, ob und, wenn ja, wo in den unteren Schichten unseres Bewusstseins der Wirkstoff für emotionales und körperliches Wohlsein lagert. Und die Theorien über die Macht autosuggestiver Befehle gehören unbedingt auch auf mögliche Zusammenhänge mit dem taoistischen Denken untersucht. Sie wissen ja, ohne das Tao geht nichts. Wo setzen Sie nun den Hebel an, wenn Sie nach einem autosuggestiven Modus operandi suchen, in den gleichzeitig Wu wei, das Nichthandeln, eingebunden ist? Sie haben während Ihrer Begegnungen mit dem taoistischen Denken die Bedeutung der Aufmerksamkeit kennengelernt, und Sie wissen, wie wichtig die Präsenz Ihres Geistes in der Gegenwart ist. Sie kennen die Wirkkräfte des Tao bei der Bewältigung von Problemen und die Art und Weise, wie Sie Ihre Schwierigkeiten zu Wort kommen lassen und wie sich durch Ihr vorurteilsfreies Schauen die Lösungen einstellen. Manchmal wünschen Sie sich in Krisensituationen, Ihre Beziehung zum Tao wäre weniger durchsetzt von Ihren Alltagsgefühlen, weniger schwächlich, weniger störanfällig. Und genau hier wollen wir das Medium der Autosuggestion einsetzen.

Stellen Sie, so oft Ihnen der Sinn danach steht, autosuggestiv eine bewusste Verbindung zwischen Ihnen und allen Ihren Sinneseindrücken her. Denken Sie synchron zu jeder bewussten Wahrnehmung, gleich, ob sie Ihre Augen, Ihr Gehör, Ihren Geruchssinn oder Ihre Tastnerven erreicht: «Das bin ich.» Sie brauchen die Worte nicht zu murmeln oder laut auszusprechen – ich bin mir über die verstärkte Wirkung beim Weg der Suggestion über das Gehör zum Unbewussten nicht sicher. Sicher bin ich mir freilich einer anderen Sache: Autosuggestion vermag im Organismus Zustände auszulösen, die vor dem Suggerieren nicht vorhanden waren – oder die vorhanden waren, aber durch die Beeinflussung verschwinden (siehe oben). Eine Autosuggestion im Geist des Nichthandelns muss keinen Zustand erzeugen oder beseitigen – sie zielt direkt auf ein Ding, das vorhanden ist: Ihre Einheit mit dem Grund der Dinge nämlich, Ihre Einheit mit Ihrer Welt und darin insbesondere mit Ihrem subjektiven Erleben. Wenn die Formel *Das bin ich* zu wirken beginnt, hören Ihre Gefühle der Fremdheit gegenüber der Außenwelt auf zu existieren. Es stellt sich – zumindest eine Zeit lang – der geistige Zustand ein, den Sie sich wünschen. Sie müssen keinen Glauben erzeugen, sich keine Illusion einer Welt suggerieren, die Ihnen dann zwar vertrauter wird, aber die dennoch anders beschaffen ist, als Sie sich einreden. Sie sollen einzig das Empfinden einer Situation herstellen, die, seitdem dem Menschen ein Gehirn gewachsen ist, bereits vorhanden war. Dann hören auch die phasenweisen Störungen Ihres Vertrauens zu Ihrer Ur-Identität auf, und Sie werden deutlicher und lebensnäher als je zuvor mit allem, was in Ihnen ist, spüren, dass Sie die Welt und die Welt und das Universum Sie sind. Also lautet die geheime Formel: DAS BIN ICH.

Die Kraft
und die Herrlichkeit

An den Anfang eines jeden der vorangegangenen Kapitel habe ich von einer Erfahrung erzählt, in die nach meiner Einsicht die Magie des Tao hineingewirkt hat. Die kleinen Geschichten ließen sich noch eine Weile fortsetzen, aber Sie würden es als Wiederholung empfinden, weil bestimmte Ereignisse einander irgendwie zu gleichen scheinen, obgleich natürlich kein Vorgang in unserem Leben mit einem anderen identisch ist. Trotzdem zum Abschluss noch eine Episode: Die nächste Bürgermeisterwahl in Murazzano. Giorgio Manfredi hatte seine zwei Amtszeiten hinter sich und durfte laut Gesetz kein drittes Mal kandidieren. Wieder versuchte der alte konservative Gegenspieler mit der großen Verwandtschaft ans Ruder zu kommen. Sein Kontrahent, ein Journalist namens Gianni Galli, mit dem uns seit vielen Jahren eine freundschaftliche Beziehung verbindet, kandidierte ohne viel Hoffnung, die Wahl zu gewinnen. Diesmal hatten wir uns rechtzeitig ins Wählerverzeichnis eintragen lassen und stimmten natürlich für ihn. Ich versuchte erneut das Spiel mit der geistigen Einstimmung auf die Problematik unseres Wohlergehens, wie ich es schon einmal getan hatte. Am auf den Wahlsonntag folgenden Dienstag trafen wir im Kreisstädtchen einen Bauern und fragten ihn, ob es schon Zahlen vom Wahlergebnis gebe. Sicher, sagte er strahlend, sein Kandidat habe gewonnen. Ja welcher das denn sei, fragten wir ein wenig besorgt zurück. Der *giornalista* natürlich. Er strahlte weiter.

Überlegen Sie doch einmal, ob ähnliche Schlüsselereignisse nicht auch in Ihrem Leben aufgetreten sind. Es kann eigentlich gar nicht anders sein, denn die Tatsache, dass ich in der Vergangenheit gemerkt habe, was eine entsprechende Geisteshaltung bewirken kann, erhebt mich ja nicht zu einem Ausnahmefall. Ihre Erfahrungen unterscheiden sich höchstens dadurch von den meinen, dass Sie sich zwar sehr wohl an diese erinnern, aber bisher noch nicht die Konsequenzen daraus gezogen haben, die Wirkkräfte, von denen ich berichte, bewusst und gezielt zur Realisierung Ihrer Lebensträume einzusetzen.

Die Kraft und die Herrlichkeit … in Ewigkeit, amen, so endet eine christliche Segensformel, die den Allerhöchsten preist. Ich kann und will das Tao nicht zum Gott des Fernen Ostens erklären, und zwar nicht, weil das Tao die geringere Größe in der Philosophie vom Sein ist, sondern weil ihm bei der Realisierung eines gelungenen Lebens größere Bedeutung zukommt. Wenn es uns freilich gelingen würde, das westliche Gottesbild von seiner Ähnlichkeit mit einem biblischen König zu befreien, ließe sich wahrscheinlich das östliche und das westliche Bild der schöpferischen Urkraft miteinander vereinen. Der Religionsphilosoph Alan Watts hatte damit keine Schwierigkeiten. Er kannte den Buddhismus, den Zen und den Taoismus in- und auswendig. Vielleicht gerade deswegen bringt er in seinen Lebenserinnerungen* den Mut auf, Gott, Brahman, Buddha und das Tao unter der Überschrift des christlichen Schöpferbegriffs zu vereinen: *Denn jedes Lebewesen ist Gott – allmächtig, allwissend, unendlich und ewig –, und doch tut es mit völligem Ernst und größter Entschlossenheit so, als sei dem nicht so, als sei es nur ein Geschöpf, das dem Scheitern, dem Tod, der Versuchung, dem Fegefeuer und der unausweichlichen Tragödie ausgeliefert ist.* Watts sagt damit nicht mehr und nicht weniger, als dass wir uns für nichts und wieder nichts plagen und quälen, weil wir unsere wirkliche Identität nicht zu akzeptieren – und, vor allen Dingen, nicht zu unserem Nutzen anzuwenden verstehen. Alan Watts' Einsicht entspricht völlig dem taoistischen Denken. Geben Sie der höheren Macht, dem Schöpfergeist den Namen, der Ihnen am meisten liegt – er spielt bei der Frage nach einem gelungenen oder missratenen Leben nicht die

---

* Alan Watts, Zeit zu leben, S. 10

geringste Rolle. Laotse hat einst erklärt, er empfinde den Urgrund als die Mutter aller Dinge, werde ihm aber den Namen Tao geben. Ich habe in den vorausgegangenen Kapiteln das Kaleidoskop einer möglichst großen Zahl von emotionalen Situationen zu zeichnen und ihre Beziehung zum Tao herzustellen versucht. Das Entscheidende bei allen diesen Aussagen ist die Frage, ob Ihnen das Gesagte als eine neu aufgewärmte und anders dekorierte esoterische Idee erscheint oder ob Sie bereit sind, in sich zu forschen, ob Sie dort nicht die Wahrheit dieser Aussagen spüren. Und zwar nicht, weil jemand dies gesagt beziehungsweise niedergeschrieben hat, sondern weil Sie aus sich heraus die Signale empfangen, dass wir von der Wahrheit, von nichts als der Wahrheit reden.

Während der Monate, in denen ich an dieser Arbeit schrieb, habe ich mir keine Gedanken gemacht, wie ich sie beenden soll. Nun, da sich das Finale nähert, habe ich mich der Versuchung verweigert, noch einmal alles Gesagte zusammenzufassen. Ich denke, wenn Sie eine Wiederholung brauchen, dann schlagen Sie einfach das entsprechende Kapitel auf und lesen es noch einmal. Von Leserinnen und Lesern weiß ich, dass viele unter ihnen bestimmte Abschnitte immer wieder einmal lesen. Darum hinterlasse ich Ihnen zum Schluss lieber noch einige Texte, die die vorausgegangenen Aussagen sozusagen rot unterstreichen sollen. Zum Beispiel rufe ich Ralph Waldo Emerson* wieder einmal zur Hilfe, damit er mit seinen eigenen Worten Stellung zum Prinzip der Einheit der Dinge nimmt:

Diese Erscheinungen weisen auf die Tatsache hin, dass das Universum in einem jeden seiner Teile wieder vorhanden ist. Jedes Ding in der Natur enthält alle Kräfte der Natur. Jedes Ding ist aus einem verborgenen Stoff gemacht. Wie der Naturforscher einen Typ in jeder Metamorphose sieht und das Pferd als einen rennenden Menschen betrachtet, den Fisch als einen schwimmenden Menschen, einen Vogel als einen fliegenden Menschen, einen Baum als einen angewurzelten Menschen. Jede neue Form wiederholt nicht nur den Hauptcharak-

---

* Ralph Waldo Emerson, Essays, Kompensation, S. 82

ter der Urgestalt, sondern Teil für Teil alle Einzelheiten, alle Ziele, Forderungen, Hinderungen, Kräfte und das ganze System einer jeden anderen. Jede Beschäftigung, jeder Handel, jede Kunst, jedes Geschäft ist ein Kompendium der Welt und steht in Wechselbeziehung zu einem jeden anderen. Ein jedes ist ein vollständiges Sinnbild des menschlichen Lebens, seines Guten und Bösen, seiner Prüfungen, seiner Feinde, seines Verlaufs und seines Endes. Und ein jedes muss irgendwie den ganzen Menschen in sich aufnehmen und sein ganzes Schicksal künden.

Der Satzbeginn «Diese Erscheinungen» erweckt den Eindruck, der Text wäre grob aus einem vorausgegangenen Zusammenhang gerissen, doch das täuscht. Der hier zitierte Absatz braucht zum Verständnis keine Einleitung, in ihm drückt sich die geballte Kraft einer Erkenntnis aus, die im Gleichnis vom Netz der Indra aus den Upanischaden in komplexer Gestalt ihre Wiederholung findet. Dort werden die Welt und die Menschheit mit einem riesigen Netz verglichen. An jedem Knotenpunkt des Netzes befindet sich eine Perle. Und jede einzelne dieser Perlen spiegelt alle anderen Perlen wider. Zu allen Zeiten sind Menschen beim intensiven Forschen nach der Wahrheit des Seins dem Phänomen der Einheit begegnet. Die Vorstellung, dass alle Dinge im Universum zusammenhängen, wird von der subatomaren Physik bestätigt. Auf der kleinsten, der Wissenschaft zugänglichen materiellen Ebene belegen Versuchsreihen die Tatsache einer zusammenhängenden und sich gegenseitig beeinflussenden Welt. 1927 saßen namhafte Kernphysiker in Kopenhagen verstört beisammen. Sie mussten eingestehen, dass die Materie unserer Erde so völlig anders beschaffen ist, als die Naturwissenschaft es bisher beschrieben hatte. Feste Körper erwiesen sich als Gebilde aus tanzenden Teilchen, die selbst keine materielle Substanz besaßen, Raum und Zeit ließen sich nicht voneinander trennen, und die kleinsten Bausteine des Universums zeigten durch ihr Kommunikationsverhalten, dass sie alle miteinander verbunden sind.

Emerson bekennt sich in seiner Metapher, in der er Pferd, Fisch, Vogel und Baum dem Menschen gleichsetzt, zu einer ungewöhnlichen, in seiner Zeit äußerst mutigen Einsicht. Er hätte die Liste beliebig fortsetzen und der Feldmaus, einem Grasbüschel oder dem Matterhorn ebenso bescheinigen können, dass sie das gleiche Gefühl des Menschseins besitzen. In seinen *Philosophischen Phantasien* kommt Alan Watts zum gleichen Ergebnis: Er geht davon aus, dass das verursachende schöpferische Prinzip sich in allen Erscheinungen unserer Welt manifestiert. Was ganz logisch seine Schlussfolgerung zulässt, die ich übrigens teile, dass alle diese Wesen ein einheitliches Existenzgefühl besitzen. Da wir nur unser subjektives Lebensgefühl kennen und es als das Empfinden des Menschseins etikettieren, fällt es uns schwer, das gleiche Identitätsgefühl auch einer Fledermaus oder Libelle zuzugestehen. Doch genau dies drückt Emerson in dem zitierten Absatz seines Essays aus. Entgegen den falschen Überzeugungen ihrer Gesellschaft haben immer wieder tiefgründige Denker den Durchbruch zum Tatsächlichen, zur Wahrheit geschafft. Diese Wahrheit ist von jeher in den Gehirnen der Menschen verankert. Unter den Naturvölkern zählen Einsichten wie die von Emerson oder Watts zum gewöhnlichen Wissen über die eigene Identität – die sehr viel stärker als beim zivilisierten Menschen das Kollektiv des Stammes oder der Sippe mit einbezog. Ein Indianer des nordamerikanischen Makah-Stammes verfasste das folgende Gedicht, das ich früher auch in meinen Seminaren verwendet habe und das ich in einem anderen meiner Bücher schon erwähnte:

Steht nicht an meinem Grab und weint.
Ich bin nicht da, ich schlafe nicht.
Ich bin in tausend wehenden Winden.
Ich bin der glitzernde Diamant auf dem Schnee.
Ich bin die Sonne auf dem reifen Korn.
Ich bin der weiche Septemberregen.
Wenn du erwachst in der Stille des Morgens,
bin ich im huschenden Flug eines Vogelschwarms.

Die Frage an die Seminarteilnehmer lautete, welche Botschaft ihnen der Text vermittelte. Beinahe reflexartig erfolgten die Antworten in dem Sinne, dass die Identität dieses Indianers sich nach seinem Tod in die vielfältigen Erscheinungen der Natur verwandeln würde. Was stimmte und nicht stimmte. Der Indianer sagte in seinem Gedicht, und zwar in der Gegenwartsform, *dass er alle die beschriebenen Phänomene zu Lebzeiten bereits war!* Das ist die Pointe der Aufgabe. Die Botschaft lautet also: Von innen heraus sind auch Sie dies alles. Wohnt der Vorstellung, den huschenden Flug eines Vogelschwarms oder das zärtliche Licht der Sterne in Ihre Identität einbeziehen zu dürfen, nicht ein wundersamer Zauber inne? Und die Spiegelneuronen in Ihrem Gehirn machen es darüber hinaus möglich, sich in andere Menschen hineinzufühlen, ein Hauch der realen kollektiven Identität wird spürbar, wenn Sie sich Ihren Gefühlen für die anderen öffnen. Da wird sogar eine moderate Art von Hellsehen, ein sensibilisiertes Ahnungsvermögen aktiv, wenn Sie bei Ihren Mitmenschen zu ahnen beginnen, welche Ereignisse ihnen demnächst zustoßen werden Es wird während Ihrer wie gewohnt verlaufenden Tage immer wieder einmal solche Lichtpunkte der Erkenntnis geben, wie sie hier beschrieben wurden. Und Sie werden erleben, wie derartige Erfahrungen Ihren Geist stärken und bereichern.

Vor mir liegen noch einige Notizen mit Fragen, die ich Ihnen ebenfalls nicht vorenthalten will. Es geht darum, ob der Weg das Ziel ist, wer den Berufenen beruft, ob, wie C. G. Jung überlegt, Gedankenketten das Absolute erreichen können und ob es nicht außer dem Imaginieren gemäß den Lehren seiner geistigen Väter auch andere intelligente Varianten positiven Denkens gibt.

Der Weg ist das Ziel – ein gern zitierter Satz. Selbsthilfegruppen lieben ihn, und er wird gern benutzt, um auszudrücken, dass eine Handlung oder eine Lebensweise ihre Bedeutung in sich trägt und nicht durch das Ergebnis definiert wird. Insoweit verdient diese Aussage kein Fragezeichen, sie ist stimmig – und sie ist es auch wieder nicht. Wer dem Tao nachfolgt, dem bescheinigen die alten Dichter, auf dem WEG zu sein, Weg in Großbuchstaben. Aber mit diesem Weg ist etwas anderes gemeint als die allgemein verstandene Deutung des Weges, der das Ziel ist. Die letztere Interpretation versteht darunter, dass der Sinn zwar im Erreichen eines Zieles wurzelt, aber dass dieses Ziel eben in einer kontinuierlichen Aufgabe besteht und nicht in ferner Zukunft liegt, wie andere Ziele dies an sich haben.

Im Taoismus stellt sich die Frage, ob der WEG das Ziel ist, anders. Das taoistische Denken favorisiert spontanes Handeln, intuitiv, aus dem Augenblick heraus, aus dem heraus, was sich im Inneren vom Grund des Seins her im Menschen rührt. Motivlosigkeit hat keine Beweggründe, folglich in diesem Sinne auch keine Ziele. Der Mensch des Tao bewegt sich ohne Widerstand mit den Dingen, und er reagiert von Augenblick zu Augenblick auf die Veränderungen und Herausforderungen seines Alltags. Diese Art zu handeln wird WEG genannt, aber WEG ist eigentlich wieder einmal das falsche Wort. Denn braucht jemand, der kein Ziel hat, einen Weg? Braucht er nicht. Wer sich dem Leben im Geist des Tao verschreibt, begegnet der Wahrheit des Seins – und diese Wahrheit ist ein pfadloses Land, wie Krishnamurti schon sagte. Es gibt keine Bewegung dorthin. Schwer zu verstehen, diese Behauptung – aber das Fehlen von Bewegung im Sinne von Voranschreiten einem geistigen Ziel entgegen ist der Grundsatz des Nichthandelns. Sie hören auf, zu *werden*, weil Sie *sind!* Wer Sein so versteht, ist auf dem WEG, aber das ist tatsächlich kein Pfad, der irgendwo hinführt. Wer seine verborgenen Werte und Energien erst einmal entdeckt hat, will nirgendwo mehr hin.

Wer beruft den Berufenen? Menschen gehen ins Kloster, weniger zwar als vor hundert Jahren, aber es gibt die aufnahmebereiten Orden immer noch. Andere verbessern die Welt bei Greenpeace, Amnesty International, schließen sich den Ärzten ohne Grenzen an, werden Entwicklungshelfer, demonstrieren gegen Atomtransporte oder leisten kostenlos Dienste in Kliniken, Suppenküchen und anderen Einrichtungen der Sozialhilfe. Das ist gut so, und unsere Welt wäre ohne den selbstlosen Einsatz dieser Menschen ärmer dran. Fragen wir sie nach ihren Beweggründen, wird die Antwort sehr oft lauten, ein Schlüsselerlebnis habe wie eine Botschaft des Schicksals gewirkt und in ihnen das starke Gefühl einer

Berufung ausgelöst. Viele Menschen verlangt es zur Rechtfertigung der eigenen Existenz nach einer von der Vorsehung oder einer höheren Macht erteilten Aufgabe. Sie brauchen quasi ein Alibi dafür, dass es sie gibt. Es ist die ewige Frage nach dem Sinn, die uns alle immer wieder umtreibt, insbesondere, wenn wir im Auf und Ab polarer Ereignisse mitten in einer Talfahrt stecken. Ob diese Grübeleien dann so weit gehen, dass wir uns, von wem auch immer, eine Berufung wünschen, mag dahingestellt bleiben, aber das Gefühl, bestimmte Aufgaben im Auftrag einer Macht auszuführen, die größer als wir selbst ist, hat ihren spirituellen Reiz. Kaum jemand würde auf einen anonymen Anruf hin um Mitternacht auf den Friedhof gehen, um unter einem bestimmten Grabstein eine Nachricht abzuholen. Aber einem ebenso imaginären Auftraggeber für eine gute Sache ins Abenteuer zu folgen kennt diese Hemmungen nicht. Und kaum ein Mensch auf der Sinnsuche würde sich den Zweifel an der Existenz positiver schöpferischer Absichten antun. Dennoch will ich es wagen, ein paar Zweifel auszusprechen. Ich möchte damit auf keinen Fall die edlen Motive der zahllosen Helfer abwerten, mir geht es bei den Überlegungen einfach um die Frage, woher ein Berufener denn seine Berufung tatsächlich bekommt, aus welcher Ecke der Ruf erschallt, der ihn zu Taten treibt. Also: Wie wäre es, wenn dieses Leben an sich gar nicht den Sinn hätte, den wir in ihm suchen? Dass wir unter dem Strich gesehen das Produkt einer Kette von Zufällen sind, Zufällen freilich, die sich nur in einem bereits vorhandenen Netzwerk hoch komplizierter Strukturen einstellen konnten? Dass unser Verstand sich aus einer Keimzelle möglichen Verständnisses heraus gebildet hat, unser Gehirn nur durch winzige Abweichungen heute nicht mehr dem Hirn eines Sauriers oder Mammuts gleicht. Würden solche Überlegungen jeder Sinnfrage den Garaus machen? Oder gründet sich unser Vorhandensein womöglich auf noch weitaus abenteuerlichere Prozesse, als wir samt der Wissenschaft auch nur ahnen können? Wir wissen es nicht. Wir können es nicht wissen. Und ich denke, es ist kein Fehler, wenn wir es auch nicht wissen wollen.

Der Berufene aus den taoistischen Schriften hat das Tao als etwas entdeckt, über das er nichts wissen kann. Also siehe oben! Er macht sich keine Gedanken über das Wesen und die Absichten des unbekannten Grundes. Er weiß, es gibt nur eine einzige Wesenheit, die ihn zu etwas berufen kann, und zwar zu einem gelungenen Leben in Harmonie mit den Dingen – und das ist er selbst. Sofern er sich Aufgaben erteilt, sucht er dafür keinen höheren Auftraggeber. Weil er begriffen hat, dass er selbst diesen Auftraggeber verkörpert. Ein Berufener des Tao erzeugt selbst seine Ziele und Träume, und er weiß, alle Energie zur Realisierung der Dinge strömt ihm aus einer Quelle zu, mit der er lange vor seiner Geburt, in einer Phase, als ihn nichts von einer Amöbe unterschied, schon eins und identisch war.

Und nun zum Thema Denken:

C. G. Jung* berichtet von der Entdeckung, *dass beim Nachdenken über eine Idee verwandte Ideen in langen Reihen sozusagen sichtbar wurden, scheinbar bis zurück auf ihre eigentliche Quelle, das Absolute.* Im Gegensatz zu den Thesen des Hinduismus, Buddhismus, Zen oder Yoga betont Jung die Bedeutung des Denkens als eines Mittels zur Gewinnung von Erkenntnis. Vor zwanzig Jahren hätte ich dem Psychologen selbst noch widersprochen, aber ich habe inzwischen etwas hinzugelernt: Denken kann in der Tat zu Erkenntnis führen, allerdings unter der Voraussetzung, dass es frei von jeder vorgefassten Meinung ist. Wenn unser Denken sich in Übereinstimmung mit Tatsachen bewegt, kann es sich auch mit dem Unbekannten befassen. Wir betreten dann zwar das Reich der Spekulation, aber gerade dort befindet sich die Tür zu neuen, bisher nie gewonnenen Einsichten. Wenn ich auf meine Welt und mein Leben blicke und mir Gedanken darüber mache, was ich darüber nicht weiß, entsteht ein Gefühl dieser berüchtigten, Angst erzeugenden Leere. Ich merke, wie ich mich dem Nichts nähere. Meine Gedanken kreisen um das Nichts, sobald ich mich vom Bekannten fortbewege. Ich muss in mich selbst eindringen, in mein Nichtwissen eindringen, ein Nichtwissen, das ich vor dem Denken von allen fremd beeinflussten Botschaften

---

* Richard Wilhelm/C. G. Jung, Geheimnis der goldenen Blüte, S. 33

gereinigt habe. Ich gerate bei einem Denken, das von Anfang bis Ende der Gedankenfolge um Unbekanntes kreist, durchaus ins Grübeln. Falls Sie es versuchen, werden Sie eine faszinierende Entdeckung machen: Ihr zugegebenes Nichtwissen erzeugt zunächst ein Gefühl des Unbehagens, ja sogar leiser Furcht. Doch dann, wenn Sie tapfer auf dieser Linie weiterdenken, weht Sie mit einem Mal ein Hauch von Unendlichkeit an. Etwas Unaussprechliches befruchtet Ihre Gedanken mit einer nonverbalen Botschaft. Und Sie vermögen diese Botschaft, während Sie denken, in Klartext umzusetzen, in gedachte Sprache, in formulierte Sätze. Und diese Sätze gestalten die sichtbar werdende Kettenreaktion von fortschreitender Erkenntnis, und das bedeutet die Annäherung an das Absolute.

Meine Einstellung zu den Lehrern vom Positiven Denken habe ich oft genug geäußert und es auch plausibel begründet. Nichtsdestoweniger wäre gegen positive Gedanken an sich nichts einzuwenden. Erinnern Sie sich, was ich am Ende des vorigen Kapitels über Autosuggestion schrieb? Sich in Krisen in Gedanken zu sagen, dass alles gut wird, stärkt das Selbstvertrauen und vertreibt Gefühle der Hoffnungslosigkeit. Man macht sich selbst Mut – und die Erfahrung lehrt uns ja auch, dass bisher jedem Tief ein Hoch gefolgt ist. Selbst der Schmerz über zerbrochene Beziehungen, wie sie von den Leitbildern in den Medien permanent vorgelebt werden, heilt aus, wenn die Betroffenen realisieren, dass damit gleichzeitig der Lebenshorizont frei für neue Begegnungen, für ein neues Glück wird. Ich will damit sagen, es wäre dumm, bloß weil ein paar Geistliche und deren Trittbrettfahrer Denken in eine Methode zur Selbsttäuschung verwandelt haben, positive Gedanken grundsätzlich mit Misstrauen zu begegnen, so ungefähr nach dem Motto: «Freu dich lieber nicht zu früh, sonst kommt garantiert etwas dazwischen.» Das Verrückte daran ist leider, dass gerade das öfter passiert. Da schwelgt man gedanklich in kommenden Genüssen – um dann zu erleben, dass das Restaurant geschlossen hat, die neue Bekanntschaft das Treffen absagt oder ein künftiger Vertragspartner plötzlich keine Lust zum Unterschreiben mehr hat. Nicht umsonst hat der Volksmund den platten Spruch «Unverhofft kommt oft» geprägt. Dass zahlenmäßig diesen Enttäuschungen im Allgemeinen mindestens ebenso viele erfreuliche, unerwartet eingetretene Ereignisse gegenüberstehen, vergessen die Leute interessanterweise viel schneller als ihre Enttäuschungen. Ich vermute, den Risiken, dass Dinge in unserem Alltagsleben misslingen, stehen mindestens ebenso viele Chancen des Gelingens gegenüber. Angesichts einer relativ ausgeglichenen Bilanz polarer Ereignisse könnten wir uns durchaus zu einem überwiegend optimistischen Denken durchringen.

Achten Sie doch einmal auf die Färbung Ihrer durchschnittlichen Denkprozesse. Wie viel Optimismus ist in ihnen enthalten? Mit welchen Gedanken beginnen Sie einen Tag oder am Montagmorgen eine neue Woche? Produziert Ihr Hirn mürrisches, unzufriedenes Denken? Erzeugt Ihre leiderfahrene Phantasie immer neue Szenarien dessen, was diesmal wieder schiefgehen könnte? Liegt Ihr Denken permanent auf der Lauer und hält Ausschau nach Enttäuschungen? Wie wäre es, wenn Sie von jetzt an den Spieß umdrehten? Und statt in Gedanken dauernd Trübsal zu blasen eine Kehrtwendung zu machen und sich mit mutigen Gedanken auf den Tag zu stürzen. Nehmen Sie Ihre Gedanken einmal gründlich und vor allem kritisch im Sinne unserer Betrachtung unter die Lupe. Wenn Sie sich wieder bei diesem «Kommt bald das nächste Gewitter»-Denken ertappen, dann hören Sie bewusst damit auf. Sobald das geschieht, beginnen Ihre eigenen Gedanken mit einer Art selbstreinigendem Prozess, bei dem am Ende deutlich weniger Pessimismus als bisher übrig bleibt. Wie immer Ihre derzeitige Lage beschaffen ist – fassen Sie Mut und drücken Sie diesen Mut in entsprechenden produktiven Gedanken aus. Sie brauchen keine Illusionen einer heilen Welt, um aus den Gräben Ihrer gedanklichen Destruktivität hinauszusteigen. Reißen Sie sich einfach eine Zeit lang zusammen und lassen Sie sich von den Gewitterwolken am Horizont Ihres Lebens nicht mehr so massiv einschüchtern, wie Sie dies bis jetzt getan haben. Lassen Sie Ihr Denken symbolisch gegen den Strom schwimmen. Sie vermögen durch Ihre eigenen Gedanken ein optimistisches geistiges Milieu herzustellen. Und diese Maßnahme kostet Sie, das lässt sich bald feststellen, deutlich weniger Energie als Ihre ständigen Ängste oder Mutlosigkeiten.

■ ■

Wir nähern uns dem Ende dieses Buches. Das Versprechen, das der Titel gibt, ist einlösbar, es ist realiser- und lebbar. Aber das hängt von keiner höheren Macht ab, es liegt allein an Ihnen, Sie sind Ihres Glückes Schmied. Freilich mit dem überaus wichtigen Zusatz zu dem Sprichwort, dass alle Leistung, die Sie zum Verwirklichen Ihrer Träume aufzubringen imstande sind, zwar gefordert ist, aber dies – und das betone ich hier ganz besonders – nicht um den Preis krank machender Anstrengung, wie sie in unseren Tagen für Karrieren Bedingung ist. Sie leisten zwar Ihren Beitrag in einem engagierten Bewusstsein und mit klarem Blick auf Ihre Ziele, aber Sie gehen die Dinge frei von jedem Stress an – und vor allen Dingen frei von Versagensängsten. Denn mit dieser Arbeit habe ich Ihnen klargemacht, dass Sie als Mensch eine individuelle Identität besitzen, aber zugleich mit dem Ursprung aller Dinge, den wir Tao oder meinetwegen auch Gott nennen können, untrennbar verbunden sind. Die Menschen trennen sich aus Unkenntnis von der schöpferischen Quelle ab und erleiden beinahe ihr ganzes Dasein lang Todesängste und lassen sich auf alle möglichen Täuschungen ein, um diese Furcht einigermaßen in Schach zu halten. Wenn Sie bei allem persönlichen Einsatz das Tao durch sich wirken lassen, wenn Sie zulassen, dass das Tao mit der Einsicht in Ihrem Geist Fuß fasst, dass es nicht nur der Weltgrund ist, sondern es auch Sie sind, dann werden die meisten Ihrer Probleme aufhören. Und wie soll diese «Erleuchtung» geschehen? Sie findet statt, wenn Sie sich von Ihren falschen Grundannahmen getrennt haben. Und zwar voll und ganz und nicht halbherzig. Zwar gibt es den Halbtags-Taoisten, aber wer mit einer Geisteshaltung lebt, die in dem Spagat zwischen der neuen Erkenntnis und den überkommenen Überzeugungen angesiedelt ist, wird auch weiterhin mit der gewohnten Unsicherheit vorliebnehmen müssen.

Wir sind in unserem normalen, vom westlichen Denken geprägten Geisteszustand eigentlich so etwas Ähnliches wie multiple Persönlichkeiten. Die Psychiatrie kennt dieses Phänomen bei Patienten, die zwei oder mehr Identitäten entwickelt haben, mit unterschiedlichen Charakter- und Verhaltenseigenschaften – von denen aber die eine nichts von der anderen weiß. Robert Louis Stevenson hat darüber 1886 die faszinierende Geschichte von Dr. Henry Jekyll und Mr. Edward Hyde geschrieben. Der brave Dr. Jekyll schlüpft, ohne es zu wissen, hin und wieder in die Rolle des chaotischen, bösartigen Mr. Hyde. Auf großer Linie verhält es sich bei uns ähnlich. Wir sind das Individuum, wir sind unsere Psyche, wir sind das Wesen, das sein Selbstbild aus den Ereignissen der eigenen Vergangenheit geformt hat. Und gleichzeitig sind wir – ebenfalls ohne dass wir das wüssten – auch unser Erzeuger, wir sind das Tao oder Gott oder der große Manitu. Aber das Göttliche in uns ist sich seiner nicht bewusst. In den seltenen Sternstunden, in denen uns seine Schöpferkraft berührte und Ordnung in einem chaotischen Zustand unserer Existenz schuf, ist der andere Teil unserer multiplen Persönlichkeit durchgebrochen und hat gehandelt. Ohne dass wir es gemerkt hätten. Da war für kurze Zeit eine andere Wesenheit im gleichen Körper und mit dem gleichen Gehirn aktiv, wie das auch den psychisch Kranken attestiert wird. Unsere Psyche leidet an unserem Unwissen über die zweite Identität, an der Unkenntnis unserer doppelten Staatsbürgerschaft: der einen als dem Erdenmenschen, mit dem wir vertraut sind, und der anderen als unser eigener Schöpfer, der uns samt dem Geschehen unserer Welt kontinuierlich neu erfindet. Der Schritt zur Genesung wäre also kurz und bündig ein Wandel unserer Überzeugungen, die hinfort unsere beiden Identitäten nicht mehr voneinander trennt und auch die Wirkungsweise des göttlichen Anteils unserer Persönlichkeit bewusst erlebt und in alle seine Pläne miteinbezieht.

Es gibt hier allerdings noch etwas zu überlegen. Die Analogie mit der multiplen Persönlichkeit klingt logisch. Auch die Kur, die ich Ihnen mit dieser Arbeit an die Hand zu geben versuche, wird Wirkung zeigen, wenn Sie diese konsequent durchführen. Darüber hinaus möchte ich aber doch noch ein wenig spekulieren, ohne dass diese Überlegungen der Wirksamkeit der taoistischen Lebenskunst irgendwelchen Abbruch tun. Ich halte es nicht für ausgeschlossen, dass die schöpferische multiple Persönlichkeit in uns sich gar nicht erkennt, dass das Tao oder Gott sich nicht bewusst ist, zum Menschen oder zu einer Milchkuh oder einem Kometen geworden zu sein. Dass es in Wirklichkeit den genau umgekehrten Vorgang braucht, um beide Identitäten zusammenzuführen und sich ihrer Zusammengehörigkeit bewusst zu machen. Dass es an Ihnen und mir liegt, ob wir unserer größeren Teilpersönlichkeit durch ein verändertes Denken und Handeln erst das Signal liefern, dass es sich in unserem Gehirn seiner selbst bewusst wird. Wie herum die Geschichte letztlich funktioniert, ist allerdings nur philosophisch von Bedeutung, wenn jemand darüber schreibt und lehren will. Das Tao als die Mutter aller Dinge schneidet bei Vergleichen der zahlreichen Gottesbilder immerhin gut ab. Vor allem, wenn es um Reklamationen über den katastrophalen Zustand unserer Welt geht. Eine Leserin schrieb mir vor einiger Zeit die folgenden Zeilen: *In Ihrem Buch* Wu wei – Fragen und Antworten *fehlt mir folgende Frage: Wenn alles das Tao ist, bin ich auch ein Teil von Mördern, Kinderschändern, gewalttätigen Eltern, um nur einige der nicht gerade netten Mitmenschen aufzuzählen. Wie kann ich mit dieser Last ruhig und zufrieden leben?* Ich schrieb ihr als Antwort: Sie stellen eine Frage, zu deren Beantwortung man weit ausholen muss. Zunächst einmal: Wenn Sie mit dem Tao, dem Grund der Dinge identisch sind – dann sind Sie kein Teil davon, Sie sind es total und ungeteilt. Unabhängig davon gehört es zu diesem kosmischen Spiel, das wir Leben nennen, dass wir uns als Individuen erleben und individuell Verantwortung übernehmen. Wir können unsere private Welt mit Hilfe unserer Geisteshaltung harmonisch gestalten. Auf den Rest der Weltbevölkerung haben Sie keinen Einfluss, ebenso wenig auf das Naturgeschehen. Ein Tiger reißt seine Beute, auch wenn er mit dem Tao identisch ist. Ohne die Bosheit in der Welt wüssten wir nicht, was Güte ist, und ohne dass es die negativen Seiten des Lebens gäbe, würden wir die positiven überhaupt nicht als positiv wahrnehmen. Es ist das Kontrastprogramm der Gegensätze, das uns Liebe, Freundschaft und Glück erst schätzen lässt. Gut, durch Ihre Identität mit dem Grund sind Sie auch das andere, Untergründige. Und, ehrlich gesagt, bricht nicht bei uns allen manchmal so eine Regung unseres Stammhirnes aus der Reptilienvergangenheit durch? Spüren wir nicht auch Rückstände dieses gewalttätigen Anteils in uns, wenn wir entsprechend herausgefordert werden? Der langen Rede kurzer Sinn: Wir müssen uns damit abfinden, dass wir erstens vom Tao nicht getrennt sind und dass wir zweitens im Weltgeschehen beide Elemente, das Yin und das Yang, verkörpern. Und damit kann man leben, wenn man selbst die Bosheit durchschaut und ihr im eigenen Leben keinen Raum gibt. Mit dieser Geisteshaltung wirken Sie dann doch positiv auf das kollektive Bewusstsein der Menschheit ein.

■ ■

Eine letzte Frage möchte ich noch in Ihrem Namen stellen: Und wo bleibt da die Liebe? Laotse benutzt im *Tao te king* in guten Übersetzungen kaum einmal das Wort Liebe, er sagt meistens Güte dazu. Aber es gibt eine Stelle im 67. Spruch, wo er sie ausdrücklich beim Namen nennt: *Ich habe drei Schätze, die ich hüte und mir bewahre: Der erste ist die Liebe. Durch die Liebe wird man furchtlos. Wen der Himmel retten will, den schützt er durch die Liebe.* Die Liebe, von der Laotse spricht, hat nichts mit Verliebtheit zu tun. Sie ist mehr als eine Emotion und geht weit über Denken und Fühlen hinaus. Die Liebe ist laut Laotse die fundamentale Dimension des Seins überhaupt, und ihr Wesensmerkmal ist nicht nur das Leben – sie bedeutet auch Tod und totale Zerstörung. Wenn Sie je einen Menschen beim Sterben begleitet haben, dann haben Sie es wahrscheinlich gespürt, ohne zu ahnen, dass es Liebe war: Wie die Schlussakkorde einer Beethoven-Sinfonie wurden die Atemzüge immer langsamer, die Majestät des Todes mit allen Implikationen war zum Greifen nahe und mit ihr die Liebe des Alls. Liebe bedeutet auch die Zerstörung von allem, was uns von der Einsicht in die Wahrheit des Seins trennt. Hier schließt sich der Kreis von Laotses Ausführungen. Liebe ist das gewaltige Instrument in unserem Dasein, sie ist es, die die Barrieren zwischen uns und dem Glück niederreißt. Ihre Zerstörung braucht kein Motiv, sie offenbart sich in einem Handeln, das keinen Zweck verfolgt, das nicht um eines Ergebnisses willen geschieht. Die Buddhisten nennen sie die große

Sympathie. Wir können nicht wissen, was Liebe ist. Sie niemals wirklich zu kennen und dennoch ihre Schönheit zu spüren ist das Wunder an ihr. Sie ist da. Sie ist eine Tatsache. Und wir können ihr im Tod des Gestern und der Ungewissheit des Morgen begegnen. Dann wird ersichtlich, dass Liebe nicht erlangt werden kann, weil sie eine Dimension unseres Selbst ist.

Kontakt: www.tonundtao.de Mail: theofischer@alice.i

Literaturverzeichnis

Emerson, Ralph Waldo: Essays. Essen 1987

Fischer, Theo: Wu wei. Die Lebenskunst des Tao. Reinbek 1993

Fischer, Theo: Wu wei. Fragen und Antworten. Reinbek 2008

Freud, Sigmund: Das Unbehagen in der Kultur. Frankfurt 2009

Gehlen, Arnold: Über die Geburt der Freiheit aus der Entfremdung

Grimm, Jacob und Wilhelm: Märchen. München 1957

Jung, Carl Gustav: Gesammelte Werke, Band 8. München 2001

Jung, Carl Gustav: The Integration of Personality. London 1940

Jung, Carl Gustav: Das Geheimnis der goldenen Blüte. München 2005

Laotse: Tao te king. München 2008

Thoreau, Henry David: Über die Pflicht zum Ungehorsam gegen den Staat.
    Frankfurt 2001

Watts, Alan: Zeit zu leben. München 1979